服务在前厅
走进前厅部
管理在前厅

TOURISM

（2006—2010）教育部高等学校高职高专餐旅管理与服务类专业教学指导委员会推荐教材
全国高职高专旅游类立体化示范教材

酒店前厅实务

第 2 版

滕玮峰　编著

南京师范大学出版社
NANJING NORMAL UNIVERSITY PRESS

图书在版编目(CIP)数据

酒店前厅实务 / 滕玮峰编著. —— 2版. —— 南京：南京师范大学出版社,2019.6
(全国高职高专旅游类立体化示范教材 / 黄震方总主编)
ISBN 978-7-5651-4243-7

Ⅰ.①酒… Ⅱ.①滕… Ⅲ.①饭店—商业服务—高等职业教育—教材 ②饭店—商业管理—高等职业教育—教材 Ⅳ.①F719.2

中国版本图书馆CIP数据核字(2019)第115773号

书　名	酒店前厅实务
丛书名	全国高职高专旅游类立体化示范教材
编　著	滕玮峰
责任编辑	高　珏　崔　兰
出版发行	南京师范大学出版社
地　址	江苏省南京市玄武区后宰门西村9号(邮编:210016)
电　话	(025)83598919(总编办)　83598412(营销部)　83373872(邮购部)
网　址	http://press.njnu.edu.cn
电子信箱	nspzbb@njnu.edu.cn
印　刷	江苏淮阴新华印刷厂
开　本	787毫米×1092毫米　1/16
印　张	14.25
字　数	279千
版　次	2012年2月第1版　2019年6月第2版　2019年6月第1次印刷
书　号	ISBN 978-7-5651-4243-7
定　价	46.00元

出版人　彭志斌

南京师大版图书若有印装问题请与销售商调换
版权所有　侵犯必究

教材专家指导委员会

主　任：黄震方（南京师范大学）
副主任：黄维兵（四川烹饪高等专科学校）　　海米提·依米提（新疆大学）
委　员（按姓氏笔画排序）：

　　　　王全在（内蒙古财经学院）　　　　王美萍（北京联合大学）
　　　　石　强（深圳职业技术学院）　　　冯玉珠（河北师范大学）
　　　　朱水根（上海旅游高等专科学校）　杨　坚（西南大学）
　　　　杨　柳（中国饭店协会）　　　　　邹益民（浙江大学）
　　　　汪京强（华侨大学）　　　　　　　林伯明（桂林师范高等专科学校）
　　　　赵桂毅（淄博职业学院）　　　　　徐桥猛（无锡商业职业技术学院）
　　　　唐　文（吉林商业高等专科学校）　彭诗金（郑州轻工业学院）
　　　　魏洁文（浙江商业职业技术学院）

教材编审委员会

主　任：黄震方（南京师范大学）　　　　　徐　蕾（南京师范大学出版社）
副主任：黄维兵（四川烹饪高等专科学校）　林荣芹（南京师范大学出版社）
委　员（按姓氏笔画排序）：

　　　　丁彦宏（河北旅游职业学院）　　　方法林（南京旅游职业学院）
　　　　卢凤萍（南京旅游职业学院）　　　吉良新（日照职业技术学院）
　　　　匡家庆（南京旅游职业学院）　　　朱海榕（南京师范大学出版社）
　　　　刘　伟（广东金融学院）　　　　　刘晓琳（山东旅游职业学院）
　　　　刘惠芹（江苏经贸职业技术学院）　吴　云（上海旅游高等专科学校）
　　　　吴　江（南京师范大学）　　　　　吴丽云（中国旅游研究院）
　　　　邹统钎（北京第二外国语学院）　　汪京强（华侨大学）
　　　　张　春（南京师范大学出版社）　　张　晶（上海旅游高等专科学校）
　　　　张　燕（南京旅游职业学院）　　　张树夫（应天职业技术学院）
　　　　周春林（南京旅游职业学院）　　　胡　强（江苏经贸职业技术学院）
　　　　徐洪灿（应天职业技术学院）　　　徐桥猛（无锡商业职业技术学院）
　　　　曹艳芬（湖北职业技术学院）　　　崔　兰（南京师范大学出版社）
　　　　谢元博（桂林旅游高等专科学校）　詹兆宗（浙江旅游职业学院）
　　　　滕玮峰（浙江商业职业技术学院）　魏　凯（山东旅游职业学院）

第 2 版修订说明

　　南京师范大学出版社于 2012 年出版了滕玮峰老师编著的《酒店前厅实务》。该书出版后在酒店管理等相关专业读者群中产生了较大反响。2013 年该教材被评为第三届中国大学出版社图书奖优秀教材奖二等奖。为了进一步完善教材内容,以满足现实教学需求,这次第 2 版修订,更新并替换了部分内容和数据,同时配备了相关教学辅助资源,以供下载使用。

南京师范大学出版社
2019 年 6 月

总 序

近年来,我国高等职业教育主动适应社会经济发展的需要,以培养生产、建设、服务、管理第一线的高素质技能型专门人才为主要任务,坚持以服务为宗旨、以就业为导向,走产学研结合发展道路,通过不断深化教育教学改革,推进体制机制和办学模式创新,办学思路日益明确,教育规模不断扩大,人才培养质量显著提升,为经济社会的发展提供了强大的人才支撑和智力支持。

现阶段是我国高等职业教育稳步发展和全面提升的关键时期,是办学活力明显增强、办学水平整体提升、服务能力显著提高的重要时期,是高等职业教育深化改革、创新发展的攻坚时期。这一时期,也是我国文化和旅游业大发展、大繁荣的黄金机遇期。高等职业旅游教育面临着巨大的行业人才需求,也肩负着深化教育教学改革、全面提高教育质量、培养高素质技能型旅游专门人才的历史重任。

教材是实现教育目的的主要载体,是教学的基本依据,是培养高质量优秀人才的基本保证。伴随着我国高等职业旅游教育的发展,教材建设也取得了明显的成果,教材种类大量增多,教材内容不断丰富,对促进高等职业旅游教育发展起到了积极的作用。但是,现有的高职旅游教材还存在一些不足,主要表现在:一是高职教育特色不强,仍然没有完全摆脱本科压缩型的教材模式;二是教材内容与生产实践结合不紧,实践性内容相对不足,没有充分体现行业生产实践和职业技能鉴定规范的要求;三是教材低水平重复建设现象比较严重;四是教材内容比较单调、陈旧,难以适应现代技术、行业发展和教学改革要求。

高职旅游教材的编写是一项研究课题,需要变革和创新。应根据高职培养目标准确进行教材定位,按照应用导向设计教材内容结构,将"做中学""用中学""工学结合"等现代性、实用性观念融入教材,带入课堂教学。必须面向广大学生,研究专业的职业特点及培养目标的业务规格,突破传统教材框架,探索易于高职学生接受的编写模式和内容体系,编写体现高职院校自身特色的专业教材,使教材真正成为实现旅游教学与职业紧密对接的现代教学媒体。

高职旅游示范教材的编写更是一项系统工程，需要多领域高水平协同研发。南京师范大学出版社在全国范围内精心组织编审、编写团队，其研发历经三年多时间。从深入一线课堂进行调研，听取相关领域众多师生的意见；到向全国不同教学层次学者、行业专家征求高职旅游课程建设与教材改革、行业发展新建议、新要求，在全国多所骨干、示范性高职院校旅游类重点建设专业和精品课程负责人中遴选作者；再到多次召开调研会、编委会、组稿会、统稿会、评审会……其目的在于让教材跟上时代步伐、体现高职旅游类课程改革最新成果、彰显示范性。

本套教材结合高职旅游专业的特点，围绕工作过程（任务）系统化的课程要求，在遵循科学性、职业性、实用性、创新性、示范性的编写原则的同时，在现代职业教育理念与教材有机融合、体现课程改革与高职教材特点、教材框架体系与教材内容选择、教材编写队伍与编写方式、教材立体化开发和呈现形式等方面，体现出较好的示范作用。

本系列教材基本涵盖了当前高职高专院校旅游管理、酒店管理专业基础课、专业核心课程。编写体例分两个版本：A版偏重理论知识的课程体例，提倡以案例化、能力活动化形式展现；B版偏重实践操作的课程体例，提倡以情境化、实操化形式展现。无论是A版还是B版，其基本体例都包括"目标—过程—评价"。为了让学生在学习的过程中能够了解并熟悉行业要求，我们在体例设置上把"目标"进一步细化，分为"行业要求"和"学习目标"（或"终极目标"）；为了把"知识和技能"融进学习任务或工作任务中，在每个教学任务下分设了"任务目标""案例聚焦""任务执行""任务拓展""任务反馈"栏目（另外，有些教材在栏目的增减或措辞上稍有差异，以适应相关课程的具体发展要求），加强了任务与任务、项目或模块与任务之间的条理性和系统性，突出了每个栏目下内容都是科学设置、合理设计的特点；为了使得学习过程和教学过程更加完整，我们在"模块评价"（或"项目评价"）栏目下分设了"知识/技能评价""能力应变"（或"实训演练"）和"模块链接"（或"项目链接"）三个小栏目，与行业动态、实训内容等相联系，使得学生在过程评价或实践演练中培养素质、积累经验、提高技能。

本套教材凝聚了国内多位高职旅游院校优秀教师和行业精英的智慧和经验，体现了现代旅游职业教育的特点和教育教学改革的成果，是高职旅游专业教材改革创新的一次有益尝试，对提高旅游专业教材质量、推进专业教材建设具有积极意义。

期待这套教材的出版，能在我国旅游人才的培养中发挥重要的作用，为促进高等职业旅游教育的发展做出更大的贡献。

(2006—2010)教育部高等学校高职高专餐旅管理与
服务类专业教学指导委员会　主任委员
南京师范大学旅游系主任、教授、博士生导师

前 言

本人曾在酒店工作数年,而后进入高职院校酒店管理专业从教,始终与"前厅"有着不解之缘。前厅服务与管理是本人多年来工作、教学、研究的核心与重点,于是,将在行业接触和教学过程的所见所闻所感写出来与大家共享,编写一本自己中意又受学生欢迎的前厅教材,也是我一直以来的念想。如今,《酒店前厅实务》编写完成并付梓。

本着"学习的内容是工作与职业发展"的课程设计理念,《酒店前厅实务》教材的编写以行业标杆酒店的实际运营为参照,强调对职业岗位的分析,力求所涉及的信息具有前沿性与实用性。同时,遵从以学生为本的原则,以项目为导向、以任务为引领,注重对学生职业能力与综合素质的培养。

我们将高职酒店管理专业学生的就业定位为酒店一线高技能服务人才及基层管理人员。因此,教材从学生的职业生涯发展考虑,分为循序渐进的三大模块:走进前厅部、服务在前厅、管理在前厅。"走进前厅部"使学生对前厅有感性认识;"服务在前厅"告诉学生在前厅部各岗位应从事哪些工作项目,以及怎样出色地完成相应的工作任务;"管理在前厅"涉及前厅基层管理人员的一些必备管理知识和技能,帮助学生在向管理岗位迈进时更具潜力。总体而言,梯度明晰,序化适当。

本书的新意特色主要表现在以下几方面:

第一,注重训练提升学生的综合能力与素质。教材中的每项"工作任务"也就是学习任务。"任务执行"栏目之外的"任务导入"、"任务拓展"、"知识/技能评价"、"实训演练"、"项目链接"等栏目,涉及面广,形式多样,在拓展学生知识的同时,帮助学生提高判断能力、分析能力、思考能力和自我学习能力,并养成团队合作、社会责任、环保安全等意识。

第二,教材呈现形式喜闻乐见。本教材图文并茂,除文字内容外,用表格(包括岗位工作用表格、考核用表格等)、图片(包括岗点场景图、工作操作示意图、设施设备图等)形象地展现了工作岗点和工作过程的主要要素,使抽象的内容直观化、具体化,趣味性强,符合高职学生对教材范式丰富多样的诉求。

第三,渗透双语教学。鉴于酒店行业的国际化接轨程度高,学生今后在酒店就业必须有较好的外语尤其是英语沟通能力。本教材在编写时注意使专业术语双语化、服务交流对话双语化、工作表单双语化,并配写了"前厅英语专业术语及解释"附录,使学生在学习专业的同时,一举两得地提高专业英语水平。

本书既适用于高职高专酒店管理专业及旅游管理专业前厅课程的教学,也可作为成人教育、酒店员工培训及相关专业人士的学习用书。

本书为浙江省重点建设教材,同时也是基于浙江商业职业技术学院与杭州国大雷迪森广场酒店等企业的深度校企合作之上的成果。感谢杭州国大雷迪森广场酒店的大力合作及该酒店房务总监徐霜的鼎力支持。感谢我的学生们为本书的编写提供的诸多帮助。同时,编者参阅了许多专家学者的相关文献,在此向他们一并表示谢意。

由于学识与水平有限,书中难免存在不足之处,敬请有关专家和广大读者批评指正。

2012 年 1 月

目 录

总序 （黄震方） ■ 001

前 言 ■ 001

走进前厅部

项目一　初识前厅部　■ 003
　任务一　理解好客之道　■ 003
　任务二　提供好客的前厅服务　■ 004

项目二　营造舒适和谐的大堂氛围　■ 009
　任务一　大堂分区布局　■ 009
　任务二　大堂氛围营造　■ 014

服务在前厅

项目三　预订处服务　■ 023
　任务一　预订员须知　■ 023
　任务二　预订受理　■ 026
　任务三　预订控制　■ 035

项目四　总台服务　■ 040
　任务一　接待/收银员须知　■ 041
　任务二　入住接待服务　■ 046
　任务三　换房与续住　■ 054
　任务四　问询留言服务　■ 056
　任务五　建账记账　■ 059
　任务六　退房结账服务　■ 061

任务七 夜间审核	064
任务八 外币兑换	066
任务九 贵重物品寄存	071
项目五 礼宾服务	078
任务一 机场代表工作	078
任务二 门厅迎送服务	080
任务三 行李服务	082
任务四 委托代办	088
项目六 商务中心服务	099
任务一 商务中心文员须知	099
任务二 文印服务	102
任务三 传真服务	104
任务四 商务中心其他服务	105
项目七 总机服务	110
任务一 总机话务员须知	110
任务二 转接电话	113
任务三 叫醒服务	115
任务四 房间保密与免打扰服务	116
项目八 行政楼层服务	120
任务一 认识行政楼层	120
任务二 行政楼层服务要点	122

管理在前厅

项目九 大堂副理 ▍129
任务一 关注VIP接待与服务 ▍129
任务二 处理宾客投诉 ▍134
任务三 服务质量监控 ▍137

项目十 房价管理 ▍140
任务一 房价的制定与调控 ▍140
任务二 客房经营状况分析 ▍145

项目十一 前厅文档管理 ▍150
任务一 前厅部文档的划分与管理 ▍150
任务二 建立客史档案 ▍153

项目十二 前厅销售管理 ▍158
任务一 学会成功销售客房 ▍158
任务二 增销之道 ▍162

项目十三 沟通管理 ▍165
任务一 知晓沟通是如何进行的 ▍165
任务二 让前厅沟通更有效 ▍167

项目十四 服务质量管理 ▍173
任务一 把握前厅服务质量标准 ▍173
任务二 做好前厅服务质量控制 ▍180

项目十五 前厅安全管理 ▍185
任务一 承担合理的安全责任 ▍185

任务二　营造安全的前厅环境　■188

项目十六　前厅人员管理　■195

任务一　确定岗位人员要求　■195

任务二　招聘与培训　■198

任务三　评估、激励与梯队　■201

附　录　前厅英语专业术语及解释　■207

参考文献　■212

走进前厅部

项目一　初识前厅部

◆项目目标

【行业要求】

酒店业是"友"业，是"礼"业，酒店应该成为宾客的家外之家。前厅服务是酒店服务的前沿。提供好客的前厅服务是行业、宾客对酒店前厅部的期待。

【岗位目标】

深刻理解酒店服务的好客本质；了解前厅部对客服务流程，认识其岗位设置和地位；了解大堂氛围营造的要素。

◆项目任务

好客是酒店服务的本质属性，也是酒店的使命定义使然。酒店要本着好客之道为宾客提供产品和服务，令人温馨的服务来自于酒店各部门的共同努力，当然，前厅部在这之中充当了重要的角色。

任务一　理解好客之道

【任务导入】

在英文词典中查找单词"hospitality"，它有什么意思？再看看它与哪个英文单词比较接近？它们之间有何联系？

【任务执行】

一、认识"Hospitality"

酒店、旅行社、交通被称为旅游业的三大支柱。在国外，酒店业通常被表述为"hospitality industry"。《朗文英语词典》对"hospitality"一词的解释是这样的：1. welcoming behaviour towards guests 好客、盛情、款待。2. food, a place to sleep, etc., when given to a guest 款待客人。该词在《牛津英语词典》中的解释为：friendly and generous reception and entertainment of guests, esp. in one's own home. 对客人的殷勤款待（尤指在自己家中）；好客。可见，"hospitality"蕴含着好客之道。

"hospitality"一词的由来与"hospice"有关。hospice 即指旅客住宿处，尤其指在中世纪的欧洲供旅行者及朝圣者休息的场所。另外，救护站或救济站也被称为 hospice。勃艮第是法国东南部的一个盛产红葡萄酒的地方，1443 年，慈善家 Nicolas Rolin 在勃艮第成立了一家慈善性质的机构——伯恩济贫院，同时它也是穷人的避难所。

也有人把"hospitality"翻译成服务

业，并指出"hospitality"涉及的行业远不止酒店一类。从全球范围看，hospitality产业包括住宿类中的旅馆、度假村、疗养院，餐饮类中的酒吧、餐馆、连锁快餐、俱乐部，旅游类中的旅行社、航空空乘服务，服务支撑类中的账务、职业健康和水疗等。值得强调的是，hospitality关注的焦点是这些行业中的服务，而非硬件或者财产。hospitality所涵盖的行业的共性在于用善意和诚意接待、服侍宾客或来访者，其目的是创造宾至如归的体验，因此也有人将这些行业称为"友业"或"礼业"。

二、酒店使命的好客内涵

酒店的好客服务通常受到组织使命（mission）的支撑。一个强有力的组织必须要靠使命驱动。明确企业的使命，就是要确定企业实现远景目标必须承担的责任或义务。使命不仅回答企业是做什么的，更重要的是为什么做。例如，20世纪20年代，美国电报电话公司（AT&T）的创始人提出"要让美国的每个家庭和每间办公室都安上电话"。80年代，微软公司比尔·盖茨也提出"让美国的每个家庭和每间办公室桌上都有一台个人电脑"。迪士尼公司的"让世界更加欢乐"的使命令许许多多迪士尼的员工对企业、对顾客、对社会倾注更多的热情和心血。

香格里拉酒店集团的使命宣言是"为顾客提供物有所值的特色服务与创新产品，令顾客喜出望外"。崇高、明确、富有感召力的使命不仅为企业指明了方向，而且使企业的每一位成员明确了工作的真正意义，激发出内心深处的动机。可以看出，其使命蕴含了好客服务的理念。当然，酒店的使命也非一成不变的，在不同的时期酒店可以根据环境变化对使命进行调整。

【任务拓展】

你认为哪些行业属于"礼业"？比较这些行业，在"友"或"礼"方面孰优孰劣？

【任务反馈】

理解酒店业的好客属性，是出色完成对客服务工作之必需，也是酒店成功经营之基础。

你有以下学习疑惑吗：是否有关于伯恩济贫院的更多故事？

解惑释疑：伯恩济贫院即Hospice de Beaune（法语），它的成立得到了当时的国王路易十一的称赞。几百年来，该济贫院不断得到周围慈善人士捐赠的葡萄园。每年11月第3个周日，伯恩济贫院都举行慈善拍卖会，将当年的葡萄酒拍卖，拍卖所得用来救济穷人、医疗、安老、维护历史建筑与艺术珍品等慈善项目。每次拍卖会都是法国酒界的盛事。

任务二 提供好客的前厅服务

【任务导入】

"真实时刻"，即Moments of Truth，简称MOT。北欧航空公司前总裁詹·卡尔森认为，"真实时刻"就是顾客与航空公司的职员面对面相互交流的时刻，换言之，就是客户与企业的各种资源发生接触的那一刻。这些时刻都是关键时刻，决定了企业未来的成败。卡尔森在1981年进入北欧航空公司担任总裁的时候,该公司已亏损巨大。正是这"真实时刻"的理论使公司在不到一年的时间里扭亏转盈。该航空公司职员清醒地认识到,在与每一位乘客的接触中,都包含了许多个 MOT,如果每一个 MOT 都是正面的、积极的,那么顾客就会更加忠诚于企业,并为企业带来利润。

讨论:前厅服务人员应该如何理解 MOT?

【任务执行】

在我们进入酒店时,首先映入眼帘的是酒店的前厅大堂。前厅部因其主要服务部门总服务台位于酒店最前部的大堂,因而称为前厅部(Front Office)。前厅部又被称为"前台中的前台",承担着多项对客服务工作。

一、前厅部对客服务流程

酒店前厅是迎来送往宾客的地方。如果依据宾客"抵店前——抵店——住店——离店"这一主线,预订服务、总台服务、礼宾服务、大堂副理服务、商务中心服务、总机服务等构成了前厅部对客服务的内容。提供高效优质的好客服务是前厅部每位员工的职责。前厅部的好客服务工作可以按图1-1流程进行:

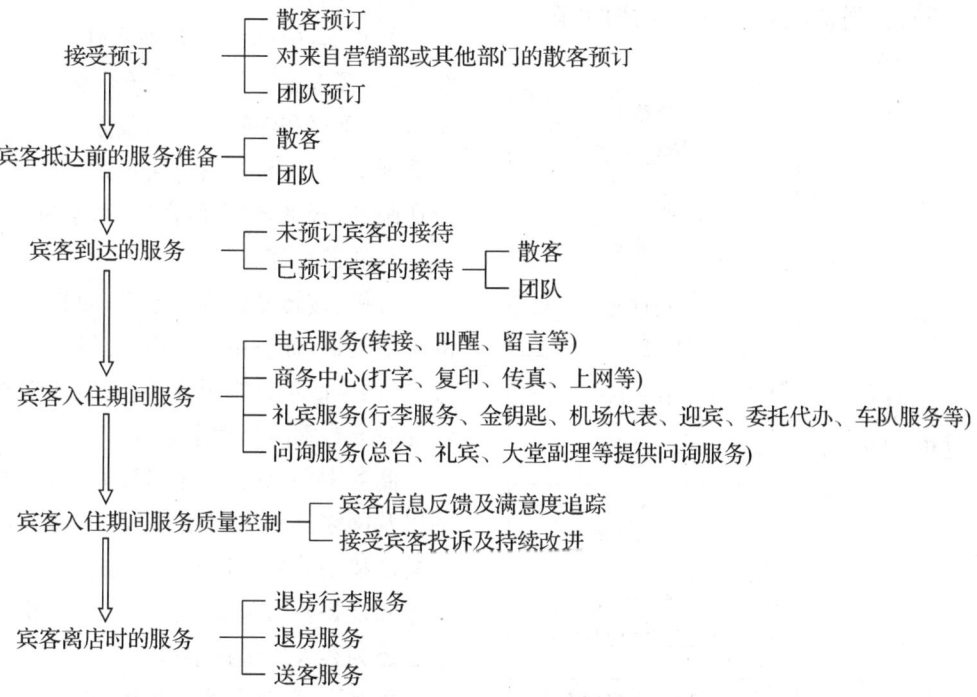

图1-1 前厅部服务流程图

二、前厅部的岗位设置

前厅部的工作任务,是通过多个岗位的员工分工协作完成的。酒店规模不同,前厅部业务分工也不同,因地制宜、灵活设置是关键。但从功能上来看,大多数酒店的前厅部通常包括总台、礼宾部、总机、商务中心、大堂副理、预订处等岗位,如图1-2所示。在一些较传统的酒店,总台岗位又被一分为二成接待处和收银处,由不同员工担当接待与收银工作。以前,大多酒店的预订处归属于前厅部,负责散客预订,而酒店销售部负责团队的预订。但随着酒店对销售工作重视程度的增强,许多酒店已将预订处划至销售部或市场营销部管理,集中优势,加强酒店营销成效,灵活调整销售策略。另外,有不少商务酒店将所设的行政楼层划归前厅部管辖,也有的酒店前厅部还视酒店运作需要而管辖其他个别的岗位,如杭州国大雷迪森广场酒店的"行政楼层"就归由前厅部管理,同时,它还管理由游泳池和健身房组成的"阳光海岸俱乐部"。

况登录工作;做好接待准备,及时将客人的预订信息传递给总台。有些酒店的团队预订由营销部负责,但预订处必须与营销部保持密切的联系与沟通,以形成较准确的客情预测和客房预订安排。

接待处:负责接待各类抵店住宿的客人,为其办理住店手续;及时掌握客房出租的变化;与酒店其他部门保持联系,协调对客服务;制作客房销售情况等报表;掌握客人动态及信息资料等。

收银处:负责酒店客人所有消费的账务管理工作,如建账、记账、结账;夜间统计当日营业情况,制作报表;为客人进行外币兑换等。

礼宾部:协助宾客办理入住登记手续,引领客人去客房;提供送行李、出行李、行李寄存和保管等行李服务;办理客人委托事宜;安排好进出店客人的交通;分送邮件、报纸,传送留言单等;赴机场、车站等迎送宾客。

总机:接转酒店内外电话;回答客人的电话问询,提供留言服务;提供叫醒服务;提供电话免打扰服务;酒店出现紧急情况时充当临时指挥中心等。

商务中心:提供打字、复印、传真、长话以及网络等商务服务;根据需要为客人提供秘书服务;商务中心洽谈室出租服务和设备租借服务等。有些酒店商务中心还为客人提供订票服务。

大堂副理:处理客人投诉;维护酒店与宾客关系;协调对客服务;做好贵宾接待控制;维持前厅服务秩序,保证服务质量等。

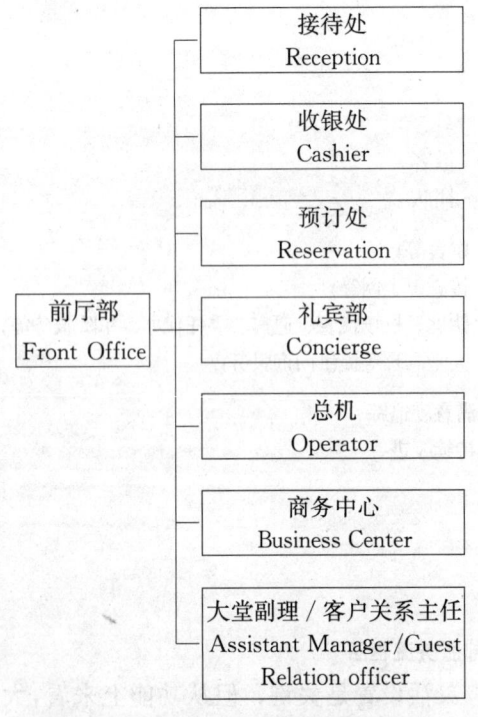

图1-2 某酒店前厅部机构岗位设置

预订处:负责受理客人的客房预订,做好酒店预订这类客房的占用、使用情

三、前厅部的服务时间

酒店是全天候运作的企业,因营业

需要,前厅部承担着重要的接待与服务工作。前厅部各岗位的服务时间有所不同,以某五星级酒店为例,其服务时间如表1-1所示:

表1-1 某酒店前厅部各岗位服务时间

岗位	工作时间
总台	24 小时
礼宾部	24 小时
商务中心	15 小时(7:00—22:00)
总机	24 小时
大堂副理	24 小时
行政楼层接待	15 小时(7:00—22:00)
预订处	12 小时(8:00—20:00)

备注:总台三班次工作时间
早班 6:30 am—3:00 pm(其中包括半小时就餐时间)
中班 3:00 pm—11:30 pm(其中包括半小时就餐时间)
夜班 11:00 pm—7:00 am

通常,前厅部经理、文秘是常日班工作,工作时间一般为 8:30 am—17:00 pm(其中包括半小时就餐时间),其他岗位的员工则安排有 2 至 3 个班次,即早班、中班、夜班。不同岗位的各个班次的时间会有所不同,酒店之间也会有不一样,酒店或前厅部可以根据客情、星级、服务时间、员工人数等实际情况而自行决定。

四、前厅部的地位

虽然前厅部各个岗位的工作内容不尽相同,但总体而言,前厅部在酒店服务中占有中枢的地位,在酒店经营中发挥着重要作用。

(一)酒店的"门面"与"橱窗"

前厅部处于酒店对客接待的前沿,是对客人迎来送往的地方,是给客人及社会公众留下"第一印象"、"最后印象"的地方。因此,前厅部员工的仪容仪表、精神面貌、服务态度、服务效率、工作技巧,以及大堂及各前厅服务点的环境,均可能极大地影响宾客对酒店的好感度。

(二)酒店的销售窗口

前厅部是酒店的销售窗口,是酒店的营收中心。前厅部通过客房预订、入住接待、推销客房及其他服务,达到销售的目的;前厅部的各岗位通过回答宾客的问询、介绍酒店的服务及设施、提供优良的服务,达到促进宾客消费、增加酒店销售的效果。

(三)酒店业务活动的中心

前厅部就像是酒店的"大脑",对外起着"联络官"的作用,对内则发挥着业务调度的职能。通过与客人、与酒店其他部门的联系协调,为宾客提供优质服务。

(四)客户关系的桥梁

建立良好的宾客关系正是提高宾客满意程度的关键因素。前厅部在客人抵店、住店和离店的全过程中始终与客人保持密切联系。客人若遇疑难问题,通常都会找前厅部员工联系解决。前厅部通过与客人密切接触,力求维护酒店与客人的良好关系。

【任务拓展】

酒店通常有哪些部门?试着用英语

说说酒店各部门的名称。

【任务反馈】

前厅部被称为对客服务的枢纽,其服务贯穿酒店对客服务的始终,承担着客房销售、处理客账、协调并提供服务、客史收集等诸多重要工作任务。前厅部设有预订处、总台、总机、商务中心、礼宾部、大堂副理等岗位,其中的多个服务岗位为客人提供全天候的服务。

你有以下学习疑惑吗:有些酒店设有房务部,是指客房部吗?

解惑释疑:不是的。由于前厅部与客房部工作联系紧密,为了更好地协调工作,有些酒店就在二者之上设立房务部。通常,前厅部经理与客房部经理的直接上级是房务总监。

◆项目评价

【知识/技能评价】

1. 如何理解酒店业是"hospitality industry"?

2. 前厅部有哪些工作岗位?它们的英文术语是什么?分别承担什么工作任务?

3. 前厅部在酒店中的地位如何?

【实训演练】

走访或打电话至某家酒店,了解其前厅部的岗位设置情况或前厅服务内容,并画出其相应的机构设置图。

【项目链接】

酒店的使命宣言

酒店要明确自己在经济活动中扮演的角色,所履行的责任,所从事的业务性质,即需要有使命的引导。以下是部分著名酒店或酒店集团的使命描述:

万豪酒店集团——通过有效培训员工使其提供出色服务,致力于成为世界最佳住宿和餐饮企业,给股东以最大回报。

喜达屋酒店集团——创造最成功的品牌、最全球化、最能彰显时尚生活方式的酒店企业,而我们将通过形成一个相互信任尊重的公司大家庭来实现这一目标,我们致力于通过创新和革新来为我们的公司树立崭新形象,并使这里成为世界上有史以来最具乐趣的工作场所。

华侨城酒店管理集团——通过独特的酒店产品和品牌优势,给予客户非凡体验,创造投资最大回报,实现员工自我价值。

金陵连锁酒店——我们密切与社会和产业配合,联合本行业各方面才俊,真诚地与投资人合作,将本公司经营成为代表中国民族特色和国际水准的大型酒店连锁经营企业,为民族产业作贡献,为国际酒店业添色彩,为投资人创效益,为从业人员谋发展。

项目二　营造舒适和谐的大堂氛围

◆项目目标

【行业要求】

酒店大堂是酒店展示形象的中心,也是酒店文化的体现。酒店应该力求营造布局合理、典雅舒适的大堂氛围。

【岗位目标】

知晓酒店大堂的分区布局原则;能够判别大堂设计是否合理;掌握大堂氛围营造的基本要素。

◆项目任务

为了给客人以美好的第一印象,酒店在大堂设计布置上颇费工夫。首先,大堂应该有合理的功能分区,使之秩序井然。其次,大堂的装饰布置应该独具匠心,浓缩着酒店的文化,同时,员工的表现也理应是大堂氛围的出彩点。

任务一　大堂分区布局

【任务导入】

分小组参观并了解酒店前厅大堂。要求:

(1) 以小组为单位(建议 4~6 人/组)参观调查当地不同酒店大堂,建议参观对象为星级酒店。

(2) 观察大堂是如何按功能来布局的,估测大堂面积,并画出酒店大堂布局平面图。

(3) 观察大堂的环境装饰、灯光配置等;测量大堂实际温度;观察有哪些设施设备;体会服务氛围。

(4) 观察酒店门外的情况,如有无残疾人坡道、旗杆,员工如何工作等。

(5) 各组总结调查内容,相互交流。

【任务执行】

酒店前厅的大堂又称大厅(Lobby),是每一位宾客抵离酒店的必经之地,也是宾客的集散地。大堂同时是酒店风格特色、服务品质的展示厅,其每一项设计与装饰,服务员的每一个举动,都会是宾客对酒店进行打分的看点。

大堂是酒店中集交通、服务、休息等多种功能于一体的较大的公共空间。大堂内的各功能区域布局总体应划分合理,空间效果良好。客人活动区域、员工活动区域、酒店内部机构区域要尽量分开,以减少彼此的相互干扰。大堂的布局按功能可划分为人流区、服务区、休息区、公共洗手间等四大基本功能区。图

2-1是某酒店大堂布局平面图。

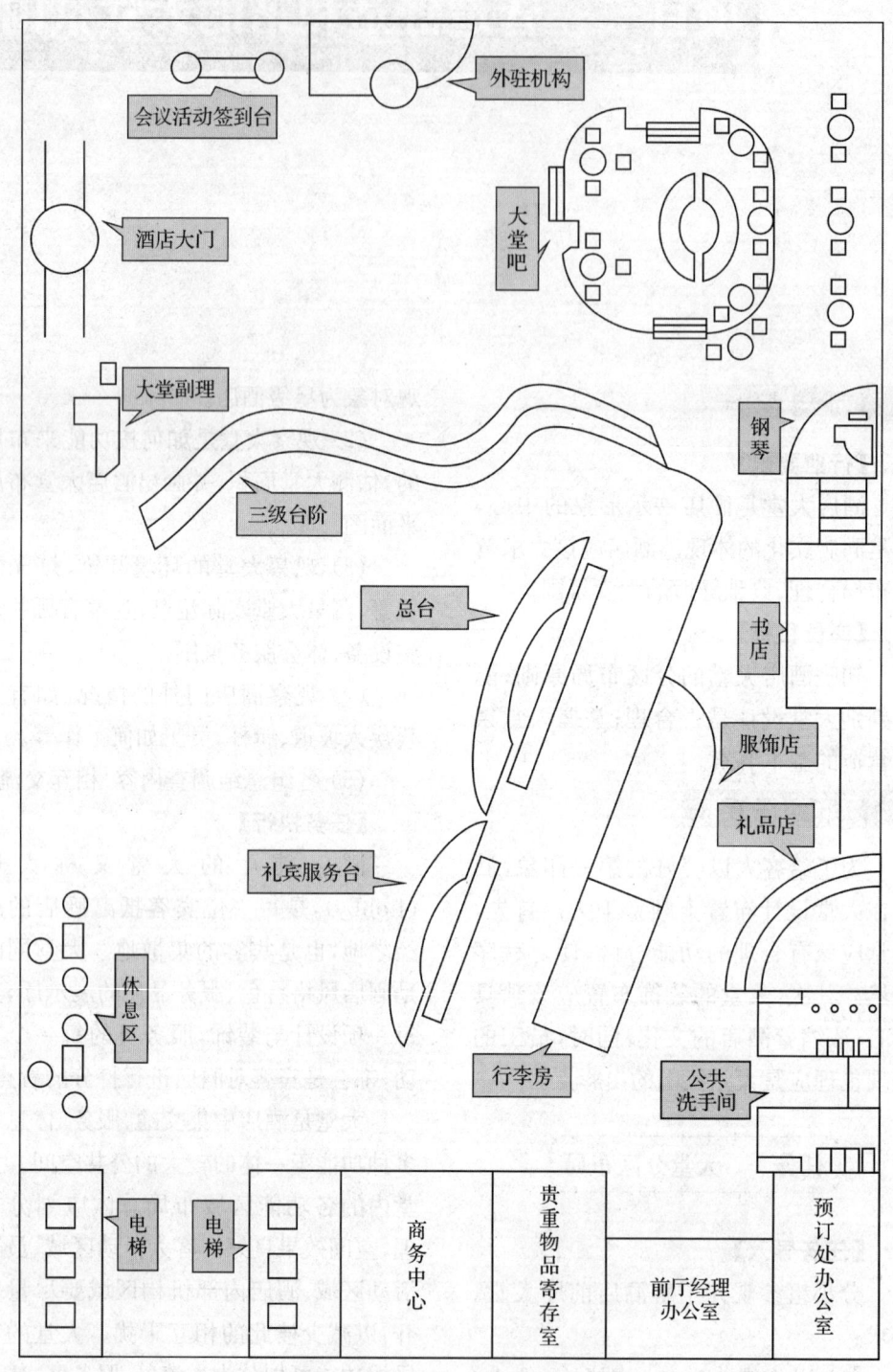

图2-1 某酒店大堂布局平面图

一、服务区

大堂内的对客服务区主要包括总服务台、大堂副理工作台、礼宾部,以及餐饮部的大堂酒吧、其他外驻营业机构等。

酒店要有与其规模相适应的总服务台。总台是大堂的核心,是接待处、收银处的工作点。为提高总台对客服务的效率和质量,理想的总台应该设在大堂中醒目的位置,使客人一跨入酒店大门便能看到;同时,要方便总台接待员清楚地观察到大堂其他区域及电梯、各出入口的基本情况。总台的形状也体现了大堂的建筑结构条件和酒店的设计要求,常见的有直线型、弧型、"L"型、"U"型等。总台的高度和结构应以方便客人住宿登记和总台人员的接待服务工作为原则。总台可分为坐式服务总台和站式服务总台。

通常在总台后侧设有隐蔽独立的贵重物品寄存室,是给住店客人免费寄存贵重物品的地方。

礼宾部服务柜台一般靠近大门或靠近总台,方便礼宾员看到宾客进出和酒店门厅内外情况,及时提供针对性的服务,或方便礼宾员与总台的工作联系。礼宾部还设有行李房,供放置寄存行李、集中或疏散团队行李之用。

大堂副理/客户关系主任工作台设在离总台或大门不远的安静之处,通常由一张办公桌、一张工作椅、两张宾客座椅组成,桌上配备电话机、电脑等必要的工作设备。也有的酒店的大堂不设大堂副理工作台,如杭州的福朋喜来登酒店,该酒店认为,总台的每位员工均是客户关系代表,如有需要,他们会承担大堂副理或客户关系主任的职责。

图2-2 坐式服务总台

图2-4 大堂副理工作台

图2-3 站式服务总台

图2-5 某酒店礼宾服务处

商务中心设在酒店的一楼或二楼，便于满足住店宾客和非住店宾客的商务服务需求。商务中心的环境布置应具有安静、隔音、优雅、舒适、整洁等特点。

前厅部经理、预订处员工由于在工作时不必时常与客人面对面打交道，所以其办公室相对独立、隐蔽，但也会设在一楼大堂总台附近，因为其需要与总台进行工作沟通。

另外，酒店大堂可能还会有些外单位的派驻营业点，即外驻机构，如航空公司、旅行社等，它们往往也会在大堂占有一席之地，与酒店有业务合作关系。

二、人流区

大堂的人流区是指大堂中可供人集中走动的区域，如正门出入处、走廊等。合理的人流区设计不仅可增加宾客的舒适度，而且可以提高酒店接待效益。

酒店正门入口处是酒店内外空间的分界点。门厅的设计应以宾客进出酒店方便、顺畅、安全为原则。例如，许多酒店在门厅上方建有雨搭，能为客人上下车时避风遮雨；地面采用耐磨、易清洁且防滑的材料；为方便残疾客人进出酒店，门厅外边侧要设专供残疾客人轮椅出入酒店的坡道；门厅外应有供客人上下车的空间与回车道、停车场等。

酒店大门的设计反映出酒店的经营特色与文化氛围。高星级或大型酒店的大门通常由正门和边门构成，以确保人流进出的秩序。通常，宾客从正门进出大堂，酒店员工因工作需要进出酒店大门时，经由边门进出。正门的形式主要有旋转门、自动感应门、推拉门三种。使用自动感应门和旋转门的酒店，要确保其工作性能正常，防止夹伤客人。有些酒店的自动感应门或推拉门设置了双重门形式，希望通过对气流的阻隔来保持大堂内室温相对稳定，而旋转门本身具有一定的隔断功能。

从入口到酒店内各个目的地，通过走道、电梯、楼梯等，便形成了人流线路。为形成明确的人流走向，大厅内往往配以必要的导向指示标识，使具有动感的走线与相对平静的休息区和服务区互不影响。

图2-6　某酒店门厅

图2-7　日本某酒店用地毯引导客流

三、休息区

大堂的休息区是宾客来往酒店时等候、休息或约见朋友的场所。在人流进出频繁、充满动感的大厅空间中构筑一个宁静惬意的小环境,显得十分必要。休息区主要设有供客人休息的沙发座椅和配套茶几。沙发的摆放形式可根据场地许可和宾客需要设置。休息区通常还放置报刊架,放有供宾客阅读消遣的报纸、杂志、店刊、旅游图等。

酒店的大堂酒吧虽然是归属于餐饮部的营业服务性场所,但是也可视为一处休息场所,供宾客消费、休息、等候、会友。大堂酒吧包括吧台以及供客人使用的桌椅等。为烘托大堂的典雅氛围,有些酒店在大堂酒吧附近区域配置了钢琴,由专职人员为宾客演奏音乐。

图 2-8　某酒店大堂休息区

图 2-9　某酒店大堂公共卫生间一角

四、公共洗手间

酒店大堂要设有供男女宾客使用的公共洗手间或公共卫生间,高星级酒店还设有残疾人专用卫生间或残疾人专用厕位。大堂有众多的进出客流,要考虑公共卫生间的位置,使之既处于隐蔽处,又方便客人使用,而且标识明显。

有人说,洗手间是酒店的一张"名片",可以反映出酒店的档次和服务水准。洗手间要配有抽水恭桶、洗手盆、卫生纸、污物桶、半身镜、洗手液或香皂、烘手机或擦手纸等。除了用品齐全外,清洁卫生、设施完好也是必需的,同时,还要注意装饰材料的选择与大堂风格在规格和质地上的协调性。

【任务拓展】

认一认:旅游酒店包括大堂在内的标识图形符号应符合中华人民共和国制定的《标志用公共信息图形符号国家标准》,其中的第 1 部分为通用符号 GB/T 10001.1—2006,第 2 部分为旅游休闲符号 GB/T 10001.2—2006。根据这些标准,请你识别以下符号分别代表什么服务。

相适应的大堂空间,才能给客人和工作人员提供一个宽松的活动场所和工作环境。设计、装饰与服务人员,共同营造出大堂的舒适和谐。

一、设计与装饰力求舒适和谐

大厅的天花板、地面、墙面、家具、门窗等装修装饰材料与设施设备质量要同酒店的等级标准相适应,厅内气氛应该和谐舒适。成熟的酒店都有自己的特色和风格。前厅布局设计时应展示出酒店的等级、规模、类别,以及酒店所处的区域文化、民俗文化、企业文化等,还要考虑降低能耗和污染,符合环保的理念和要求。

【任务反馈】

酒店大堂通常可分为服务区、人流区、休息区、公共卫生间等四大部分,井然有序的区域划分可以是保证服务质量的基础。

你有以下学习疑惑吗:坐式服务总台与站式服务总台哪一个更好些?

图2-10 充满节日气氛的酒店大堂

解惑释疑:酒店设立何种形式的总台,要根据自己的特点进行选择。站式服务总台具有服务效率高、信息私密性好等优点,而坐式服务总台的接待更具亲切感,使客人感到惬意从容。坐式服务总台多适用于大型休闲度假酒店、城市酒店或高级公寓式酒店。

任务二 大堂氛围营造

【任务导入】

观察所在教室的布置、装饰等情况,有哪些合理与不合理之处?

【任务执行】

前厅必须要有与酒店的规模和等级

大堂内的光线要适宜,使宾客在良好的光线下活动,使员工在舒适的光照下工作。过于明亮的光线,会刺激人的眼睛,使人产生头晕目眩等不适感;过于昏暗的光线,会促使人精力分散,且影响视觉。有人说,"阳光是最好的装饰品",但多数酒店大堂由于空间局限,除了自然采光外,主要依靠灯光采光。灯光的强弱搭配应有渐进感、层次感,可采用不同种类、不同亮度、不同层次、不同照明方式的灯光配合自然光线,按不同区域的要求烘托出冷暖色。同时，酒店大堂所选择的各类灯具，除了具有照明功能外，还具有装饰功能，如在一些高档酒店，大堂往往安装有豪华水晶吊灯，设计新颖、造型美观，装饰效果良好。但总体来说，要求氛围与照明和谐统一。

　　大堂的温度和湿度应适当，并保持必要的通风。现代酒店往往采用性能良好的通风设备或楼宇自动化管理系统调节大堂温度与湿度。一般而言，使人体感觉最佳舒适状态的温度是22℃～24℃，湿度是40%～60%。为了顺应低碳经济发展趋势，突出绿色环保、节能减排的要求，在我国2010版的《旅游饭店星级的划分与评定》(GB/T14308—2010)中，已不再对大堂的温度作具体要求。许多酒店拟定了与其星级相适应的节能减排方案并付诸实施，这有可能导致大堂温度不能始终保持在人体最佳感觉温度。当出现类似情况时，就要在时间、空间上做出合适的安排，尽可能不影响宾客的舒适度，必要时要向宾客做好解释。

　　大堂内的声音要和谐。一切听起来不悦耳的声音均为噪声，噪声会使人烦躁不安，易于激动、争吵、出错。大堂内的噪声一般不得超过50分贝。大堂内人员活动频繁，加上室外噪声也可能传至厅内，所以如何减少噪声是大堂良好氛围的重要因素。因而多数酒店在建造时，已考虑使用隔音板等材料以降低噪音。酒店也要求员工工作交谈时声音应尽量轻些，或必要时使用一些体态语言代替说话进行沟通。员工要尽量提高工作效率，使客人在高峰时间不致长久滞留于大厅，破坏大厅安静的气氛。另外，有些酒店也会播放轻松、动听的背景音乐，以减少噪音对客人的骚扰。

　　装饰是营造温馨愉悦大堂良好氛围不可或缺的。大堂装饰讲究格调、创意和工艺，且应突出酒店主题文化，为前厅服务提供与酒店经营风格一致、相得益彰的环境条件。除了在建造设计时考虑艺术装饰之外，工艺摆件等装饰品的选用也显得非常重要，当然，绿色植物被认为是最好的装饰品之一。

二、服务员是氛围的组成要素

　　大厅服务员也是大堂氛围的组成要素。大厅服务员要注意保持良好的仪容仪表和礼节礼貌，穿着整洁合体的制服，面带微笑，举止大方、庄重、规范。服务时要亲切热情，以礼相待，以诚相待。总之，服务员理应成为大堂的风景之一，为营造雅而不俗、井然有序的酒店大堂氛围而努力。

【任务拓展】

　　有些酒店不仅在视觉上注意对大堂氛围的营造，还在嗅觉方面做文章，利用新风系统为大堂增香，使大堂中的空气带有香气。你认为这样好吗？为什么？

【任务反馈】

　　酒店大堂的设计与氛围映射出酒店的风格、档次、文化等，良好氛围的营造还少不了服务员、客人的活动配合。

　　你有以下学习疑惑吗：残疾人卫生间与普通卫生间有什么不同？

　　解惑释疑：残疾人卫生间又称无障碍卫生间。为了给残障者、老人或病人如厕提供便利，在设计上，要求无障碍卫生间：内部空间大于1.5 m×1.5 m，利于轮椅回旋；门宽不低于0.8 m，便于轮椅出入；使用推拉移动门；配套专用无障碍洁具；配备安全扶手等。

◆**项目评价**

【知识/技能评价】

1. 大堂一般可分为哪几个区域？
2. 大堂氛围的营造要考虑哪些要素？

【实训演练】

阅读本项目"项目链接"中的《旅游饭店星级的划分与评定》中的"设施设备评分表"（前厅部分），对照你所参观酒店的前厅情况，看看在这个项目上它可以得几分？

【项目链接】

酒店大堂设施设备的参照依据

下表是《旅游饭店星级的划分与评定》中有关前厅部分（主要指大堂）的设施设备检查评分表。它为大堂在硬件上的设计与配套提供了参考。

表2-1 《旅游饭店星级的划分与评定》之"设施设备评分表"（前厅部分）

序号	设施设备评分表	各大项总分	各分项总分	各次分项总分	各小项总分	计分	记分栏
3	前厅	62					
3.1	地面装饰		8				
	采用高档花岗岩、大理石或其他高档材料（材质高档、色泽均匀、拼接整齐、工艺精致、装饰性强，与整体氛围相协调）					8	
	采用优质花岗岩、大理石或其他材料（材质良好，工艺较好）					6	
	采用普通花岗岩、大理石或其他材料（材质一般，有色差）					4	
	采用普通材料（普通木地板、地砖等）					2	
3.2	墙面装饰		6				
	采用高档花岗岩、大理石或其他高档材料（材质高档、色泽均匀、拼接整齐、工艺精致、装饰性强，与整体氛围相协调）					6	
	采用优质木材或高档墙纸（布）（立面有线条变化，高档墙纸包括丝质及其他天然原料墙纸）					4	
	采用普通花岗岩、大理石或木材					2	
	采用墙纸或喷涂材料					1	

续表

序号	设施设备评分表	各大项总分	各分项总分	各次分项总分	各小项总分	计分	记分栏
3.3	天花		5				
	工艺精致、造型别致,与整体氛围相协调					5	
	工艺较好,格调一般					3	
	有一定装饰					1	
3.4	艺术装饰		2				
	有壁画或浮雕或其他艺术品装饰					2	
	有简单艺术装饰					1	
3.5	家具(台、沙发等)		5				
	设计专业、材质高档、工艺精致,摆设合理,使用方便、舒适					5	
	材质较好,工艺较好					3	
	材质普通,工艺一般					1	
3.6	灯具与照明		5				
	照明设计有专业性,采用高档定制灯具,功能照明、重点照明、氛围照明和谐统一					5	
	采用高档灯具,照明整体效果较好					3	
	采用普通灯具,照明效果一般					1	
3.7	整体装饰效果		4				
	色调协调,氛围浓郁,有中心艺术品,感观效果突出					4	
	有艺术品装饰,工艺较好,氛围一般					2	
	有一定的装饰品					1	
3.8	公共卫生间		9				
3.8.1	位置合理(大堂应设置公共卫生间,且与大堂在同一楼层)			2			
3.8.2	材料、装修和洁具(对所有公共卫生间分别打分,取算术平均值的整数部分)			3			
	设计专业(洁具、灯光、冷热水、照明、通风、空调等),采用高档装修材料,装修工艺精致,采用高级洁具					3	

走进前厅部

续表

序号	设施设备评分表	各大项总分	各分项总分	各次分项总分	各小项总分	计分	记分栏
	采用较高档装修材料,装修工艺较好,采用较好洁具					2	
	采用普通装修材料,装修工艺一般,采用普通洁具					1	
3.8.3	残疾人卫生间			2			
	有残疾人专用卫生间					2	
	有残疾人专用厕位					1	
3.8.4	公共卫生间设施(少一项,扣1分)						
	抽水恭桶						
	卫生纸						
	污物桶						
	半身镜						
	洗手盆						
	洗手液或香皂						
	烘手机或擦手纸						
3.8.5	每个抽水恭桶都有单独的隔间,隔间的门有插销,所有隔间都配置衣帽钩			1			
3.8.6	每两个男用小便器中间有隔板,使用自动冲水装置			1			
3.9	客用电梯			10			
3.9.1	数量			2			
	不少于平均每70间客房一部客用电梯					2	
	不少于平均每100间客房一部客用电梯					1	
3.9.2	性能优良、运行平稳、梯速合理			2			
3.9.3	内饰与设备			4			
3.9.3.1	有一定装饰、照明充足				0.5		
3.9.3.2	有酒店主要设施楼层指示				0.5		
3.9.3.3	有扶手杆				0.5		

续表

序号	设施设备评分表	各大项总分	各分项总分	各次分项总分	各小项总分	计分	记分栏
3.9.3.4	有通风系统				0.5		
3.9.3.5	与外界联系的对讲功能				0.5		
3.9.3.6	有残疾人专用按键				0.5		
3.9.3.7	轿厢两侧均有按键				0.5		
3.9.3.8	有抵达行政楼层或豪华套房楼层的专用控制措施				0.5		
3.9.4	有观光电梯				1		
3.9.5	有自动扶梯				1		
3.10	贵重物品保险箱			2			
3.10.1	数量不少于客房数量的8%,不少于两种规格				1		
3.10.2	位置隐蔽、安全、能保护宾客隐私				1		
3.11	前厅整体舒适度			6			
3.11.1	绿色植物、花卉摆放得体,插花有艺术感,令宾客感到自然舒适				2		
3.11.2	光线、温度适宜				2		
3.11.3	背景音乐曲目适宜、音质良好、音量适中,与前厅整体氛围协调				2		
3.11.4	异味、烟尘、噪音、强风(扣分,每项扣1分)				—4		
3.11.5	置于前厅明显位置的商店、摊点影响整体氛围				—4		

注:该"设施设备评分表"中除了"3.前厅"外,省略的另外项目有"1.地理位置、周围环境、建筑结构及功能布局 2.共用系统 4.客房 5.餐饮 6.安全设施 7.员工设施 8.特色类别"

资料来源:《旅游饭店星级的划分与评定》(GB/T14308—2010)

服务在前厅

项目三　预订处服务

◆**项目目标**

【行业要求】

理解预订就是推销,体会酒店做好预订的重要意义,掌握酒店网络营销的趋势与特点。

【岗位目标】

知晓预订员的主要工作内容;知晓预订的种类、方法;会填写预订单,会做各类预订,尤其是散客电话或当面预订;会运用网络手段进行信息查询与预订;掌握预订检查、确认、变更的工作方法;掌握预订技巧及超额预订的操作方法。

◆**项目任务**

在多数酒店中,预订处(Reservation)是前厅部的一个重要岗位,但随着酒店对销售工作的强化,有不少酒店将其划归至营销部管辖。也有的酒店规定,散客预订由预订处负责,而团队预订则由营销部受理。预订处主要的工作是进行客房预订,其中包括预订的准备、预订的受理、预订的控制等。预订员要掌握这些工作操作程序及技巧。

图3-1　学生在酒店预订处实习

任务一　预订员须知

【任务导入】

如果你们班要组织去外地春游,现在你是这次春游的组织者,你准备如何安排好这次旅游?

【任务执行】

一、预订就是销售和服务

客房预订,是指宾客在抵店前对酒店客房使用权的预先订购,或宾客与酒店间达成的客房租用的预先约定。客房预订是客房销售的首要环节。它既可以让宾客的住宿需求预先得到保证,又能使酒店最大限度地利用客房资源,获得理想的出租率,并提高酒店的服务质量。

预订员既是酒店的服务人员又是酒店的销售人员。预订员肩负着满足宾客预订服务需求的任务,也通过销售客房为酒店增加营业收入。

二、预订渠道和方式

宾客在酒店订房可通过两大渠道:一类为直接渠道;另一类是间接渠道。直接渠道,是指宾客不经过中介人而直接与酒店预订处联系,办理订房手续。间接渠道则是订房人由旅行社等中介机构代为办理订房手续。酒店的间接订房渠道主要有:旅行社订房;与酒店签订合同的企事业单位订房;政府机关或会议机构订房;连锁酒店或合作酒店订房;航空公司订房;酒店所加入的预订网络订房。

就预订的方式而言,由于高科技的发展,客房预订已经由传统的信函预订、客人来访预订等转向基于高科技手段的预订。目前比较常用的有:电话或传真预订、E-mail预订、网络预订。

三、预订的种类

(一) 非保证类预订(Non-guaranteed Reservation)

客人虽然预订了客房,但未就其预订进行实质性的赴店担保,常见于客人在抵达酒店前很短的时间内或在到达的当天联系订房。按照国际惯例,酒店对预先订房的客人,会事先声明为客人保留客房至某一具体时间(一般是当天下午的18:00),这个时限被称为"取消订房时限"或"截房期限"。如果订房客人到了这个时间仍未抵店,也未事先与酒店联系,则酒店有权取消该预订或将客房出租给其他客人。

(二) 保证类预订(Guaranteed Reservation)

它指宾客保证前来住宿,否则将承担经济责任,而酒店在任何情况下都应保证落实的预订。对于保证类预订,酒店无论如何都应保证只要宾客一到就为其提供房间或代找一间条件相仿的房间。而若宾客在预期抵店当日未能到店,其又未联系知会酒店,则酒店通常会将其客房保留至次日中午12:00,同时向宾客收取一夜房费。

保证类预订的担保方式通常有:预付定金担保、信用卡担保、协议合同担保。

预付定金担保是指宾客在抵店入住前,通过先行交纳预付款的方式来获得酒店对其订房保证。

信用卡担保是指宾客将所持信用卡的种类、卡号、持卡人姓名、有效期等信息以书面或电子的形式告知酒店,以此来保证所预订的酒店客房。酒店则将根据宾客所提供的信用卡信息预先向银行申请授权,以达到房费保障的目的。如宾客届时未到酒店,又未通知取消预订,那么酒店可依据宾客签署的信用卡授权资料,向宾客所持的信用卡公司或授权机构收取相关房费。

协议合同担保是酒店与有关公司、旅行社等就客房预订事宜签订协议或合同,协议或合同规定了双方的利益和责任。

（三）等候类预订（Waiting List）

等候类预订也被称为候补订房。当酒店订房已满而无法接受客人的更多预订时，为了满足客人的订房要求，并尽可能地实现酒店效益最大化，预订员可征求客人同意将其预订列入等候名单之列，当有另外预订者取消预订或有住店客人提前退房时，酒店会安排候补预订，且在第一时间通知客人。

四、客房的类型

预订员对自己酒店的客房应该了如指掌。总体而言，按其房间数量、位置以及满足宾客需求的不同角度，酒店客房可分为不同的类型。

（一）按房间数量划分

⊙ 单间房

1. 单人房（Single Room），房内放一张单人床（宽度不小于1米）的客房。

2. 大床房（Double Room），房内设一张双人床（宽度不小于1.5米，现多为1.8米宽度以上）。

3. 双人房（Twin Room），房内设有两张单人床，也称为"标准房"（Standard Room）。

4. 三人房（Triple Room），一般是房内设有三张单人床。

⊙ 套房

1. 标准套房（Standard Suite），又称普通套房（Junior Suite）或双套房或家庭套房，一般由连通的两个房间组成，一间作卧室（Bedroom），另一间作会客室或起居室（Living Room）。

2. 高级套房（Deluxe Suite），又称豪华套房，通常由卧室、会客室、卫生间、小厨房、餐室、办公室、陈列室、阳台等组成。

3. 总统套房（Presidential Suite），又称总统房，一般由七至八间房所组成，包括总统卧室、总统夫人卧室、分用的男女卫生间、会客室、会议室、随员室、警卫室、书房、厨房及餐厅等。总统房在酒店独一无二。

（二）按客房位置划分

1. 外景房（Outside Room），即窗户朝向大海、湖泊、公园或景区景点的客房。

2. 内景房（Inside Room），即窗户朝向酒店内的房间。

3. 角房（Corner Room），通常位于走廊过道尽头的客房。角房因形状比较特殊，装饰无法循规蹈矩而比较不受欢迎，但有些角房因其打破了标准间的呆板，反而受到某些宾客的青睐。

（三）按满足宾客个性化需求划分

从满足宾客特殊消费需求的专用客房来分，主要包括商务房（Business Room）、高级行政房（Senior Executive Room）、无烟房（Smoke-Free Room）、淑女房（Ladies Room）、无障碍房或残疾人房（Disabled Room）、体育人士房（Sports Room）等。必要时可设置专用楼层，如行政楼层、无烟楼层、女士楼层等。

【任务拓展】

在现实生活中，我们经常会接触到"订金"与"定金"这两个词。它们有区别吗？

【任务反馈】

预订既是销售的环节，也是服务的前沿。预订的种类、方式有多种，预订员要了解这些知识，以便灵活处理宾客预订要求。

你有以下学习疑惑吗：男士能入住淑女房或女士楼层客房吗？

解惑释疑：淑女房或女士楼层客房是酒店根据女士特点和要求特意设计的个性化客房，酒店在排房时一般考虑只满足女士的住房要求。事实上，如果有男士入住女士楼层，也会给女性宾客带来不便，或引起她们投诉。但有些酒店未必能做到"对号入座"，而有些酒店则非常严格，例如杭州的黄龙饭店设有女士楼层，不向男宾客开放，连夫妻也不能入住。

任务二 预订受理

【任务导入】

意大利某四星级酒店隶属于某国际酒店集团，距威尼斯约25公里，其客房的标准价格为每晚90欧元至150欧元。2009年8月的某一天，该酒店在网站上发布促销信息，促销内容原为预订周末两晚享受半价，但不慎将房价写成0.01欧元，即周末两晚房价仅为1欧分。结果，当晚酒店就收到了228份有效订单，损失预计将达9万欧元。

酒店经调查发现，该局面是由于酒店所属集团网站工作人员的人为错误所致。面对自身失误而造成的损失，酒店又是如何处理的呢？酒店方面表示，虽然标价有误，酒店还是会尊重持有有效订单的顾客，但这些订单是"不可转让"的，即只允许订单中约定的入住者按此价格住店。

阅读以上案例，请谈谈：预订对酒店经营有什么重要影响？酒店如何做好预订工作？预订该如何体现契约精神？

【任务执行】

预订员在受理预订时，要根据预订对象和预订方式进行针对性的服务，掌握相应的服务环节。

一、散客预订

（一）电话预订

对于散客而言，有较大部分是通过电话进行预订的，尤其在旅游旺季。受理普通电话预订时要了解酒店房况及未来一段时间的客情，要准备好散客预订单（表3-1）与纸笔，随时记录与填写预订单，同时，将电脑开着并运行酒店前厅操作系统，以便时刻进行房态、房价等信息的查询。

表 3-1 散客预订单
Reservation Form

No.预订号

☐新预订 New Booking　　☐更改 Amendments　　☐等候 On Waiting List　　☐取消 Cancellation

宾客姓名 Guest Name	房间数量 No. of Rooms	房间种类 Room Type	宾客人数 No. of Guests	房价 Room Rate	协议单位名称 Company Name

预计到店日期 Original Arrival Date	预计离店日期 Original Departure Date	抵达航班/车次 Arrival Flight	离开航班/车次 Departure Flight

付款方式 Payment	☐私人账单 Own A/C ☐公司账单 Company A/C ☐含早餐 Breakfast ☐15％服务费 15％ Surcharge	是否确认 Confirmation	☐是 Yes ☐否 No

备注/ 特殊要求 Remarks	☐预付款或支票 Deposit ☐加床 Extra Bed ☐其他 Others	☐信用卡 Credit Card ☐婴儿床 Cot	☐双人床 Double Bed

联系人姓名 Contact Name	联系电话或传真号码 Tel. No. & Fax No.	预订人/经手人 Taken by	预订日期 Date Taken

排房 Room Arrangement

受理散客电话预订的程序一般如下：

1. 接听电话。在电话铃响三声或十秒之内，接起电话，并按酒店规范语言问候宾客、报出部门，如有的酒店对问候语的规范是这样的："Good morning/ Good afternoon / Good evening. Reservation, ×× speaking. May I help you?"

2. 询问客人姓氏，倾听客人要求。礼貌地询问客人如何称呼，并在通话过程中带姓称呼客人。仔细倾听客人的订房要求，必要时进行简短重复。

3. 提供适合客人所要求的房型信息。向客人详细描述其所需房型的特点，如位置、楼层、景观等。如所需日期内无宾客所需的房型，则向客人提供其他房型。

4. 说明房价所含内容。向客人详

细说明房价所包含的内容,如客房价格、服务费、是否包含早餐等。

5. 询问客人相关信息。询问客人姓名及拼写;询问客人的联系方式,最好能得知其手机号码,并输入电脑;询问客人的抵店时间;询问客人是否需要安排接机;询问客人是否需要无烟房。

6. 说明酒店入住规定。向客人解释酒店保留房间的相关规定,根据惯例,虽然非保证性预订的"取消订房时限"大多为18:00,但酒店一般根据客情灵活掌握,如根据宾客具体的抵店时间延后1小时左右。在住房高峰期或如果客人的到店时间超过下午4:00,有的酒店会建议客人进行保证性预订。

7. 重复所有信息。在通话结束前,再次重复确认预订单上填写的所有细节。

8. 提供预订编号。向客人提供预订编号、预订员工号或姓名,必要时发传真或短信、电子邮件等确认。

9. 结束通话。通话结束前,要感谢客人的致电。等客人挂上电话后,再挂电话。如果客人一时没挂上电话,可礼貌地询问客人是否还有其他要求。

10. 将预订信息输入电脑。图3-2是Fidelio计算机系统的新建预订屏图。

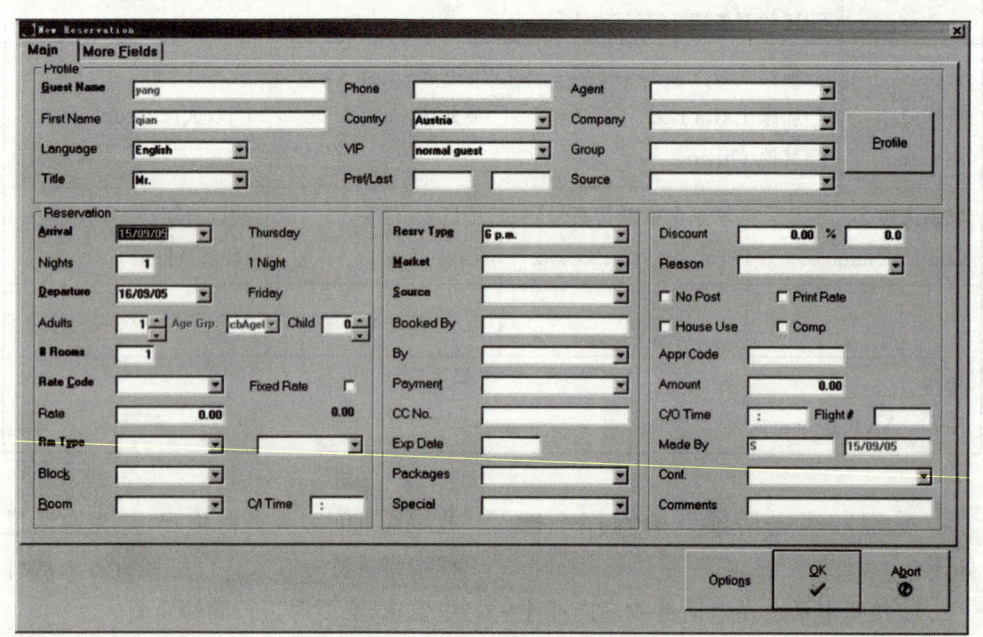

图3-2　Fidelio计算机系统的新建预订屏图

(二) 书面预订

书面预订的形式主要有传真、电子邮件等。预订受理步骤如下:

1. 阅读传真、电子邮件,录入信息。阅读并分析客人的要求,必要时打电话进行询问确认,然后将预订信息输入电脑系统。

2. 预订回复。对客人的预订进行回复的方式主要有传真和电子邮件。一般预订应该半小时内回复，急件必须立即回复。

3. 付款内容。预订中对方有挂账要求的，对于有账号及协议的预订，要将其原件复印留底；原件作为预订单交与前台，预订人无账号但仍需挂账的，要求与预订方协商后，签署《批准挂账授权书》或经前厅部经理在订单上签署同意挂账意见并签字（如果预订处归营销部管辖的，则由营销部与其签署该授权书，或由营销部经理在订单上签署同意意见）。

4. 存档。可将传真件、电子邮件打印后作为订单存档，入住当天转至前台。

（三）网络预订

网络预订正如火如荼。对于宾客而言，网上预订可使其在世界上任何地方，不受时间限制，按照自己的喜好搜索、认识、比较酒店。网络预订真正实现了快捷、方便、经济，体现了先进性。

对于酒店来说，网络预订代表着酒店业在网络新时代生存发展的必然方向。它已经成为酒店最重要的分销渠道。酒店可以将自己的产品、特色、价格等明明白白地告知浏览者，甚至可以提供虚拟酒店活动，实现了酒店与宾客的对接，减少了中间的分销环节。

目前的酒店客房网上预订主要有两种形式：酒店的自主网站预订服务和综合性商务网站的预订服务。

对于宾客通过商务网站的订房，酒店一般与合作的商务网站事先签有协议，对双方的责任、义务、权利、利益等做了约定。商务网站即是中间商，它能获得酒店给予的优惠房价，同时会得到一定的佣金，如艺龙旅行网、携程网等。这些网站在帮助酒店实现预订的同时，也在为酒店做营销。

商务网站在接到客人的预订后，将此预订与酒店进行沟通。酒店对于来自合作商务网站提供的预订信息，要及时确认与反馈，尤其注意是否有宾客重复预订。

对于宾客通过酒店网站的订房，酒店预订员在接到宾客预订要求后，要及时处理预订单，并进行预订确认，即将预订确认单发至订房者的电子邮箱，或致电话、发传真告知订房者。若酒店无法接受客人的预订，更要及时通知客人，以便客人另做安排，并向其表示歉意。

以杭州某酒店为例，作为一位欲预订该酒店客房的潜在宾客，当其通过酒店的网站预订客房时，操作流程如以下电脑界面所示：

在网页地址栏输入该酒店网址或在搜索引擎中搜索酒店名，进入酒店官方网站。

点击"现在预订",界面显示了供选择的住房时间、房间类型、房价。

选择了预计住店时间和房间类型后,出现了该类房间的图片及介绍,以及优化住宿的建议。订房人可以选择服务或提出特殊要求。

点击"继续此次预订"后,订房者可浏览并确认预订房的信息,订房者要填写预订者的详细信息、信用卡信息(如果想要进行保证性预订),以及是否同意酒店制定的政策条款。

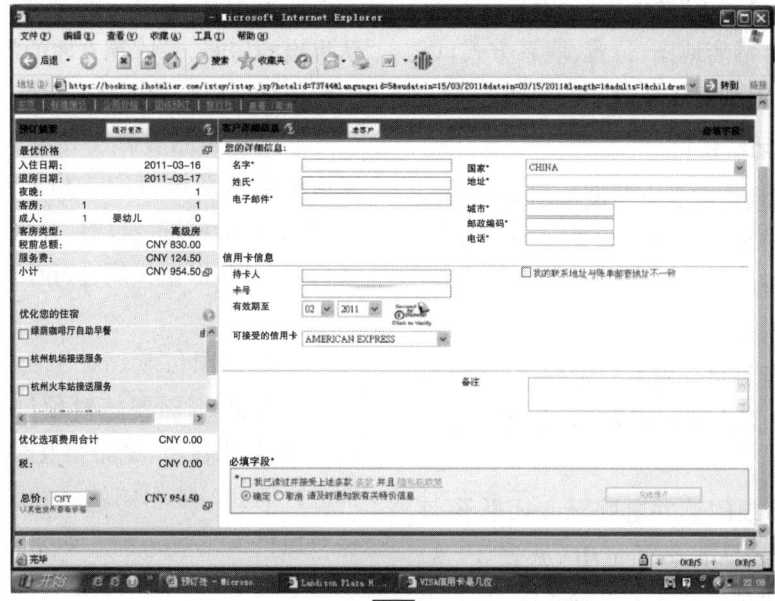

填写完必填信息后(通常打有＊号),点击"完成预订"。

界面显示了"感谢您的预订!"、预订详细信息、酒店地图、位置、联系方式,以及退订政策和对入住时间的声明。

二、团队预订

团队预订通常由营销部与对方进行洽谈,预订处则要做好对团队预订的登记和其他细节准备工作。团队是酒店的重要客源,同时,这类预订牵涉的环节较多,所以预订员一定要非常仔细,并尽可能地考虑周全。一般的团队预订程序如下:

1. 仔细阅读并电脑录入团队预订单。收到团队宾客预订单(见表3-2)后,须将有关信息输入电脑系统中,并再次确认。

2. 满足团队的特殊要求。根据团队提出的房间、餐饮等方面的特殊要求,为此团队做出合理安排。

3. 团队资料存档。在输入名单后,须通过电脑系统打印一份团队入住名单,与团队资料进行核对,并将所有资料装订在一起,根据日期进行存档,以便日后查询。

4. 确认预付款。对于所有需要预付费用的团队,需要核对预付款是否已经到达,如果没有,则必须及时通知营销部进行催款。如果团款已经预付,则需核对预付款是否正确。如果正确的话,须在电脑中和团队资料上注明。

表 3-2 团队宾客预订单
Group Booking Form

预订 Taken by：

预订日期 Date Taken：

☐新预订/暂订 Booking/Tentative　　　　　　　☐更改 Amendments

☐取消 Cancellation　　　　　　　　　　　　　☐确认 Confirmation

团队名称 Group Name：　　　　　　　　　　　国籍 Nationality：

入店时间 Arrival Date	离店时间 Departure Date	单人间		双人间		陪同间		套间	
		房数 No.of Rooms	房价 Rate	房数 No.of Rooms	房价 Rate	房数 No.of Rooms	房价 Rate	房数 No.of Rooms	房价 Rate
免费房 Complimentary Rooms：									

☐房价不含15％服务费　　　　　　　　　　　☐房价包括15％服务费

Room Rates Subject to 15％ Surcharge　　　　Room Rates Inclusive of 15％ Surcharge

用餐情况 Meal Requests	日期 Date	
	时间 Time	
中式早餐 Oriental	地点 Outlet	
欧陆式早餐 Continental	价格 Rate	
美式早餐 American	人数 PAX	

☐餐费不含15％服务费　　　　　　　　　　　☐餐费含15％服务费

Meal Rates Subject to 15％ Surcharge　　　　Meal Rates Inclusive of 15％ Surcharge

定金 Deposit：

收款人 Charge to：

备注 Remarks：

酒店接待的团队通常有旅游团队、公司团队、MICE 团队三大类。

旅游团队包括旅行社定期组织团队入住酒店和不固定的旅行社团队两种。酒店预订处要注意与旅行社、领队、导游等做好沟通工作，如排房、用餐、行李服务、叫醒服务，以及客人私人费用结算约定等。

公司团队包括入住酒店并有会议的合约公司团队和入住酒店但无会议的合约公司团队两种。对于公司团队订房，要注意团队包价中包含的服务内容和客用品规格，还要注意各项特殊安排和要求，如抵达时间、接机、行李的处理要求、入住安排等。

MICE是会奖旅游的英文缩写，即Meeting（会议）、Incentive（奖励）、Convention（年会）、Exhibition（展览）。对于MICE团队预订，预订处要积极与营销部配合，尽早了解会议、展会等具体情况，了解组织者对酒店设施和服务的具体要求，注意各方面的协调。

三、预订受理时注意事项

1. 预订员要随时了解酒店的预订情况，以减少查询时间。

2. 电话预订时，应确保电话背景无干扰和噪音。

3. 注意对客人使用尊称，使用"您"代替"你"。在预订过程中，应不止一次地带姓称呼客人。

4. 在介绍推销客房时，要注意重点介绍客房产品的主要特色及能给客人带来的利益，要注意报价方式。

5. 要善于从客人的言语和相关信息中去捕捉客人潜在的服务需求，争取做到服务在宾客开口之前。

6. 对于女士，要主动询问是否需要安排无烟房。

7. 客人的喜好应得到尊重。

8. 预订员应重视客人提出的要求，尽可能予以满足。

9. 整个预订过程应表现出热情、礼貌、专业，要让客人感觉到预订员的"微笑"。

10. 对于贵宾的预订，除了要了解客人信息外，还要确定接待等级，以方便制订服务方案。

四、对宾客预订特殊要求的处理

1. 宾客要求接机/车。宾客要求接机/车服务的，要与宾客确认费用、航班或车次，接受预订后，预订员记录相关信息，并转交给礼宾部，由礼宾部安排出车。

2. 宾客要求订票。宾客订票必须请宾客提供明确的航班、时间等，预订员记录相关信息，开订票单到商务中心，由商务中心办理，留一联附于预订单上交宾客作为取票凭证，同时在预订单上注明已订票。

3. 宾客要求留言。如有给预订宾客的留言应仔细倾听，记录要点，填写"留言单"，将留言袋附于"预订单"上，待宾客入住时由总台接待员交与宾客。

【任务拓展】

1. 进入某酒店网站，进行模拟网络预订，并取消该预订。然后谈谈对网络预订方式的心得体会。

2. 通过携程旅行网进行模拟客房预订。可以输入网址 http://www.ctrip.com/，或通过搜索进入携程旅行网主页进行预订。

3. 了解当地每年有哪些重要的MICE。

【任务反馈】

预订员要重点掌握普通散客预订、普通团队或会议预订、VIP客人预订的操作程序，熟知相关表单。

你有以下学习疑惑吗：上面提到的会奖旅游中，什么是奖励旅游？

解惑释疑：奖励旅游（Incentive travel）是企业作为一种管理手段，为奖励员工完成明确的商业任务或达到特定的目标，进而提供的免费旅游。用旅游这一形式作为对员工的奖励，会进一步调动员工的积极性，增强企业的凝聚力。

任务三 预订控制

【任务导入】

当前,国际酒店管理集团管理的酒店的预订率普遍高于本土酒店,请分析一下原因,并为本土酒店预订率的提高出谋划策。

【任务执行】

预订控制是指客房预订管理过程中采取多种方法和措施来保证客房预订的准确性。由于预订工作随时可能受到宾客的取消、更改、提前、延后、增减人数等的变化,所以酒店预订员要及时掌握预订信息,采取多种方法和措施来做好预订控制工作。

一、预订检查

1. 从电脑系统中打印出次日预期抵店客人名单。

2. 取出所有原始预订凭证,将次日将抵店散客报表与原始凭证进行核对。

3. 核对预订信息。对于散客预订,需具体核对内容有:抵店日期、离店日期、客人姓名、房型、房价、付款方式。对于团队而言,除了核对与散客相同的内容外,还应留意是否已在电脑系统中做了分账指令,核对早餐及特殊要求,检查是否根据要求在电脑中设置了免费房、陪同房、以及是否有其他特殊要求。如发现有错误,需根据相关信息进行及时修改。

4. 在核对完毕后,在预订报表上签字确认,并将此报表存放于相应的文件夹内。

5. 将预付款尚未到账的订单与已到账的订单分开,交与总台。

二、预订确认

1. 从电脑系统中打印出当日将到店客人名单。

2. 在分类的基础上,选择预订类型为保留至下午6:00的预订。

3. 联系客人,确认预订。酒店对于预订确认的时间会有所规定。例如,有的酒店规定,下午4:00时,根据报表上的电话打电话给客人进行到店时间确认。如是出租率高于90%,改为下午2:00时进行,当酒店出租率超过100%时,需在下午2:00与5:00时分别确认两次。

4. 将客人预计到店时间输入电脑系统。

如果客人使用传真、电邮等方式订房,酒店应以相同的方式给予回复确认。传真要用酒店标准格式的确认信,表3-3是某酒店的"书面订房确认单",对于保证类预订的宾客,酒店通常还向客人出具预付定金确认书。如果客人留有手机号码的,可以视情况发送短信进行确认。

表3-3 书面订房确认单

××酒店	客房类型、数量：	房价：
_____先生/女士：	抵达日期：	逗留天数：
您好！很高兴向您确认下列安排：	离店日期：	
酒店地址：	结账方式：	预交定金：
酒店电话：	宾客地址：	
您对_____	宾客姓名：	
的预订已经被确认。	宾客电话：	

本酒店愉快地确认了您的房间预订。由于宾客离店后，需要一定的时间整理房间，因此，下午2:00前可能无法安排入住，请谅解。另外，未付定金或无担保的订房恕只能保留到下午6:00。

三、预订未到处理

1. 阅读预订未到报表，了解预订未抵客人的情况。

2. 查询电脑，确认这些客人是否已经住店，确保信息正确。

3. 了解客人未到原因，并记录。

4. 将预订未到客人报表交预订主管、前厅经理或营销经理，确定是否要向客人收取房费。

四、预订更改

1. 接收客人的预订更改信息，询问要求更改预订客人的姓名及原始抵店日期和离店日期。

2. 找出原始订单，询问客人要更改的内容，在确认新的内容前，先要查询客房出租和预订情况，尽量满足客人要求，若一时无法满足，则与客人协商处理。

3. 更改预订，并修改订单及电脑记录。同时，记下要求更改者的姓名和联系电话，以便日后联系。

4. 将有关变更通知相关部门，以便相关部门跟进。

5. 将更改后的订单与原始订单存放在一起，以备日后查询。

对于客人取消预订的要求，预订员除了进行类似更改预订的操作外，还应在原始订单上加盖"取消"章。

五、超额预订

超额预订（Over Booking）是指虽然酒店某一时段客房预订已满，但仍适当增加订房数量，以弥补因为客人未按时抵店或临时取消预订产生的缺额所造成的损失。超额预订应该有个"度"的限制，以免出现因"过度超额"而不能使客人入住的情况。是否执行超额预订，由酒店管理层定夺。当预订员接到实施超额预订通知时，应该：

1. 掌握周边酒店及市场情况，尤其是周边同星级酒店的客情，即每天早上从大堂副理处得到有关的信息，包括可卖房、出租率等，以便出现客到无房时进行转店安排。

2. 掌握超额预订的比例。一般情况下，酒店会根据以往经验、预订客情及结构、区域其他酒店客情等定出超额预订率。超额预订率通常控制在5%左右。超额预订率的计算公式：

超额预订率＝（超订量/可订量）×100%

3. 预订处理。在预订时，告之客人

由于酒店所有房间均已订完,将会把他的预订放入预订等候名单,并请客人留下联系方式,如果有房,酒店将在第一时间通知他。而后,预订员按正常预订程序操作。

4. 如果客人抵店后酒店有房提供,尽量按客人的要求安排房间。如没有客人满意的房间,向客人道歉并以同样的价格让客人入住高一档的房间,但客房升级应上报大堂副理或前厅经理批准。

5. 如果出现客人抵店后酒店无房提供的情况,酒店应承担全部责任。酒店要帮助联系其他备用酒店,并且酒店承担房间差价;免费提供车辆,送客人到其他酒店;如果客人愿意,安排客人次日回本酒店入住,按 VIP 客人礼遇接待。有些酒店还为客人提供一至两次免费长途电话或传真,以便客人能够将临时改变地址的情况通知单位、家人或朋友。

【任务拓展】

阅读以下资料,体会酒店在预订工作中所应受到的约束。

《中国旅游饭店行业规范》中有关于饭店预订的规范规定(第四条、第五条、第六条):

第四条 饭店应当与客人共同履行住宿合同,因不可抗力不能履行双方住宿合同的,任何一方均应当及时通知对方。双方另有约定的,按约定处理。

第五条 饭店由于出现超额预订而使预订客人不能入住的,饭店应当主动替客人安排本地同档次或高于本饭店档次的饭店入住,所产生的有关费用由饭店承担。

第六条 饭店应当同团队、会议、长住客人签订住房合同。合同内容应当包括客人入住和离店的时间、房间等级与价格、餐饮价格、付款方式、违约责任等款项。

【任务反馈】

预订控制包括预订检查、预订确认、预订未到处理、预订更改以及超额预订管理等环节。预订员要掌握相关工作要点,以确保预订的严谨性与成功性。

你有以下学习疑惑吗:预订的短信确认是怎样的?

解惑释疑:不同酒店通过短信进行预订确认时,语言有所不同。以下是某国际酒店对客人订房的手机短信确认,供参考:"×先生,您预订11月1日至11月3日,标准房1间,房价为×××元/双早。预订号:1110280016。房间保留到18时。本地天气:16℃～20℃。酒店地址:×××××××。电话:××××-××××××××。期待您的光临!"

◆项目评价

【知识/技能评价】

1. 预订有哪些种类?

2. 如何受理各种形式的预订?你还能想到哪些预订形式?

3. 如何进行预订控制?

4. 要做好预订工作,应讲究什么技巧?

【实训演练】

散客客房预订

实训内容	模拟进行当面散客预订受理
实训目的	通过当面预订实训,掌握受理散客预订客房的有关技能和知识,并融会贯通,掌握散客电话预订的服务程序和技能
实训准备	模拟总台,模拟办公桌椅,散客预订单、笔、纸等
实训方法	1. 情景演示或情景假设 2. 学生两人一组,分别扮演员工和宾客,面对面练习 3. 学生练习过程中,教师组织讨论或讲评 4. 学生再练习,总结提高

实训考核				
考核内容	考核要点	配分	评分标准	扣分
仪容仪表	• 服务牌佩戴在外衣左上方,服装整洁得体、无破绽,纽扣齐全;鞋袜洁净 • 不留长指甲 • 不佩戴过于醒目奇特的饰物 • 男服务员不留胡须,发长不盖耳;女服务员化淡妆	4	有一项不符合要求,扣1分	
仪态	• 行走、站姿正确 • 行为规范有礼	2	有一项不符合要求,扣1分	
了解客人需求	• 礼貌地问清宾客是否需要订房 • 询问订房的时间和天数、房间的类型和数量	4	有一项不符合要求,扣2分	
介绍房间	• 向宾客介绍三种(含三种)以上的客房,并正确描述各类客房的优点 • 正确报价 • 发出受理预订请求	6	有一项不符合要求,扣2分	
表格填写	询问具体信息,规范、完整地填写预订单	8	有一项不符合要求,扣1分,扣完为止	
确认订房情况	确认宾客订房的时间、天数、房型、房数、房价、付款方式、保留时间、特殊要求,联系人姓名和电话等	4	视确认的不完整性扣1~3分	
道别	• 礼貌地向宾客道谢 • 道别	2	有一项不符合要求扣1分	
合计		30		

否定项:若考生出现下列情况之一,则应及时终止其考试,考生该题成绩记为零分
——没有穿着工装或制服
——没有填写预订单
——因考生失误或过错致使宾客没有预订成功
——预订程序出现三处以上(含三处)错误
——超过3分钟时间

考核得分与自我评价:

【项目链接】

关于网络预订的更多谈论

科技的进步正日益改变着人们的生活方式和工作方式。据国家统计局发布的2017年国民经济和社会发展统计公报显示,互联网用户增长迅速。2017年中国互联网上网人数7.72亿人,互联网普及率达到55.8%,其中农村地区互联网普及率达到35.4%。软件和信息技术服务业完成软件业务收入55037亿元,比上年增长13.9%,超过世界平均水平。

酒店业同样分享着高科技的成果。随着网络用户的迅速增加,网络营销已成为目前酒店经营发展的趋势。据统计,大多数主要知名酒店都已经通过他们的品牌网站进行了超过40%的预订。另据《中国旅行者酒店旅游趋势报告》显示,2010年第一季度,经济型酒店的在线预订比例高达34%,四星和准四星酒店的在线预订比例为26%,接下来网络用户的选择是三星级酒店,而五星和准五星级酒店的在线预订比例为16%。

酒店的自主网站可以是酒店自办的网站,也可以是集团酒店的实体类网站。2017年版的《旅游饭店星级的划分与评定》中的相关必备项目中规定:四星级酒店"应24h接受包括电话、传真或网络等渠道的客房预订",五星级酒店除了与以上与四星级同样的要求外,还"应有运行有效的计算机管理系统,前后台联网,有酒店独立的官方网站或者互联网主页,并能够提供网络预订服务"。酒店自办网站或主页可以提供实时的房态和优惠的价格,但是缺少顾客群。另外,值得一提的是,随着搜索排名的竞争,当网民通过部分搜索引擎输入酒店名称的关键词找寻酒店的官方网站时,常常会出现酒店网站排名靠后或被其他网站"淹没"而找不到的现象,这就使酒店网站失去了一定的竞争力。

商务网站目前也越来越多,如艺龙、携程旅行网、途牛旅行网、128旅行网、飞猪旅行网等。这类网站相当于是车站,许多酒店与其签协议,将"车"停放在此,也就是将自己酒店的信息挂在这些网站上。需要网上订房的客人就相当于要乘车的客人,他们会到车站去看有什么合适自己的车,并有选择地买票乘坐。当然,停车需要支付停车费,也即酒店要付给商务网站佣金,这减少了酒店的客房收入。商务网站的服务质量较高且顾客多,但是房态有时会不实时。

另外,一些信用卡公司、航空公司、旅行社等也会与酒店相互合作,相互促销,以带动和提升各自的产品销售,争取更多客源,达到双赢的效果。例如,客人通过消费某种银行卡或乘坐某航空公司航班,可以获得在某酒店入住的折扣优惠。

不能忽视的是,有些政府的旅游类网站也尽力宣传本地的包括酒店在内的旅游服务产品,为酒店争取到了不少客源。

项目四　总台服务

◆ **项目目标**

【行业要求】

总台接待员要知晓总台服务的相关知识,有很高的职业素养、优秀的服务技能、灵活的处事能力,充分理解和践行"宾客至上"的服务理念。

【岗位目标】

会优质高效地提供入住接待服务和退房结账服务;会办理换房与续住等手续;能提供问询留言服务;会对客人消费进行建账与记账,掌握外币兑换与夜间审核的方法;掌握贵重物品寄存服务的基本程序;能灵活应对和处理在服务过程中发生的多种问题。

◆ **项目任务**

总台即总服务台,又被称为前台(Front Desk),通常分为接待(Reception)、收银(Cashier)两大业务。总台服务牵动着对客服务的神经,随着宾客办理入住登记手续的开始,酒店的收益流程也随之展开。

总台的主要工作设备有:计算机及酒店管理计算机操作系统、电话机、扫描仪、POS刷卡机、验钞机、磁卡钥匙制卡器、保险箱等。另外,总台还需准备好客房钥匙、各种文具(资料夹、文件柜等)、工作表单(宾客住宿登记表、境外宾客临时住宿登记卡、收据、欢迎卡)等。

图4-1　学生在总台实习

图4-2　部分总台设备

任务一　　接待/收银员须知

【任务导入】

看一看你的身份证,它包含哪些内容与信息?

【任务执行】

一、为何需办理入住登记

根据我国地方的有关旅馆业单位住宿登记规定,宾客入住酒店必须进行有效证件的登记。例如,2010年9月,广州市公安部门新发布的《广州市旅馆业单位住宿登记规定》正式施行,规定酒店、旅馆等在接待旅客住宿时,必须登记旅客的身份信息,并查验其身份证件,核对照片与其本人是否一致。该规定还指出了宾客不能入住酒店的情形包括:未携带或领取有效身份证件的;证件过期的;证件污损的;头像照片模糊不清无法辨识的;证件有伪造、变造嫌疑的;声称证件遗失或被盗抢的。若旅客无有效证件,可到旅馆所在辖区派出所办理临时身份证明后再入住。

《中国旅游饭店行业规范》第七条指出:"饭店在办理客人入住手续时,应当按照国家的有关规定,要求客人出示有效证件,并如实登记。"

对于大多数客人来说,在前台办理入住登记是其本人第一次与酒店员工面对面接触的机会。对酒店前厅部来说,入住登记是对客服务全过程的一个关键阶段,这一阶段的工作效果将直接影响到前厅的销售客房、提供信息、协调对客服务、建立客账与客史档案等各项功能的发挥;办理入住登记手续是酒店与客人之间建立正式合约关系最根本的一步,也是酒店为宾客提供个性化、针对性服务的基础。

二、可用于入住登记的证件有哪些

中国公民入住酒店的身份证件主要包括:中华人民共和国居民身份证、户口簿、护照、海员证;中国人民解放军、中国人民武装警察部队制发的军官证、警官证、文职干部证、士兵证等。

外国人入住我国酒店的身份证件主要包括:护照;外国人居留证;外国人出入境证;联合国护照;海员证;外国人旅行证。

华侨用于住宿登记的证件有:中华人民共和国护照;中华人民共和国旅行证;中华人民共和国入出境通行证;外国政府发的国际旅行证。

港澳同胞可用于登记的证件有:港澳同胞回乡证;港澳居民来往内地通行证;中华人民共和国出入境通行证。

台湾同胞用于登记的证件有:台湾居民来往大陆通行证;中华人民共和国旅行证;中华人民共和国出入境通行证。

外国人、华侨、港澳同胞、台湾同胞就是我们通常所说的"四种人"。

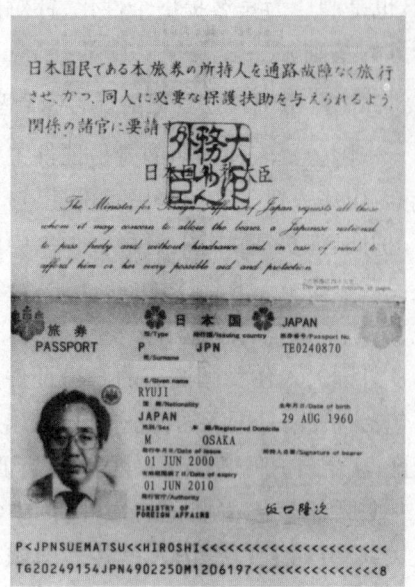

图4-3 日本护照封面及资料内页

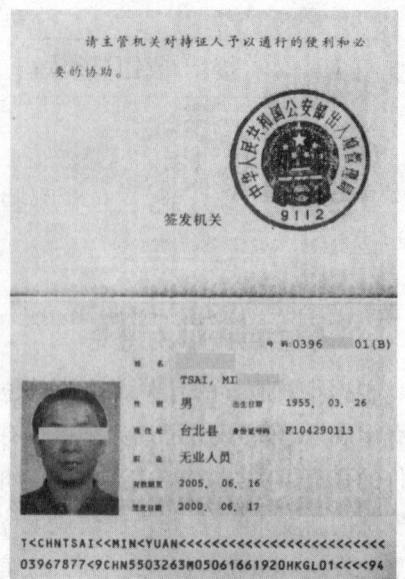

图4-5 台湾同胞来往大陆通行证

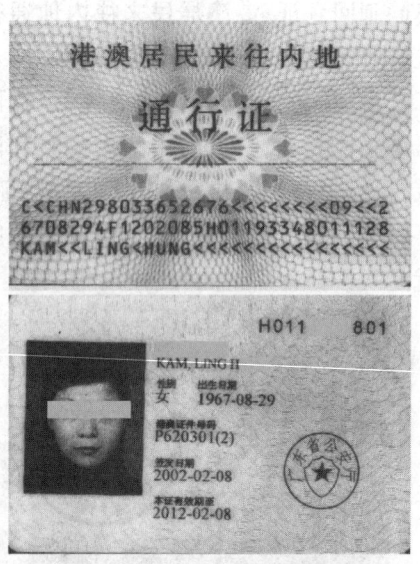

图4-4 港澳居民来往内地通行证

三、身份证、护照及签证的鉴别

(一)我国居民身份证号码的含义

目前我国公民身份证号码由18位数字组成:1~6位为地区代码,其中1、2位数为各省级政府的代码,3、4位数为地、市级政府的代码,5、6位数为县、区级政府代码。7~14位为出生年月日。15~17位为顺序号,是县、区级政府所辖派出所的分配码。第18位为校验码,检验码分别是"0、1、2……10"共11个数字,当检验码为"10"时,为了保证公民身份证号码18位,所以用"X"表示。

(二)护照的内容

从图4-3可知,护照本身的基本信息有:持证人姓名(外国护照中包括英文姓、英文名,中国护照中包括中文姓名、汉语拼音化的英文姓名)、性别、照片、出生年月日、国籍、证件种类、证件号码、证件有效期、发照机关印章等。

另外,签证信息、入境信息也可在护照本上反映出来。签证信息是指签证种类、入境停留天数即签证有效期、签证机关等。入境信息指从边防入境章中显示的该客人具体入境的时间和地点。

（三）签证的识别

一个公民如果想出国旅行、移居或者留学、结婚等，除了需要持有护照以外，还必须持有相应的签证。护照是持有者的国籍和身份证明，签证则是主权国家准许外国公民或者本国公民出入境或者经过国境的许可证明。签证一般都签注在护照上，也有的签注在代替护照的其他旅行证件上，有的还颁发另纸签证。

各国签证内容不同，风格各异，但签证上所列信息内容基本一致。签证上一般都注明：签证的种类、签证代号、入出境（过境）目的、停留期限、有效次数、签发机构、签发地点、签证官员签署、印章、签发日期和签证费用等。

签证一般均有有效期，但不等同于合法停留期。签证有效期是指从所标注生效之日起到失效之日，签证的停留期，是指准许签证获得者在前往国家（地区）停留的期限，即从入境之日算起，可在该国停留几天。

如图4-6中，该客人持的是F类（访问）签证，签发日期是2001年10月10日，有效期是2002年4月10日，停留天数30天。也就是说该客人被允许必在该时间段内来中国和在中国停留，且停留时间不得超过30天。

中国的签证机关，在境外是中国驻外国大使馆、总领事馆、签证办事处、驻香港特派员公署领事部或外交部授权的其他驻外机构。外国人入境或过境中国，应向中国的上述签证机关申请办理签证。目前，我国根据外国人来华的身份和所持的护照的种类，分别发给外交签证、礼遇签证、公务签证、普通签证四种。

普通签证共分八类，根据外国人来华目的与事由，在签证上标明相应的汉语拼音字母（F、L、X、C、J－1、J－2、G、D）。

F字签证：发给应邀来华访问、考察、讲学、经商、进行科技文化交流及短期进修、实习等活动不超过六个月的外国人；

L字签证：发给来中国旅游、探亲或因其他私人事务入境的外国人。其中，向五人以上赴中国旅游的集体签发旅游团体签证，向九人以上赴中国的民间访华团组（演出、比赛、展览、友好访问）签发访问团体签证。图4-7即是一份团体旅游签证。

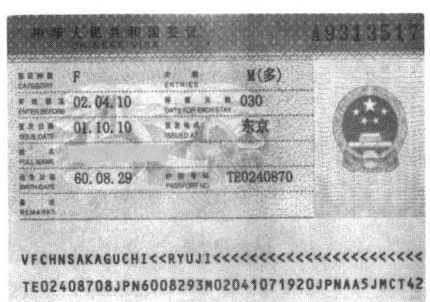

图4-6 签证信息

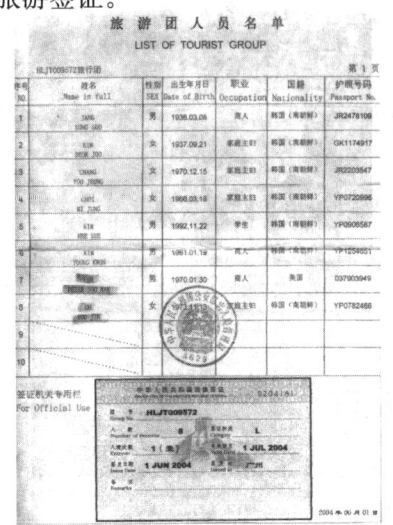

图4-7 中华人民共和国团体旅游签证

Z字签证：发给来华任职或就业的外国人及其随行家属。

X字签证：发给来华留学、进修、实习六个月以上的外国人。

C字签证：发给执行乘务、航空、航运任务的国际列车乘务员、国际航空机机组人员及国际航行船舶的海员及其随行家属。

J-1字签证：发给来中国常驻的外国记者。

J-2字签证：发给临时来中国采访的外国记者。

G字签证：发给经中国过境的外国人。

D字签证：发给来华定居的外国人。

（四）签注页及出入境查验章

境外人员入出过我国国(边)境时，由我国边防检查站查验证件并在其有效证件(如护照、通行证等)上加盖查验章。常见的查验章有三种：入境章、出境章和过境章。出入境查验章标明境外人员出入过我国国(边)境的时间、口岸等项目。见图4-8。

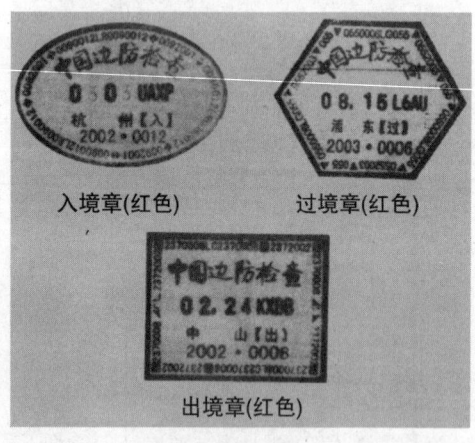

图4-8 中国边防检查站出入境查验章

图4-9是某台湾同胞来往大陆通行证入出境签注页，上面椭圆形的即入境章，该客人于2000年6月26日从上海虹桥机场入境，签证有效期也是30天，他应该于2000年9月19日前离开大陆或者在此之前办理好签证延迟手续。

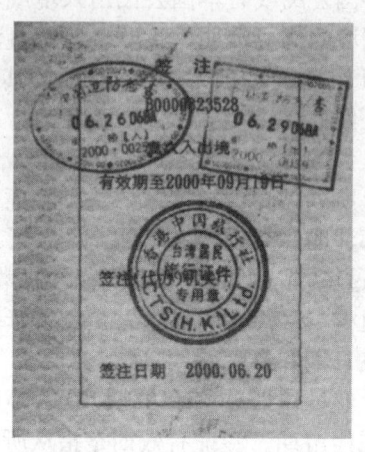

图4-9 入出境信息

宾客出示的有效证件，为入住登记表的填写提供了主要信息。

四、认知入住登记表

酒店的入住登记表可分为散客入住登记表、团队入住登记表两大类。各酒店的入住登记表设计栏目、格式不尽相同，但内容大致相同。散客入住登记表至少包括以下几方面内容：宾客个人信息(宾客姓名、性别、证件号码、家庭地址等)、宾客住宿信息(抵店和离店日期、房号、房价、付款方式等)、酒店方相关声明、宾客签名(表示对信息的确认)及接待员签名等，见表4-1。表4-2是团队入住登记表。

表 4-1　宾客入住登记表
Guest Registration Form

英文姓 Surname			英文名 First Name	
中文姓名 Chinese Name	性别 Gender		出生日期 Date of Birth	
职业 Occupation	国家或地区 Country		证件种类 Type of Travel Document	
证件号码 Document Number		台湾签注有效期 Validity of Endorsement for People from Taiwan		
外国人 Foreigner	签证种类 Type of Visa		华侨港澳同胞证件有效期 Validity of Document of Overseas Chinese & People from HK&MO	
	停留有效期 Expiry Date			
永久地址 Permanent Address				
签证签发机关 Issued by		有否驾车 Drive or not	车型　车牌 Type　Car No.	颜色 Color
入境口岸 Port of Entry		入境日期 Date of Entry		
何日何处抵 Date of Arrival / From		何日何处去 Date of Departure / To		
停留事由 Purpose of Stay		接待单位 Received by		
以下由酒店服务员填写　For Hotel Staff Use Only				
房价 Room Rate	包含 15% 服务费 +15% Surcharge			
付款方式 Payment Method		□现金 Cash □信用卡 Credit Card □旅行支票 Traveller's Cheque □公司账 Company □其他 Others		
预付押金 Deposit Amount				
房号 Room No.				

酒店将不接受以个人支票付款，同时对客人在本店内遗失金钱、珠宝以及贵重物品一概不负责任。
房间内及大堂接待处为您免费提供保险箱服务。
晚上 11 点之后，来访客人恕不挽留。退房时间中午 12 点为准。
The hotel does not accept personal cheque for the settlement of your account.
We regret that the hotel cannot assume responsibility for the loss of money, jewellery and other valuables on our premises.
Safe deposit boxes are available without charge in the room or at the Reception Desk.
Visitors are not permitted in guest room after 11:00 pm.
Check-out time is 12:00 noon.

付款承诺 / Assumption of Liability
兹证实本人支付住店期间的所有费用 This is to certify that the undersigned will assume liability for payment of the hotel bills.

宾客签名 Guest Signature	核实 Verified by	
	前台接待员 Front Desk Agent	当值领班 Front Desk Supervisor

表 4-2　团队入住登记表

团队名称：_____		旅行社：_____	
Group Name		Travel Service	
入住日期：_____		退房日期：_____	
Check In Date		Check Out Date	
国籍：_____	房间数：_____		人数：_____
Nationality	No. of Rooms		PAX
领队房号：_____	陪同房号：_____		电话：_____
T/L Room No.	N/G Room No.		Mobile

日期及时间 Date & Time	叫醒 Morning Call	早餐 Breakfast	出行李 Luggage Down	退房 Check Out

备注 Remarks：

白单：总台　　　黄单：总机　　　绿单：礼宾　　　粉单：餐饮　　　蓝单：管家
White：Front Desk　Yellow：Operator　Green：Concierge　Pink：F&B　Blue：Housekeeping

【任务拓展】

我们平时用的身份证要妥善保管。你认为应该如何保管好、使用好你的身份证？16 岁以下的中华人民共和国公民可以办身份证吗？

【任务反馈】

总台员工为做好入住登记的对客服务，应了解住宿政策，熟悉入住登记表表单，会识别客人用于入住登记之用的各种有效证件。

你有以下学习疑惑吗：听说有些酒店已不用空白的入住登记表了，是吗？

解惑释疑：是的。有些酒店只要求客人将证件及相关的入住登记信息告诉接待员，接待员将信息输入电脑后直接生成入住登记表，而后请客人确认签字即可。

任务二　入住接待服务

【任务导入】

当一位客人办理入住登记手续时，你通过其身份证发现当天是客人的生日，你将会做什么？

【任务执行】

一、入住登记服务操作程序

入住酒店的宾客要办理入住登记手续（Check In）。由于散客、团队具有不同的特点，总台员工在为他们提供接待服务时，要把握针对性的服务要点。

（一）散客入住登记服务程序

1. 做好接待准备工作。检查自身的仪表仪容是否符合规范要求，调节情绪，调整心态；准备并检查所需要的设备用品和表单;查看酒店当日预订到客名单;查看酒店房态,了解可售房类型及数量;熟知酒店内外食、行、游、购、娱等信息。

2. 热情问候宾客。面带微笑,主动热情地招呼宾客,保持目光接触,并询问客人是否需要帮助。

3. 识别有无预订。在确定客人需要住宿后,询问宾客有无预订。若客人已订房,则通过客人姓名或预订确认单或预订号码查找预订单,并对预订单上的内容进行确认或调整。如果客人没有预订,则向客人了解所需要的房型、数量、住宿天数等,并视情况进行推销。

4. 填写入住登记表,请客人出示证件,核对、扫描客人的登记证件。传统而言,客人办理入住手续时,需自行填写入住登记表,而后经由接待员核对证件及其他信息;后来,为了减少客人的麻烦,

提供方便服务,许多酒店由接待员提供帮助,即接待员根据客人的有效证件及口述的相关信息手工填写入住登记表,再由客人确认并签名;现在,不少酒店将此服务向更高效、更准确迈进,通过将客人有效证件扫描并在电脑中输入补充信息,电脑便直接处理生成已填好信息的住宿登记表,客人及接待员只需在打印出的该表上分别签名即可。扫描证件同时又是为了遵守公安部门的规定,将证件信息上传到旅馆业治安管理信息系统中。

5. 安排房间,修改房态。为客人安排合适的房间,并确认该客房处于清洁空房状态。排房后及时在电脑中更改该房房态成住客房。在为宾客安排房间时,要考虑宾客有无特殊要求,如楼层、朝向等,接待员要根据房态、客情等情况尽量使宾客满意。

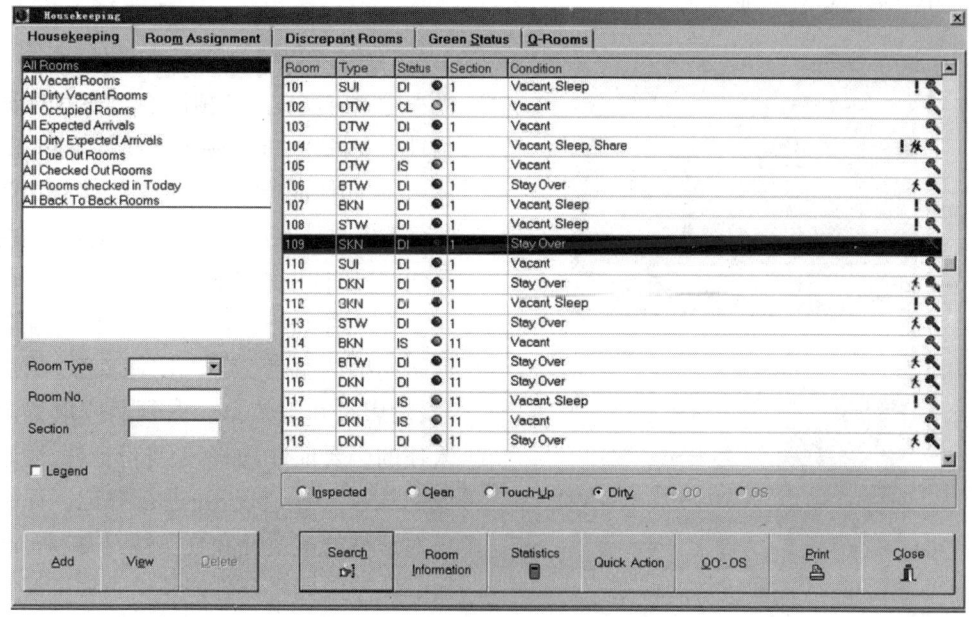

图 4-10　Fidelio 计算机系统中的房态管理

6. 收取押金或信用卡授权。主动询问宾客付款方式,收取押金并开具收据。押金数额一般要多于预计房费,以便宾客在酒店内享受记账消费。如果宾客在住店期间的消费是挂账的,必须请有效签单人签名。

7. 制作钥匙、欢迎卡。为客人填写欢迎卡,以备客人住店期间可证明其身份。现在多数酒店客房都用电子门锁,因此需准备相应的磁卡钥匙,要将房间号码、住宿起讫时间信息通过电脑输入其中。

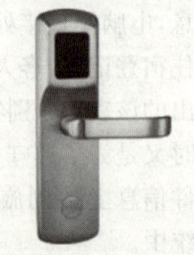

图4-11 电子门锁

欢迎卡又被称为"酒店护照",是宾客用的住宿证明之一。除了可以将钥匙插放其中,欢迎卡还起到了证明宾客身份、说明住宿注意事项、提供酒店服务信息和联络信息等功能。

8. 提醒祝愿宾客。主动提醒或询问宾客有无贵重物品需寄存,是否需要其他服务。将房卡钥匙、欢迎卡、押金收据等交与客人,切勿忘记归还宾客身份证件、信用卡等。同时,接待员还要向宾客介绍用早餐时间和地点,用手势指引宾客电梯方向或请行李员引领宾客进房,并向宾客道别和表示祝愿。注意在将钥匙交给宾客时,要注意不可大声说出房间号码,以保护宾客的住宿安全。如果有宾客的留言、邮件、传真、订票等,须及时转交给宾客。

9. 信息存储归档及处理。将宾客入住信息立即传递给客房中心。做好住客资料的电脑输入、归档等工作。对于已将宾客预订信息输入电脑的,也可直接在电脑上进行"预订转入住"操作,该宾客的预订信息即转成入住信息。

(二)团队入住登记

1. 做好接待准备。除了仪容仪表、心态的准备和设备表单的准备外,接待员需查看酒店当日团队预订单,了解团队详细日程安排表;查看领队或陪同名单,提前填写"团体成员住宿登记表",了解团队的付款安排。在团队宾客到达前,应提前分配好房间,并做好房卡钥匙。

2. 入住登记。团队抵达时,与领队或陪同确认团名、团号、团队人数、用房数、离店时间等信息。向领队收取登记入住的必要证件,如客人身份证件、团签或团队客人登记表,并进行登记。仔细核对证件的有效性和真实性,扫描后,经由领队或陪同将证件归还给宾客。请领队或全陪在复印的团签或团队客人登记表上分配好房号。

图4-12 欢迎卡及磁卡钥匙
(左侧插放磁卡钥匙)

3. 核对付款。一般团队的账目结算是由销售部与旅行社或者团队接待方代理人之间完成的。若需现付,则收取押金并开具收据。

4. 分发钥匙并更改房态。将客房分配明细表、团队钥匙袋交给领队或陪同。在电脑中及时做团队入住登记,更改团队用房的房态。告知早餐时间地点、房间电话拨打方法。

5. 处理信息。补充、填写完整的团队接待单,落实好叫醒时间、团队出行李时间等。将团队入住信息输入电脑,打印出该团队的住房明细表一式五份。其中四份与团队接待单一起分送客房部、餐饮部、行李房、总机,另一份与团队订房资料、团队登记表、付款证明等一起放入"入住团队文件夹"中。

二、关于收取住房押金

在中国的酒店,普遍采取预收住房押金制,即请客人先付费再消费,而国外有些地方的酒店则刚好相反,无需客人付押金而请客人先入住,退房时一并结算。因此,对于有些外国客人可能会有的质疑,前台员工要做好解释工作。

押金的收取有现金、信用卡预授权、公司转账支票等方式。押金的数额视房费、入住天数、可签单消费权限、是否开通房内长途电话等而定。通常,酒店向客人收取的押金除了房费金额外,还会多收一天的房费,以保证用于其他消费的支出。例如,一位客人所住的标准房是 800 元/间夜,他将入住 2 晚,则接待员向其收取押金 $800 \times 3 = 2\,400$(元)。在签单机会少的酒店,押金的收取额可以适当减少,一般会在原有房费总额基础上加收 300 元左右的杂费押金。

(一)现金押金

现金是宾客最常见的支付住房押金的形式。除了人民币外,有些酒店允许宾客用外币担保作为押金。当在收取现金时,要注意辨别现钞的真伪。

向客人收取押金时,收银员要"唱收唱付",即当面向客人说出收取的金额数量,并应给客人开具收据。收据一式三联。一联交与客人作为已支付的凭证,一联与现金一起交给财务部做账,另一联与入住登记表、预订单等一起放入对应的客账夹中。

(二)信用卡预授权

随着信用经济的发展和信用卡业务的普及,信用卡的使用频率越来越高,尤其是对于出差的商务一族来说,刷卡住宾馆酒店很正常,这个时候就要涉及信用卡的预授权问题。

信用卡预授权是指通过银行卡 POS 机或 EDC 机从持卡人的账户中冻结一定金额的钱来作为持卡人在酒店内的消费押金。预授权主要用于押金类消费。当客人入住酒店的时候,并不代表已经消费完成,只是说相当于交押金了,冻结其信用卡额度但是不进行扣款,这就是预授权。等客人退房,所有的消费项目结清,才算是完整的消费额度,这个时候再进行刷卡缴费结算,进行扣款,同时取消预授权。只有结算后酒店才能收到这笔款项。酒店这样做是为了保证持卡人信用卡里面的钱足够在酒店的消费支出。信用卡的"预授权"也是信用卡特约商户如酒店等保护自身合法、规避信用卡诈骗的重要途径。

进行预授权时,要请宾客在打印的

签购单上签名确认。宾客若续住,需检查预授权金额是否充足,征得宾客同意后追加预授权。

▶ 关于信用卡

信用卡是非现金结算的一种支付工具,是由银行或信用卡公司发给个人使用的、证明持卡人身份和信用程度的消费信贷凭证。它是由特殊塑料专门制作而成。持卡人可以依据发卡机构给予的消费信贷额度,凭卡在特约商户直接消费或在其指定的机构、地点存取款,然后定期向发卡机构偿还信贷本息。信用卡交易清算流程见图4-13:

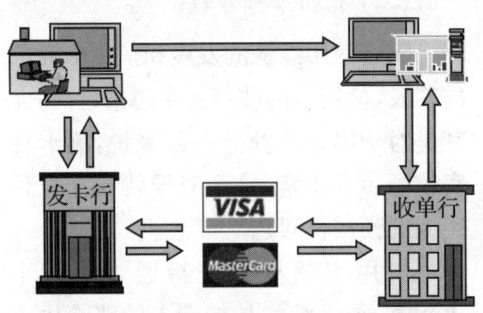

图4-13 信用卡交易清算流程示意图

关于信用卡的式样,以中国银行的长城信用卡为例,正面包括以下内容:发卡单位名称、持卡人姓名、卡号、有效期、防伪标记。卡面的反面包括:磁条、持卡人签名栏、银行关于信用卡的说明文字。见图4-14、图4-15。

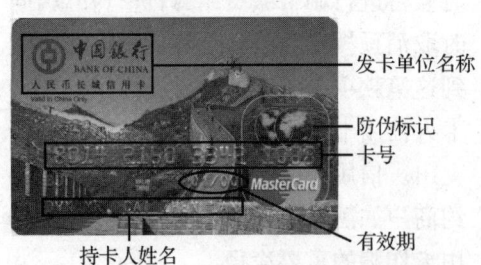

图4-14 信用卡卡面介绍(正面)

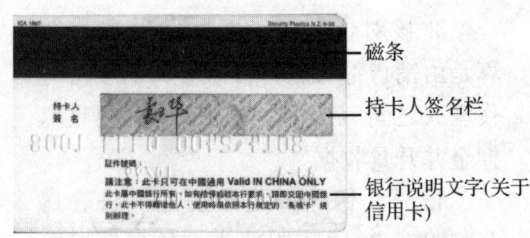

图4-15 信用卡卡面介绍(反面)

目前,酒店可兑换的信用卡可分为国内卡与国外卡两大类。国内卡是指我国自行发行的信用卡如长城卡、牡丹卡、太平洋卡等。酒店通常可受理的国外信用卡有:美国运能公司发行的运通卡(American Express Card),香港麦加银行的大来卡(Diners Club Card),香港汇丰银行发行的东美卡(Visa Card)、万事达卡(Master Card),日本JCB国际公司和三和银行的JCB卡(JCB Card)。值得一提的是,自1981年起,中国银行先后与一些代理行签订协议,代兑由它们发行的信用卡。

▶ 手工压卡

在受理信用卡时,收银员首先要进行验卡,验卡的主要内容有:检验卡面、检验卡面特征、防伪措施、签名栏是否涂改、核查有效期。

进行压卡时的操作如下:准备签购单据——确定日期(压卡机)——压卡——确认每一联签购单压印内容清晰完整——填写签购单——请宾客签名并核对确认。

核对宾客签名要认真。要留意宾客签名过程并对比签名;留意签名栏是否被涂改或覆盖;核对信用卡正面凸印的持卡人姓名;留意签名书法水平和是否流利书写。

由于持卡人签名不符而造成的拒付损失由商户自行承担。例如,某持卡人的信用卡被盗,到银行挂失后查到该信用卡在丢失当晚挂失前就被不法分子盗用共计5万元,不仅卡上的钱全部用光,还透支了近1万元,其中在某珠宝金行消费了约4万元。经调查发现,在某珠宝金行消费时,签购单上无签名,且不法分子在短时间内进行了多次消费。于是,持卡人将商户告上了法庭,法院最终判决珠宝行赔偿该持卡人的全部损失。

在填写单据时,要注意以下事项:填写日期、交易金额、授权号码等;要用力填写;请持卡人签名,并进行认真核对。

的一项具有重大意义的新技术,是现代计算机和通讯技术的完美结合,目前在许多国家已得到广泛应用。EDC机也被称为电子账单刷卡机,可以自动打印账单,可借助其他清算功能于当日与银行结账,并可以快速请款。

使用POS机或EDC机进行预授权时,主要步骤如下:显示机器主菜单——预授权——刷卡——输入授权金额——输入密码(若无密码则直接按确认键)——打印出预授权单据。见图4-18。

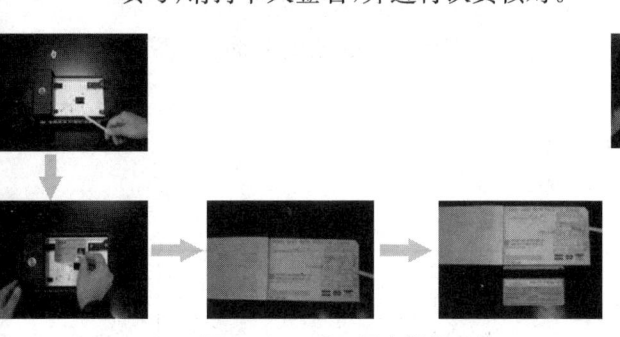

图4-16　手工压卡操作示范

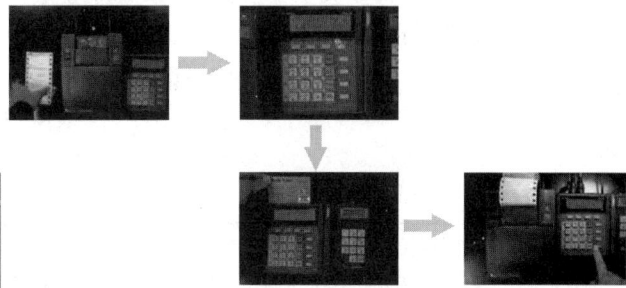

图4-18　EDC受理信用卡操作程序

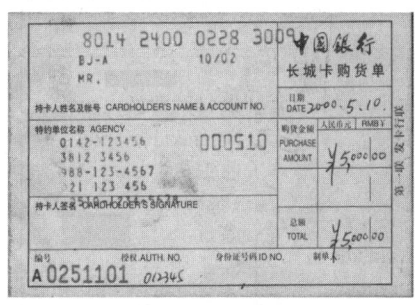

图4-17　签购单

● POS机或EDC机信用卡预授权

POS(Point of Sales)即销售点。POS机指电子刷卡机,是一种配有条码或光字符码的终端阅读器,有现金或易货额度出纳功能。

EDC(Electronic Data Capture)指电子清算。EDC是信用卡发展历程上

(三)转账支票担保

为了防止接收空头支票,前台在接受转账支票前,通常需要经酒店财务部允许认可,或有销售部或部门领导做担保。

收取转账支票时还要注意支票开具时间及有效期,并计算退房结算时间是否在有效期内,否则将无法兑付。支票上的日期、大小写金额和收款人名称等重要信息不得有涂改迹象,否则无效。另外,需要留下支票支付人的姓名、身份证号码、联系方式等,以备查验或联系。

收银员在接受填写支票时,一定要仔细谨慎,否则会致使支票作废,或造成兑付麻烦。

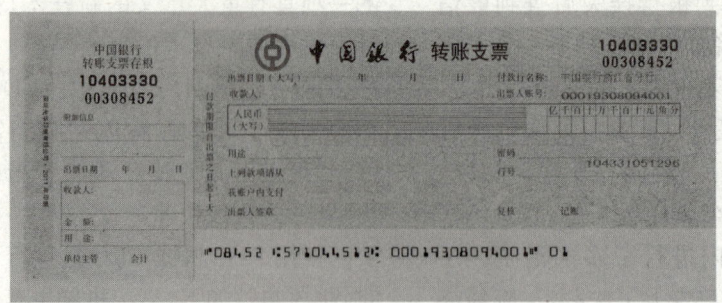

图 4-19 支票票样

（四）开具押金收据

当宾客用现金或等额的外币作押金，或用转账支票作担保，收银员都应为宾客开具收据，见表 4-4。收据一式三份：一份交给客人做支付凭证，当宾客结账退房时，他将交回该收据给总台；一份与客人的入住登记表等一起放入客人对应房号的账户夹或账户袋中；另一份将与现金或支票一同交给财务部。

表 4-4 收据
Official Receipt

日期 Date:		编号 No.0002749
兹收到（姓名）Received From(Name)_____		房号/应收账号码 Rm♯ AR♯ _____
交来预付款人民币（大写）The advanced payment in RMB (In Words)_____		小写 RMB _____
备注：Remarks: _____		
付款方式 Mode of Payment 1. 现金 1. Cash 2. 支票 2. Check 3. 其他：3. Other:		退（补）差额 Balance Refund _____ 收银员 Cashier _____ 盖章：Seal
注意事项：1. 须经收银员签名、盖章有效 　　　　　2. 请妥善保管，遗失须及时与总服务台联系 　　　　　3. 凭此单办理结账手续 Note：1. It is not valid if no signature's and seal of accuntants in it. 　　　2. Pls inform the cashiet immediately, if you lost it. 　　　3. Pls produce this document for settlement.		

—宾客联

三、掌握入住接待服务技巧

（一）预分房顺序与排房技巧

客房分配应按一定的顺序进行，优先安排 VIP 宾客和团体宾客等，通常可按下列顺序进行：已付定金等保证类预订宾客→团体宾客→重要宾客（VIP）→要求延期离店的宾客→普通预订宾客，并有准确航班号或抵达时间的→常客→无预订的散客→不可靠的预订宾客。

排房也叫分房，接待员应考虑宾客的食宿要求和心理特点及酒店可售房的实际情况，尽可能将合适的客房分配给宾客。排房要讲究艺术：

1. 要尽量使团体宾客（或会议宾客）住在同一楼层或相近的楼层。

2. 对于残疾、年老、带小孩的宾客，尽量安排在离服务台和电梯较近的房间。

3. 内宾和外宾尽量安排在不同的楼层。

4. 对于常客和有特殊要求的宾客予以照顾。

5. 新婚夫妇应安排较安静的带大床的房间。

6. 不要把敌对国家的宾客安排在同一楼层或靠近的房间。

7. 要注意宾客对楼层、房号的忌讳。

（二）其他小贴士

1. 当服务员在接待客人时，应主动询问客人姓氏，或根据预订单上显示的信息，带姓称呼客人。有些酒店规定在整个入住登记服务过程中，至少要三次带姓称呼客人。

2. 在对客服务时，要养成良好的礼貌习惯。双手递接物品给客人；注意表单正面朝向客人，以便其阅读；递笔给客人时要使笔尖背向客人；将房卡递给客人时不能大声说出客人房号，以保护客人隐私，有些酒店是将客人房号写在小纸条上交给行李员，请行李员引领客人入房。

3. 接待员在填写完入住登记表、押金收据或信用卡卡单后，最好一次性地请宾客签名，并提醒其检查所填的内容，不宜多次请宾客签字。宾客的证件、房卡等物品也最好在办理入住登记结束后一次性地归还给宾客。

4. 团队的房价一般是由旅行社与酒店销售部洽谈商定的，并事后由酒店财务部与旅行社进行结算。前台员工要注意对团队房价的保密，切不可随意告诉客人房价，以免引起纠纷。

5. 在向客人推销客房时，注意进行适当的增销，即努力推销酒店较高价格的客房，或可请客人考虑升级成较高档客房入住，为酒店增加营业收入。

四、黑名单客人控制

黑名单客人通常指那些因消费信誉不佳等原因被酒店或同行列为不受欢迎的人，或者被公安等行政部门通缉或追查的人。有的酒店将做的黑名单互相告知，以警示其他酒店此客人有过不好的消费行为。

对于前来消费的酒店黑名单客人，酒店一般会授权前台接待员，对于这类宾客的投宿可以婉言谢绝，以下是某酒店列出的"酒店级黑名单宾客"：

（1）被酒店或酒店协会通报的不良宾客；

（2）拟用信用卡结账，但其信用卡过期失效，或有伪造迹象等，或其信用记录不良（如已被列入黑名单）的宾客；

（3）多次损害酒店利益和名誉的人；

（4）无理要求过多的常客；

（5）患重病及传染病者；

（6）带宠物者；

（7）衣冠不整者；

（8）无法支付酒店消费费用者。

酒店是为宾客提供食宿等综合服务的场所。作为酒店,有义务接待前来投宿的旅客,但也有义务协助公安部门打击犯罪。当地公安部门在需要时会向各个酒店、旅店发出协查通知,提请酒店给予留意,酒店在接到此类协查通告后应及时将信息输入酒店计算机管理信息系统。而同时,公安部门也会将这类协查信息输入到旅馆业治安管理计算机信息系统中,以方便进行必要的系统自动提示。对于违法犯罪分子、形迹可疑人员和犯罪嫌疑人、被公安部通缉的罪犯,酒店应当立即向公安部门报告。

当前台接待员发现前来住宿的客人是这类黑名单宾客时,要沉着应对,尽量不动声色地按正常程序为客人办理入住登记手续,并安排其入住。随后,接待员应立即向大堂副理汇报,大堂副理会视情况通知酒店安全部,或向当地公安机关报告。

【任务拓展】

练习财务基本功:

1. 请写出1至10的大写文字。
2. 用大写写出以下数字:10.59元,309.2元,5 874.06元,50 002.88元。

【任务反馈】

接待员要很好地掌握散客、团队的入住接待操作程序及技巧,包括收取押金的规范、分房排房技巧等。另外,遇到黑名单客人,接待员要学会如何应对。

你有以下学习疑惑吗:有带宠物的客人要求住宿,怎么办?

解惑释疑:大多数酒店规定,客人不能携带宠物入住。一些酒店也会帮助客人想办法,如长时间的话可以征得客人同意联系宠物医院、宠物店之类的寄养,短时间可以找地下室空出来的地方代为安置,但要考虑到安全因素。

任务三 换房与续住

【任务导入】

调查一些酒店的退房时限规定,并进行比较。

【任务执行】

一、客人为何要换房

宾客换房的主要原因有两方面:

第一种是由住店宾客提出换房,如宾客对其房间在价格、大小、种类、噪声、卫生、舒适程度以及所处的楼层、朝向、景观等方面不合意愿,或因住店期间宾客人数增减。对于宾客提出的换房要求,在了解房间情况基础上,接待员应尽可能满足宾客。有时宾客的换房可以使酒店把握机会推销更高档次的房间,实现客房"升级"。

第二种换房是由酒店方面提出的,如由于排房需要或者由于房间设施设备出故障需要维修,请求宾客换房。因酒店方原因导致宾客换房,接待员应真诚道歉、耐心说服,积极处理,请宾客配合进行换房。

二、如何为宾客换房

为宾客换房的步骤一般如下:

1. 了解或说明换房原因。对于宾客提出的换房，接待员要了解原因。如果是由于酒店过错要求宾客换房，容易使宾客产生抱怨情绪，接待员一般通过电话联系宾客，应向宾客表示歉意，耐心做好解释工作，求得宾客的谅解与合作。

2. 制订为宾客换房的方案。一般情况下如能在同类型、同价位找到宾客满意的房间，那就直接换房，不需进行账目更改；如无法找到同类型、同价位的客房，接待员可以为宾客更换其他类型的客房。

3. 填写换房单。换房最终需要得到宾客的认可，特别是需要额外收费的。征得宾客同意认可后，填写"房间/房价变更单"（表4-5），请宾客签名。接待员将"房间/房价变更单"交由行李员分送到相关岗位。

表4-5 房间/房价变更单
Room/Rate Change Form

宾客姓名 Guest Name	房号 Room No.		房价 Rate	
	由 From	到 To	由 From	到 To
备注 Remarks				

宾客签名　　　　　　　　　经办人　　　　　　　　　日期
Guest Signature_____　Clerk_____　Date_____

4. 进行换房。制作新的欢迎卡和钥匙并交与客人，同时，及时收回原客房的欢迎卡和钥匙。请行李员协助客人换房，主要为客人提供行李的搬运服务。

5. 信息修改与保存。电话通知客房服务中心、总机宾客换房情况。立即将最新的信息输入电脑。在电脑上修改宾客的房间号码和房价。再次检查系统中的信息是否已更改、保存。通知客房部尽快清扫宾客已使用房间。

6. 跟踪服务。房间更换后应致电宾客，询问宾客对新换客房是否满意。

三、关于续住

按照国际惯例，酒店退房时间一般为中午12:00，如果宾客需要晚于此时间退房的，需征得酒店的许可并支付一定的费用。如果宾客实际退房时间超过入住登记时申明日期的下午6:00为续住，退房时间为中午12:00至下午6:00的为延时退房。值得一提的是，随着酒店业竞争的加剧，这条国际惯例已慢慢被打破，酒店实施的退房制度也不尽相同，有些酒店将退房时间延至下午2:00，有些则对贵宾有优惠。

受理宾客续住程序一般为：

1. 询问续住情况。

2. 了解客情与房态，确认续住客房。接待员核对当天及未来几天客房的出租情况，看是否可以满足宾客的要求。如果住店情况不是很紧张，应该首先满足宾客续住要求，客房预订很紧张的情况下要慎重考虑。若可以让宾客续住，但其房间已被重要宾客预订，则需要宾客协助配合，进行换房续住。

3. 确定付款方式，请宾客再为续住交付必要的押金。

4. 办理续住手续。对于在原来客房上的续住，接待员须更新宾客的磁卡钥匙信息，若发生换房，则应重新制作宾客的钥匙卡。

5. 修改住客信息。接待员应及时更改电脑系统中该宾客的离店日期，并将该信息传递给有关服务部门，确保服务的持续性。

【任务拓展】

阅读以下资料，结合你对酒店退房时限的调查谈谈感想。

"12点退房"的由来与改变

国际饭店协会成立之后，从1920年就开始起草行规，并讨论宾客应该什么时候开始入住、应该什么时候退房。到了1954年，饭店业有了一个共识，即"宾客住一夜的客房、交一夜的房钱，宾客对他使用的客房拥有的使用权是22个小时，即从下午2点到第二天的中午12点"。

中国旅游饭店业协会2002年制定的《中国旅游饭店行业规范》中，第三章第十条规定：饭店客房收费以"间/夜"为计算单位（钟点房除外）。按宾客住一"间/夜"，计收一天房费；次日12时以后、18时以前办理退房手续者，饭店可以加收半天房费；次日18时以后退房者，饭店可以加收一天房费。

中国旅游饭店业协会2009年8月修订公布的《中国旅游饭店行业规范》中，已经删去了"12点退房，超过12点加收半天房费，超过18点加收1天房费"的规定。取而代之的第十条为："饭店应在前厅显著位置明示客房价格和住宿时间结算方法，或者确认已将上述信息用适当方式告知宾客。"

【任务反馈】

换房的原因可能出自客人，也可能因为酒店要求，续住、延时退房一般是由客人提出的。接待员要掌握换房的程序，以及知晓如何为客人办理续住手续。

你有以下学习疑惑吗：退房时间一般是中午12:00，那酒店对于入住时间的规定是夜间12:00吗？

解惑释疑：不是的，不少酒店划分客人入住时间的分界点一般是早上6:00，即早上6:00以前入住的算前一夜，之后算后一夜。

任务四　问询留言服务

【任务导入】

有一个修学旅游团将来你们学校参观，你能当一回校园导游吗？你对学校及校园周边的情况了解多少？

【任务执行】

一、如何做问询服务

有些客人会将酒店视成解决问题的专家，碰到疑虑会向酒店寻求帮助，因而接待员要做好问询服务工作。

（一）宾客有哪些问询要求

酒店有为宾客提供问询服务的义务。宾客的问询要求可概括为以下几类：宾客有关酒店外部情况的查询，有关酒店内部情况的查询，访客对住客情况的查询，以及由此派生出来的留言要求。

宾客查询通常涉及的有关店内外信息：

1. 有关酒店内部情况的查询一般包括：酒店营业场所的位置、服务项目、营业时间、电话号码及收费标准；酒店历史及近期各项活动；酒店设施设备使用等。接待员应熟记酒店内部信息，以便给予宾客快速、准确的答复，同时应具有较强的营销意识，将宾客的每一个问题看成是推销酒店商品、宣传酒店的机会。

2. 有关酒店外部情况的查询一般包括：各类交通工具情况，诸如公共汽车、出租车、地铁、火车、飞机等的乘坐情况；本地区著名的旅游景区景点、政府部门、商业机构、大专院校、图书馆、银行、医院等的位置、电话及交通信息。接待员应该有较广的知识面，耐心细致、和蔼可亲，准确完整地满足宾客查询要求。

在岗点准备好丰富、即时的信息资料，对做好问询工作显得尤为重要。另外，前台接待员应学会运用计算机网络进行信息的搜索。

（二）如何接待对住客信息的查询

查询住客情况主要包括：询问宾客是否住在本酒店或是否在店，询问宾客房间号码等。对宾客来说，酒店是他的"家外之家"。宾客有时提出房号保密的服务要求。酒店应该尊重宾客要求保护其隐私的愿望。因此当有访客时，服务员的正确应对、灵活处理就显得尤为重要。

对于住客不同状态，我们可以做以下处理：

1. 住客尚未抵店的，请访客留言或在住客预计到达日再来询问。

2. 住客已经退房的，向访客说明情况。如住客有留言的，查看住客留言或委托事项，告知访客住客离店后的去向。

3. 住客已经入住的，若访客只知道住店宾客姓名而查询房号，不同酒店的问询服务政策有所不同。一些酒店会满足访客要求而给予回答，而不少高星级酒店则出于对住店宾客信息保护的需要，一般不予以回答。具体地，接待员可视情形处理，如：请访客自行电话联系住客；可以打电话给住店宾客或留言，但不能随便告知宾客的房号；如果不能确定访客提供的信息是否正确，可以联络住店宾客确认，当然必须在不说出宾客的房号、姓名的前提下；对于要求房号保密的住客，当有访客前来查询时，应婉转回复访客其要找的宾客未住店。酒店必须注意保护宾客的隐私，不宜在未经住客许可的情况下，便直接将来访者带入客房或直接将房号告诉来访者。

值得提醒的是，对只知道房号而不知道住店宾客姓名的来客查询，酒店一般不提供查询住店宾客信息的服务。

二、如何做留言服务

在酒店前厅一般有两种留言需要：第

一种是应客人要求出留言,可能是住客给访客的留言,也可能是访客给住客的留言;第二种是酒店因工作需要给住客留言,如客人在外出期间酒店接收到客人的传真、酒店需要向客人催账但无法直接通知到客人,于是采取留言方式告知。

留言具有一定的时效性。无论是何种留言,均应确保客人在第一时间能阅读到,这也是出留言的目的所在。

对于通常见到的访客给住客的留言,可以遵照以下步骤进行办理:

1. 查找信息。在决定是否接受留言前首先应该确定这位宾客是否已经入住或者即将入住。一般有三类情况:

宾客有预订但还没到店。这种情况接待员须在电脑中核对当日预期到达名单并向访客说明,如果留言内容没有时间限制,酒店应该接受宾客办理留言服务。

宾客已经入住。这种情况可以建议访客留言。接待员在接受留言前一定要确认住客的姓名、房号与访客要找的人是否一致。

宾客已经退房离店。对于这种情况,接待员可以礼貌拒绝访客留言要求。

2. 准确记录。对亲自来访的宾客,留言单一般由访客填写或由访客口述接待员记录。如果是电话留言,需要接待员记录留言内容。办理电话留言时需问清对方姓名、联系电话以及何处打来的电话。酒店的留言单可参考表4-6。

3. 复述留言。接待员复述被访宾客的姓名和房号,以保证留言能准确转交给所要转交的宾客;重复留言内容,请宾客确认。

4. 送达留言。针对给有预订但还没到店宾客的留言,应在电脑系统中备注,并将留言单附在客人的预订单后。在宾客入住时,将留言单转交给宾客。针对给无预订的宾客的留言,应将留言事项通知总台所有当班员工,或在总台工作日志上注明,以便宾客前来入住登记时可以及时交与宾客。

表4-6 访客留言单
Visitors Message

女士或先生(Ms. or Mr.)_____	房号(Room No.)_____
当您外出时(When you were out):	
来访宾客姓名(Visitor's name)_____	
来访宾客电话(Visitor's Tel.)_____	
□有电话找您(Telephoned)	□将再来电话(Will call again)
□请回电话(Please call back)	□将再来看您(Will come again)
留言(Message)_____	
经手人(Clerk)_____ 日期(Date)_____ 时间(Time)_____	

给已经入住宾客的留言,留言单一般一式两联。总台接待将其中一联交由行李员送达至宾客房间(宾客不在时,通常将留言单从房门底下塞入房中),另一联放在总台。在配有留言灯系统的酒店,总台还应及时通过电脑开启被访者客房的留言灯,以便宾客回房后看到电话机上的留言灯闪烁而进行留言查询。所有的留言单必须存档。

【任务拓展】

请自设场景,进行留言服务的模拟练习。

【任务反馈】

接待员要了解客人通常会有哪些问询,平时多积累相关知识和信息。若碰到有访客查询住店客人信息,要遵守酒店的有关规定并学会灵活应变,同时掌握留言服务规范。

你有以下学习疑惑吗:为了更好地提供问询服务,总台员工有时需要对不知晓的信息进行网上搜索,那总台的工作电脑可以上 Internet 网吗?

解惑释疑:总台通常有多台工作电脑,有些酒店会将其中的一台设置成具有上 Internet 网功能,便于查询信息,另外的则不予开通。

任务五　建账记账

【任务导入】

你每个月的生活费是如何开销的?请将主要项目及金额记录下来。

【任务执行】

宾客交付押金并入住酒店后,酒店与宾客之间就形成了账务关系,每个房间就会有一个账户,宾客而后发生的酒店消费也就会被记入该账户,退房时进行结算。

一、关于宾客账户

客账反映住店宾客的房费及其住店期间发生的其他费用。客账管理是一项细致复杂的工作,良好的账户管理直接影响到酒店的经济收入,体现了酒店的服务水平和经济效益。

客账可分为两种:一是寓客账,即尚未退房的住店宾客的账目;二是外客账,即已退房但尚未结账的住店宾客的账目。外客账一般是由酒店财务部直接与旅行社或委托单位进行结算。

二、如何建账

宾客入住时,总台收银员根据宾客住宿登记表而设立不同客账账户,设立客账账户应填写八个要素:(1)宾客姓名(团队名称);(2)房间号码;(3)房间单价;(4)用房间数;(5)住店日期;(6)离店日期;(7)住店人数;(8)结账方式。客账同时有两种形式,除了在电脑中建立宾客账户外,收银员还为每间客房设立书

图4-20　客账资料夹

面客账资料夹,见图4-20。如果宾客使用信用卡支付账款,应检查账单中所附的信用卡签购单是否压印齐全,并检查信用卡的有效期等。信用卡的卡号需对照信用卡公司或银行机构所发"黑名单"(注销名单)或通过电子授权予以核实。

宾客来宾馆办理入住手续,住宿登记表上各有关项目必须填写清楚完整,准确无误,这是正确建立客账的基础。

三、如何记账

建立宾客账户后,酒店就会在宾客账户上记录其住店期间的一切非现付费用。对于宾客的房租,采取依日累计的方法,每天记账一次。

转账就是将住店宾客在酒店内不同时间、不同消费点发生的各项费用统一结账,除非宾客愿意在发生时当场结算。转账大致有两种:

1. 店内转账。为方便住店宾客的各项消费活动,宾客在店内所有消费账单均有其签字认可,并注明房号,转到总台收银处统一结账。

2. 转外客账。根据宾客要求,宾客在酒店内有关消费项目,均由旅行社(或委托单位)统一结账。在办理外客转账时,应该注明单位名称、地址、电话号码、邮政编码、经办人姓名等有关内容。

记账与转账要准确、迅速、及时,宾客的姓名、房号、费用项目和金额、消费时间等都及时、清楚地登记。

表4-7 宾客账单
Guest Folio

No.0036001

摘要 Description	金额 Amount

转账至 Send Account To_____   宾客签名 Guest Signature_____

【任务拓展】

如何从经济学角度理解"信用"?酒店该如何区别对待不同信用程度的客人?

【任务反馈】

接待员要掌握对客账的管理,了解宾客账户的种类,掌握建账、记账的方法。

你有以下学习疑惑吗:如果两个客人同住一个房间,是按房间记账还是按客人记账?

解惑释疑:酒店通常是以房间为单

位建账、记账的,除非客人有分别建账的特殊要求。

任务六 退房结账服务

【任务导入】

讨论:退房结账是不是对这一住店宾客服务的终止?为什么?

【任务执行】

退房是宾客离开酒店的最后一道程序,宾客大多希望酒店能快速而准确地办理退房手续(Check Out)。因而,多数酒店要求收银员能在3分钟之内为宾客完成结账手续,但这需要客房部等部门的配合,因为通常客房部在接到总台关于客人退房的电话后要进行查房。

一、退房结账服务程序

(一)散客

一般散客退房操作程序如下:

1. 结账准备工作。宾客结账离店时总希望缩短结账时间,为此,收银员必须提前做好结账各类准备工作。前台夜班接待员要协助统计次日离店宾客名单,并标注宾客需求。收银员核查预期离店宾客账单夹内的账单,检查应收款项,试算总费用,检查有无宾客信件、留言及需要转交的物品。

2. 确认退房要求。当宾客到达总台结账时,收银员应热情问候宾客,同时问清宾客是退房结账还是结算欠款,避免不必要的麻烦。确认客人是退房的,要向客人收回欢迎卡、钥匙和押金收据,同时应问清房号、姓名,在电脑中确认。

3. 通知客房中心退房信息。客房服务中心会派服务员前去查房,即检查客房有无物品损坏或缺失,检查宾客是否有遗留物品。随后,客房服务中心会将查房结果及时告知收银处。

4. 核查各类账单。找出宾客账单,询问宾客是否有未付讫或未挂账的新近消费,例如,是否消费过客房中的收费饮料、是否刚在餐厅用过餐等,以便将未付款项做转账处理;将账单内容与电脑登记的信息进行核对,避免漏账、错账;检查各类必要的单据是否齐全,如入房登记表,宾客在入住期间可能会有的房租折扣审批单、换房单等。

5. 打印账单。账单经过核对准确无误,且得到客房服务中心的查房回复且无异议后,收银员即可电脑打印出宾客的消费清单,交付宾客核实,请其认可后在账单上签字,并确认付款方式。若此时客房服务中心查房告知收银处宾客另有房内消费,则应先与宾客确认,修改消费账单,而后交由宾客核对、确认签字。

6. 收款。宾客常用的付款方式及收银员相应的服务方法有以下几种:

(1)现金结账。收银员根据宾客原有押金余额,多还少补。给宾客找钱时,要唱收唱付并提醒宾客妥善保管。如果原来宾客采取信用卡压卡或POS机银行授权形式付押金,而结账时要求改为用现金结账,则收银员要把"签购单"还给宾客并向银行申请取消此笔授权。

(2)信用卡结账。收银员必须再问一下宾客,是否继续用卡结账,若是,则按信用卡操作流程迅速准确为宾客办理结账。

(3) 签单挂账。收银员快速打印出电脑明细账单,递交宾客签字认可。账单需转交至财务部,由财务部进行具体安排结算。

7. 开具发票。收银员为宾客开具发票必须严格遵守相关的发票管理规定,规范地进行填写。收银员将发票、消费账单、找零或信用卡刷卡回单置于结账袋或信封内,一并交与宾客。

8. 感谢与祝愿。对宾客住店及结账表示感谢,并征求宾客在住店期间的感受和对酒店服务的意见。宾客离开柜台时,应与宾客道别,并祝其旅途愉快或欢迎再次光临。

9. 后续单据处理。将另一联"消费账单"与"宾客入住登记表"、"押金收据"等各种凭证汇总归类交审计员审核,汇入客史档案,更改房态。

10. 其他注意事项。

如果宾客要求提前付清账目,但要晚些离店时,收银员要在电脑中注明延迟离店,以便提醒其他部门及人员的注意。

宾客在结账结束后回房间取行李时,或两个宾客一人在收银处结账,一人在房间时,较容易出现拨打国内、国际长途电话的情况,此时容易出现电话费的走单。为此,在结账服务结束时,应及时锁上房内电话的国内和国际直拨功能。通常,收银员完成一个房间的退房手续且在电脑上做了房态更改后,计算机系统将自动切断该客房电话的长话功能。

如果A宾客替B宾客付账,需请A宾客填写承诺付款书,核查无误后,将B宾客的消费凭证转放入A宾客账袋中,并在计算机管理系统中并账或手工将A、B两位客户的"宾客分户账户"进行调整。

(二) 团队

团队宾客与散客的结账有所区别,团队宾客的账务一般分为公司账和个人账。公司账的结账主要根据合同,采用合同价和餐费标准进行结账,大多采用转账方式。个人账即主办方承诺支付项目以外的费用,这些资费一般由宾客自行支付。办理团队宾客退房的步骤包括:

1. 结账准备工作。收银员要及时了解当日离店团队的情况,提前打印离店团队的消费明细单,如果同一天有多个团队离店,则按时间顺序排列账单。在团队离店前半个小时,收银员最好主动与团队的领队或陪同联系,要求协助收款。

在退房高峰时,有些酒店会专门安排临时团队结账处,以提高结账速度。

2. 通知客房中心退房信息。客房部会在查房后及时告知收银处检查结果。同时控制宾客结账后可能发生的动态费用,切断或锁上房内电话的国内和国际直拨功能,并询问宾客是否消费过酒店的其他服务。

3. 结算个人杂费。接到客房中心查房反馈后,收银员开始进行核账、收款工作。收银员先为宾客处理个人账,结算杂费,打印明细账单,请宾客核对私账,经其认可在账单上签字并结账。宾客付费后将发票和账单一并交给宾客。

结完一个房间的杂费,立即将房间

的房费作记账处理。如果有没结杂费的房间,立即通知领队或陪同,请其协助寻找或要求宾客付款。

4. 结算团队总账。收银员在电脑系统中结算"记账单位公账",打印团体账单,请团队陪同确认并签字。团队结账通常采取单位支票结算或转账结算方式。支票结算要注意支票填写的规范性,转账结算要注意客户签字的有效性。

5. 后续单据处理。团体结账现金支付的按照散客现金支付方式处理,记账的团体在整理好各类原始凭证后交财务部门,以便通知银行托收。

6. 团队结账支票结算的相关要点。团队结账的转账支票应是本市同城转账,支票必须内容齐全、完整,有付款单位账号、开户银行单位全称。支票填写要使用钢笔或者水笔,做到字迹清楚,数字大小写正确,不得有涂改。收银员在填好金额、酒店开户银行、账号、单位全称和用途后,请宾客在支票背面签上单位全称、联系人、联系电话。

二、免查房结账

很多宾客都有这样的体会,当退房结账时,一直要等到客房中心反馈查房信息后,才能办理结账手续。对许多常住酒店的宾客来说,时间上的等待仅是抱怨的一个方面,有时心理上还会产生一种被怀疑的焦虑感。

基于以上的原因,很多酒店推出了"免查房结账"制度,即在宾客退房时,对于房间消费,收银员以询问的方式取代查房的形式,以加快宾客退房结账的速度,使宾客有受尊重的感觉。收银员通常会问客人:"××先生/女士,请问你有没有新近的未结算的消费?"如果客人回答说没有,则收银员会认可客人的陈述,立刻为客人办理结账手续。

"免查房结账"这一做法目前在一些酒店试行,收到良好的社会效果,但并不是所有酒店都适用,通常在一些高星级的商务酒店推广较妥。一方面这些酒店接待的客人素质较高,尤其是商务客人,这部分客人往往不太会逃账;另一方面,酒店的房费较高,如果客人真不想为了一瓶房饮或一件客用品而付费,那么酒店受到的损失较房费而言所占的比例很小。相比较而言,酒店更看重客户关系的维护。

【任务拓展】
关于房态差异

前厅部记录、显示的客房状况与客房部查房结果不相符合的状况叫做客房状况差异。

每天上午、下午各一次,客房部服务中心会对客房的自然状态进行统计记录,并将这些记录或报表送交前厅部总台。总台将该客房部的房况报表与总台掌握的客房状况进行核对,将出现差异的客房填写在客房状况差异表上。客房部和前厅部的管理人员应亲自检查差异的原因,及时采取相应的措施加以纠正,确保房态准确。

客房状况差异表 Room Discrepancy Report			
年　月　日　时　分			
房号 Room No.	前厅部房态显示 Front Office	客房部房态显示 Housekeeping	备注 Remarks
分送： Distribution	大堂副理 Assistant Manager　财务部 Accounts	前厅部 Front Office	客房部 Housekeeping

客房状况差异可归纳为两种，一种叫"Skipper"，是指前厅部客房状态显示为住客房，而客房部客房状态显示为空房；另一种叫"Sleeper"，是指前厅部客房状态显示为走客房或空房，而客房部客房状态显示为住客房。

产生客房状况差异的原因可以有以下几种情况：

（1）客人入住后，前厅未能及时将空房转换成住客房。

（2）客人已结账离店，前厅未能及时将住客房转换成走客房。

（3）客人未登记，前厅部显示为空房，而客房部显示为住客房。

（4）给错客人房间和钥匙，客人误进其他客房，而客人进入的客房房态实为空房。

（5）客人离店时，前厅未收回房间钥匙，客人再次返回房间，而前台房态已转换成走客房。

（6）客人提前结账，但并未退房，前厅已将此房转换成走客房。

（7）客人已换房，但前厅未及时将房态进行调整。

以上7项原因可能会造成客房状况的差异，请你说说它们分别是属Skipper还是Sleeper。

【任务反馈】

退房是客人离店前的必要环节。接待员要能够细心、高效地为客人办理结账手续，包括散客及团队客人。有些酒店在结账过程中对于客人采取免查房政策。

你有以下学习疑惑吗：结账时一定要给客人开发票吗？

解惑释疑：有些经营企业为了逃避交税，会使出多种方法不给客人开发票。酒店应该遵守国家的相关制度，为客人开具发票，这也是客人对服务进行追溯的依据。

任务七　夜间审核

【任务导入】

只要是营业部门或岗点通常就有收银员。酒店有哪些营业部门或岗点？请列出。

【任务执行】

一、什么是夜审

夜间审核（Night Audit）是酒店每日必须进行的一项工作。夜审工作通常由收银处夜班工作人员承担，其主要职责是核查前一日的夜班后所收到的账单，将房租登录在宾客账户上，对酒店营业情况进行总结与统计，向管理层及时反馈酒店每日的经营状况。为保证夜审工作能准确显示当天的真实收益情况，夜间审核人员要求细心、敏锐，能够在众多的报表、账单中发现错误和纠正错误，并制作准确的相关营业报表。

为保证每日营业情况审核的可比性，夜审工作应有明确的截止时限。酒店会根据自身的因素来定这个截止时限，如旅游景区的酒店一般设置在午夜零点，而城市中的商务型酒店则更多地设置在凌晨三点到六点。

二、如何做夜审

夜审工作的主要操作步骤如下：

1. 核查账单。夜审员要检查当日酒店所有营业部门的账单是否都已转至总台收银处；检查所有单据是否都已登上账户；将所有尚未登账的单据登上账户；检查每一张账单，看房租和住客在酒店内的消费是否全部计入，转账和挂账是否符合制度等。

2. 预审对账。将各类账单的金额与收银报告中的有关项目进行核对；打印整理出一份当天客房租用明细表；核对客房租用明细表的内容与前台结账处各个房间账卡内的登记表、账单是否一致，如发现不符，应立即找出原因并及时更正；确定并调整房态。

3. 房租过账。检查退账通知单上的内容，确定其是否符合退账条件；检查审核账务更正表。经上述工作确认无误后，操作电脑将新的一天房租自动计入各住客的宾客分户账（或人工计入）；编制一份房租过账表，并检查各个出租客房过账的房租及其服务费的数额是否正确。

4. 试算打印。为了确保电脑的数据资料准确无误，有必要在当天收益全部输入电脑后，对电脑里的原数据资料进行一次全面的查验，这种查验称为"试算"。收银员要指令电脑编制当天客房收益的试算表，内容包括借方、贷方和余额三部分；把当天前厅收银员及各营业点交来的账单、报表按试算表中的项目分别加以结算和汇总，然后分项检查试算表中的数额与账单、报表是否相符；对试算表的余额与住客明细账的余额进行核对。如果发现数据有出入，就应查明原因。

5. 编制营业日报表。与客房部、餐饮部、商务中心、康乐部等部门的营业报表进行对账，待确认所有数值一致后，可以打印当日各部门营业收入日报表以及酒店营业收入日报表。

酒店营业收入日报表是全面反映一家酒店当日营业情况的业务报表，可由计算机系统生成并通过电脑打印。夜审员要将此报表打印两份，一份于次日清晨交总经理办公室，另一份送交财务部门作为核对营业收入的依据。

除了制作打印酒店营业收入日报表外，夜审员还需要打印一些辅助性的数据报告,如客房营业报告表、散客/团队用房营业统计收入、预订未到宾客情况表、当日取消订房报告表、次日宾客退房表、内部用房报告表、待修房报告表、客房出租走势图等。这些报表与酒店营业收入日报表一样,成为掌握和调整经营管理的重要依据。酒店的这些报表在格式方面可各有所特色,但有些主要的项目内容却大同小异地被体现在报表中。图 4-21 是某酒店房间占有走势图。

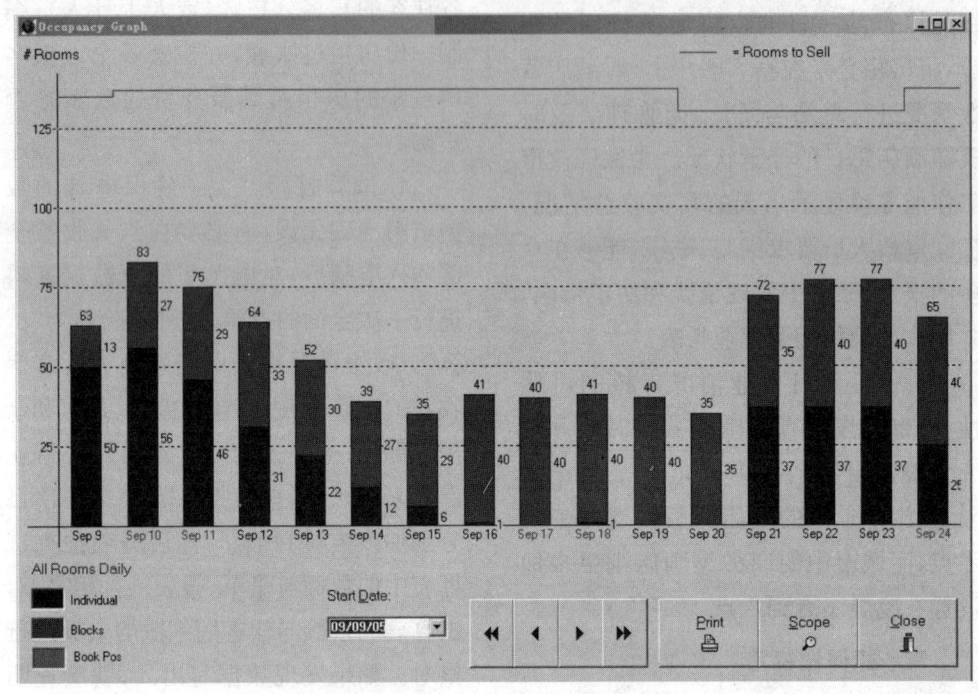

图 4-21 某酒店房间占有走势图

【任务拓展】

你知道会计中的"借"、"贷"是什么意思吗?它们之间又有什么关系?

【任务反馈】

夜间审核工作是总台夜班员工的重要工作任务。总台员工要掌握夜审的工作内容及步骤,仔细、认真、按时做好此项工作,以便酒店管理层及财务部门及时了解酒店经营状况。

你有以下学习疑惑吗:学财务好烦呀,能不学吗?

解惑释疑:高职生要有一定的财务头脑,这也是行业对人才的要求。相信只要你静心学习,一定能行的!

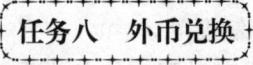

任务八 外币兑换

【任务导入】

你知道中国的主要客源国有哪些国家?请说出这些国家的货币及其与人民币的汇率。

【任务执行】

"地球是平的"。酒店走在国际化的前沿,酒店提供外币兑换服务大大方便了客人,提升了服务品质。我国的高星级酒店一般均有外币兑换服务,主要包括货币现钞、旅行支票和信用卡等收兑业务。

一、酒店外币兑换有关规定

酒店为住店客人兑换外币,只能是将客人的外币兑换成人民币,而不能逆向兑换,这是我国外汇管理制度的相关规定。如果客人在离店时需要将多余的人民币兑换为外币,则可请其去银行或机场的银行办事处进行兑换。

目前,在中国可兑换的外币有:美元、英镑、瑞士法郎、新加坡元、瑞典克朗、丹麦克朗、挪威克朗、日元、加拿大元、澳大利亚元、欧元、泰国铢、韩国元、菲律宾比索、卢布等。其中,有些外币只限于在中国银行或其他银行的部分网点兑换,如韩国的韩币、俄罗斯的卢布等。

酒店兑换外币时的汇率是以每天中国银行早上 9:00 公布的当日汇率为依据。表 4-8 显示的是每 100 元外币与人民币的兑换金额(以中国银行 2019 年 5 月 22 日 18 时发布的汇率为例)。其中,当客人拿着外币现钞前来要求兑换成人民币,则酒店会按"钞买入价"给予兑换,若客人拿着旅行支票前来兑换,酒店按"现汇买入价"换为人民币。下表中的"卖出价"是银行为客人将人民币换成外币(即银行卖出外币)时所用的汇率。

表 4-8 人民币外汇牌价

(每 100 元外币可以兑换人民币的金额;以中国银行 2019 年 5 月 22 日 18 时发布的汇率为例)

货币名称	缩写代码	现汇买入价	现钞买入价	现钞卖出价
英镑	GBP	871.47	844.39	880.02
美元	USD	688.95	683.35	691.87
瑞士法郎	CHF	680.95	659.95	688
新加坡元	SGD	499.08	483.68	504.09
瑞典克朗	SEK	71.36	69.16	72.14
丹麦克朗	DKK	102.83	99.65	103.94
挪威克朗	NOK	78.65	76.23	79.51
日元	JPY	6.228 9	6.035 4	6.278 1
加拿大元	CAD	513.85	497.62	518.89
澳大利亚元	AUD	474.02	459.29	478.67
欧元	EUR	768.34	744.47	775.73

续表

货币名称	缩写代码	现汇买入价	现钞买入价	卖出价
菲律宾比索	PHP	13.11	12.7	13.83
泰国铢	THB	21.53	20.87	22.37
新西兰元	NZD	447.51	433.7	456.18
韩国元	KRW	0.578 3	0.558	0.604 1
卢布	RUB	10.71	10.05	11.2

二、外币兑换程序

（一）受理现钞兑换

为了更好地提供外币兑换服务，收银员要能正确鉴别外币的真伪，了解有关外币兑换规定，能熟练处理外币兑换业务。外币兑换程序如下：

1. 掌握当日外汇牌价。收银员应做好现钞兑换的各项准备，检查兑换外币所需的办公用品，和货币兑换水单，及时准确地掌握当日的外汇牌价。同时，还得做好人民币现金准备，领足备用金。

2. 了解兑换币种和数量。礼貌地问清宾客兑换货币的币种和金额，确认是否属于可以兑换的货币。有些酒店规定，对于超过5 000美元金额的外币现金兑换一般不受理，而是请宾客前往银行办理。

3. 接受外币并辨别真伪。收银员礼貌接收货币后，检查货币的真伪，并清点数额，当场唱收。

4. 核对登记宾客相关证件。酒店通常只为住店宾客办理外币兑换服务，因而需要先确定宾客是否具有住店身份。另外，外币兑换需要登记宾客的姓名、证件号码等信息。

5. 告知汇率并填写水单。向宾客准确报出当日汇率后，根据宾客兑换的金额计算折算后的人民币金额，请宾客确认。当宾客表示无异议后，请填写宾客兑换水单（见表4-9）。收银员复核填写内容后，请宾客在水单上签字，并加盖收银员私章、货币兑换公章即酒店财务章。

表 4-9 外币兑换水单
Foreign Exchange Memo

宾客姓名 Guest Name			
证件号码 ID Card No.			
房号 Room No.		日期 Date	
外币种类 Currency Type	金额 Amount	汇率 Exchange Rate	人民币 RMB
宾客签名 Guest's Signature		合计 Total	
收银员签名 Cashier's Signature			

6. 复验金额并交款。再次清点应付给宾客的货币金额,将人民币现金、水单的第二联和证件等一并交给宾客,交付时注意唱付,请宾客当面点清。

7. 单据处理。将外币兑换水单的留底联归档,待交班时及夜审时进行核对。

(二) 受理旅行支票兑换

旅行支票是一种有价证券,是定额支票,亦称汇款凭证,通常由银行(或旅行社)为方便国内外旅游者而发行。旅游者在国外可按规定手续,在发行银行(或旅行社)的国内外分支机构、代理行或规定的兑换点,兑换现金或支付费用。

图 4-22 中国银行发行的旅行支票样张

酒店总台收兑旅行支票的服务程序如下：

1. 查验旅行支票。当确认宾客的旅行支票兑换要求后，查验宾客所持支票的真伪，检查、核对其支票是否属可兑换之列，有无区域、时间等的限制。

2. 核对并登记宾客的有效证件。请宾客出示护照等证件，同时出示欢迎卡，收银员进行信息核对，如相片是否相符，支票上的签名与证件上是否一致。确认无误后，将支票号码、持票人的号码及国籍抄到水单上。

3. 支票复签。请宾客在支票指定的复签位置上当面复签，并核对支票的初签与复签是否相符。没有初签的旅行支票为无效支票，收银员不能要求宾客当场补签，而应礼貌地请宾客到银行去办理托收业务。

4. 填制水单。查清该支票外币当日汇率牌价，并扣除贴息算出实付金额，换算要准确。填制水单，请宾客在水单的指定位置上签署姓名。水单一式两联。

5. 支付兑换款额。收银员认真复核水单上的金额及所应兑付给宾客的金额，唱付给宾客。

【任务拓展】

随着金融风险的增加，无论是人民币还是美元等外币，或多或少地存在着假币现象，即一些不法之徒为谋取不义之财而制造假币，并流通到市场中来。为了防范假币带来的损失，总台员工要知道如何判别真假币。主要手段有：通过验钞机、荧光灯等仪器鉴别；通过"一看、二摸、三听、四测"的方法辨认，看是否与真钞有区别。

纸币中的水印图案是重要的识别真伪钞线索。你知道什么是水印图案吗？观察各种面额的人民币纸币，找一找人民币的水印图案是如何的？分别在哪里？

【任务反馈】

外币兑换是高星级酒店为宾客提供的一项常规服务。总台员工要掌握国家的相关外汇政策，能够识别常见的外币现钞、旅行支票、信用卡等，掌握兑换程序与方法。

你有以下学习疑惑吗：酒店在外币兑换中赢利吗？

解惑释疑：酒店在外币兑换中是否可赢利，这取决于国家的外汇政策。目前，我国的酒店参照中国银行公布的汇率进行外币兑换，所换得的外币将于次日交给当地的中国银行，银行将外币按兑换时的汇率折算成相应的人民币交还给酒店。因此，当前酒店的外币兑换服务是出于服务客人的目的，酒店并不从中赢利。但是，2011年10月，深圳市政府公布的《关于推进深圳市本外币兑换环境建设的指导意见》中提到了"积极推动银行授权外币代兑机构自行制定外币兑换的挂牌价格……"，这可能会带来一些变化。

任务九　贵重物品寄存

【任务导入】

某旅行团入住某饭店,在寄存物品于前台时,该旅行团导游依惯例负责全团人员物品的统一寄存,但没有进行贵重物品的特别声明,因为客人也没有相关说明。服务员在办理时填写了一张统一物品寄存单交给导游。后该团某旅客发现其寄存的一件贵重物品丢失,随即向饭店索赔。

阅读以上案例并进行讨论:到底是谁的责任?该为此事负责,是酒店、导游还是客人?为什么?团队客人的贵重物品应该怎样寄存更好?

【任务执行】

酒店出于保障宾客财产安全的考虑,通常为住客提供客用安全保险箱。

一、妥善对待宾客的贵重物品

酒店的客用保险箱有两种:一种是置放在客房衣橱内的小保险箱,供宾客自行使用;另一种就是放在酒店总台附近的隐蔽房间内的贵重物品寄存保险箱,由一组小保管箱或保险盒组成,通常由总台负责帮助宾客存取物品,也有酒店由礼宾部负责此项工作。

二、如何进行贵重物品寄存

1. 了解贵重物品寄存需求。服务员礼貌友好地问候宾客,询问确认宾客的寄存需求。

图 4-23　前厅客用贵重物品保险箱

2. 核实住宿凭证。前厅的贵重物品寄存服务一般只针对住店客人,所以,当明确宾客需要存取贵重物品时,服务员应礼貌地请宾客出示欢迎卡或钥匙,以核实其是本酒店的住客。

3. 引领客人进入贵重物品寄存室。为了确保安全性,宾客进入贵重物品寄存室后,服务员应将室门关闭,以防止闲人进入。条件允许的话,宾客和员工可由不同的通道进入贵重物品室。

4. 选择保险箱。根据宾客寄存物品尺寸或宾客喜好,选择适合大小的保险箱,并向宾客展示,确认保险箱内无物品。

5. 填写寄存卡。服务员填写"贵重物品寄存登记卡"(表 4-10)时,要注意项目的齐全性。同时,填写寄存登记卡副卡。

表4-10 贵重物品寄存登记卡

Safety Deposit Box Services   No.

服务时间 Service Hour 7:30—23:00		箱号 Box No.	
房号 Room No.	姓名 Name	签名式样 Specimen Signature	日期 Date
签名 Counter Signed	日期 Date	签名 Counter Signed	日期 Date

宾客签名 Guest Signature_____　　　房号 Room No._____

收银员签名 Clerk Signature_____　　　日期 Date_____

6. 存放物品。服务员在宾客视线下当面将保险箱打开，请宾客亲自将物品及"贵重物品寄存登记卡"放入保险箱，而后，服务员在宾客视线范围内锁上保险箱，取下钥匙，并请宾客确认。

7. 交与钥匙及寄存凭证。每个保险箱均有两把钥匙，一把由总台负责保管，另一把由宾客亲自保管，只有这两把钥匙同时使用，才能打开和锁上保险箱。将宾客保管钥匙、寄存卡副卡交与宾客，提醒妥善保管，并告知提取物品的注意事项。

8. 送别宾客。与宾客一起走出贵重物品寄存室，关闭贵重物品室门。

9. 中途开箱的操作。宾客中途需要开箱存、放物品时，服务员应请宾客出示房卡、证明身份的有效证件、寄存登记卡副卡，确认宾客身份，只有宾客本人才可以存、取物品。当着宾客面用两把钥匙打开保险箱，请宾客在"贵重物品寄存登记卡"上签名，服务员核对签名。宾客存取物品完毕，再当面把保险箱锁好，提醒宾客保管好钥匙，并登记上开箱时间。

10. 取消保险箱的操作。宾客取消保险箱服务后，服务员须要求宾客在登记卡上签名。等宾客取出物品后，检查保险箱是否已清空，以防有遗留物品，然后锁好保险箱，将钥匙放回钥匙存放柜中。同时，经手服务员自己也要签名，注明日期、时间。在电脑上删除记录，并将寄存单存档。

11. 信息存储归档。在"保险箱使用登记本"上登记保险箱使用时间、保险箱号码、住客房间号、宾客姓名、开箱时间等，并签名。宾客退箱后的寄存单应存放至少半年以上，以备查核。

三、贵重物品寄存注意事项

1. 定期检查保险箱各门锁是否处于良好的工作状态。

2. 酒店可规定宾客寄存贵重物品的最高标准及赔偿限额,避免不必要的麻烦。

3. 宾客寄存物品时,服务员应注意回避知晓贵重物品具体内容。

4. 严格、认真核对宾客的签名。

5. 必须请宾客亲自来存取,一般不能委托他人。

6. 交接班时,应仔细核对保险箱的使用数目、钥匙数量。注意所有保险箱钥匙不能带出总台,必须妥善保管。

【任务拓展】

思考:如果客人将贵重物品寄存箱的钥匙丢失了,怎么办?

【任务反馈】

客人在住店期间,酒店有义务帮助客人确保其财物安全,贵重物品保管就是酒店提供的针对性服务内容。无论是借箱,还是中途开箱或还箱,前厅部相关责任人都要严谨地按照操作规范为客人提供服务。

你有以下学习疑惑吗:贵重物品寄存室还有什么安全设备吗?

解惑释疑:贵重物品寄存室应该装有监控探头,以确保宾客财物安全。

◆项目评价

【知识/技能评价】

1. 怎样做好入住接待服务与退房结账服务?

2. 怎样提供换房、续住服务?怎样做好问询与留言服务?

3. 收银员主要的业务内容有什么?

4. 如何做好建账记账、夜间审核、外币兑换服务?

5. 做好贵重物品寄存服务要注意哪些关键环节?

【实训演练】

实训项目一:无预订的散客入住登记

实训内容	为一位无预订散客办理入住登记手续
实训目的	掌握接待员接待无预订散客入住的工作内容与相关知识,提高学生的接待技巧和操作水平
实训准备	模拟总台或模拟场地;散客入住登记表(内宾、外宾两种)、(欢迎卡)房卡、钥匙、押金收据本、笔、房价表、点钞券、模拟用身份证、总台设备(条件允许情况下)
实训方法	1. 情景演示或情景假设 2. 学生两人一组,分别扮演接待员和宾客,面对面练习办理入住接待手续 3. 请两组学生演示,并讨论讲评 4. 再练习,并总结提高

续表

实训考核				
考核内容	考核要点	配分	评分标准	扣分
仪容仪表	• 服务牌佩戴在外衣左上方,服装整洁得体、无破绽,纽扣齐全;鞋袜洁净 • 不留长指甲 • 不佩戴过于醒目奇特的饰物 • 男服务员不留胡须,发长不盖耳;女服务员化淡妆	4	有一项不符合要求,扣1分	
仪态	• 行走、站姿正确 • 行为规范有礼	2	有一项不符合要求,扣1分	
主动迎宾问候	• 对宾客微笑、行注目礼、用敬语问候宾客	1	不符合要求扣1分	
询问并确认宾客需求	• 礼貌地询问并核实宾客是否已经预订,语音、语调亲切 • 征求意见,了解住宿要求	2	有一项不符合要求,扣1分	
推销客房	主动向宾客介绍三种(含三种)以上的客房,并正确描述各类客房的优点,并正确报价	3	少介绍推销一项扣1分	
确定房型与房间	• 商定房型、最终价格 • 询问是否有其他要求,确定房号	2	有一项不符合要求,扣1分	
填写入住登记表	• 请宾客或帮宾客填写入住登记表	8	出现一处填写错误扣1分,扣完为止	
验证	• 请宾客出示证件并查验,核对内容是否准确、详细、规范	1	不符合要求扣1分	
收取押金	• 询问付款方式 • 现金支付,应唱收唱付,并在预订单上签名;支票支付,查验支票有效期及身份证件并核对;信用卡验卡刷卡	2	有一项不符合要求,扣1分	
填写欢迎卡和制作钥匙	• 填写欢迎卡(房卡),请宾客签名 • 做钥匙卡,将欢迎卡与钥匙交与宾客	2	有一项不符合要求,扣1分	
提醒并道别	• 主动向宾客介绍贵重物品保管服务 • 主动安排行李员,并做好有关的交接工作 • 祝愿并道别	3	有一项不符合要求,扣1分	
合计		30		

续表

否定项:若考生出现下列情况之一,则应及时终止其考试,考生该题成绩记为零分
—没有穿着工装或制服
—没有填写散客入住登记表或出现两处以上(含两处)填写错误
—没有查验宾客的证件
—入住登记程序出现两处以上(含两处)错误
—时间超过3分钟
考核得分及自我评价:

实训项目二:散客离店结账

实训内容	为一位散客办理离店结账手续
实训目的	通过散客结账的实训,掌握结账的知识和技能技巧
实训准备	模拟总台或模拟场地;宾客的欢迎卡、钥匙、押金收据、笔、点钞券、发票及酒店收银设备(条件允许情况下)
实训方法	1. 情景演示或情景假设 2. 学生两人一组,分别扮演接待员和宾客,面对面练习结账退房 3. 请两组学生演示,并讨论讲评 4. 再练习并总结提高
实训考核	

考核内容	考核要点	配分	评分标准	扣分
仪容仪表	• 服务牌佩戴在外衣左上方,服装整洁得体、无破绽,纽扣齐全;鞋袜洁净 • 不留长指甲 • 不佩戴过于醒目奇特的饰物 • 男服务员不留胡须,发长不盖耳;女服务员化淡妆	4	有一项不符合要求,扣1分,扣完为止	
仪态	• 行走、站姿正确 • 行为规范有礼	2	有一项不符合要求,扣1分,扣完为止	
主动迎宾	用敬语问候并正确称呼宾客	2	不符合要求扣1分	
核对账目并确认	• 主动询问房号 • 收回钥匙(卡)、欢迎卡、押金收据 • 适时安排查房并询问有关情况 • 从电脑中打印出清单请宾客核对并签字	12	有一项不符合要求,扣3分,扣完为止	

续表

考核内容	考核要点	配分	评分标准	扣分
付款结账	• 有礼貌地快速办好收款手续,注意唱收唱付 • 开具发票	8	有一项不符合要求,扣 4 分,扣完为止	
道别	• 主动征求意见,感谢宾客光临 • 与宾客道别	2	有一项不符合要求,扣 1 分	
	合计	30		

否定项:若考生出现下列情况之一,则应及时终止其考试,考生该题成绩记为零分

  —没有穿着工装或制服

  —没有收回押金收据

  —没有安排查房

  —结账服务程序出现三处以上(含三处)错误

  —时间超过 3 分钟

考核得分及自我评价:

【项目链接】

认识部分外币

以下是部分外币纸币的正反面图:

美元——面额有 1、2、5、10、20、50、100 美元等

英镑——面额有 5、10、20、50 镑等

欧元——面额有 5、10、20、50、100、200、500 欧元等

日元——面额有 1、5、10、50、100、500、1 000、5 000、10 000 元等

澳大利亚元——面额有 2、5、10、20、50、100 元等

新加坡元——面额有 1、5、10、20、50、100、500、1 000、10 000 元等

港币——面额有 5、10、20、50、100、500、1 000 元等

项目五　礼宾服务

◆项目目标

【行业要求】

礼宾员是让客人受到礼遇的使者，时时刻刻贴心服务体现了酒店的对客关怀。

【岗位目标】

掌握店外、店内迎送宾客的服务流程；掌握散客、团队入（离）店时的行李服务程序；掌握行李寄存服务流程；掌握宾客换房行李服务操作流程；掌握完成委托代办的服务流程和技巧。

◆项目任务

在客人心目中，前厅礼宾部（Concierge）是能提供全方位"一条龙服务"的岗位。礼宾部员工要在工作中充当迎宾员（Doorman）、行李员（Porter）、机场代表（Airport Representative）等角色。礼宾部的全体员工是最先迎接和最后送走宾客的酒店服务群体，是酒店的前沿营销员，也是体现酒店"礼"的形象代表。

图5-1　学生在酒店礼宾部实习

任务一　机场代表工作

【任务导入】

假设你朋友的一位亲戚将于明天坐火车到达本地，而你朋友因有事不能前去接车，委托你帮忙代劳。你准备如何做，以不辜负朋友之托？

【任务执行】

有些宾客在订房时会声明需要接车服务，并事先告知航班（车次）、到达时间。当客人有接机或接车要求时，酒店会在派出车辆的同时，再派礼宾部员工与车一同前往机场、车站或码头，因此，这时的礼宾员也就是酒店代表。由于礼宾员去飞机场接客人的情况较多见,所以酒店代表有时也被称为机场代表。

机场代表是代表酒店欢迎宾客的第一人,应该特别注意自身的仪容仪表,举止言谈要温和得体,动作要迅速准确,要充分体现出责任心、自觉性、灵活性、协调性、独立性的工作特点。以下是机场代表接机工作的主要程序:

一、接机程序

(一)做好准备工作

第一,掌握预抵店宾客名单。向预订处索取"宾客接车通知单",了解宾客的姓名、航班(车次)、到达时间、车辆要求及接待规格等情况。

图5-2 机场代表

第二,安排好车辆。机场代表要按每批抵达宾客的人数和要求,向车辆管理部门订好车辆,并告之车辆到达机场的时间。接团队宾客时,可视人数要求车队调整或增加班次,负责接机的车辆应该提前30分钟到达机场。

第三,备好"迎客牌"。"迎客牌"的正面是中英文对照的酒店名称,反面是宾客的姓名,牌子手把的长度在0.5米左右。有些酒店也采用纸质"迎客牌",上面写有酒店名称和欲接的宾客姓名。

(二)到达机场迎接宾客

机场代表应该着装整洁、精神饱满地站在显眼的位置,拿着"迎客牌"等候宾客的出场。当人流较多时,应高举"迎客牌"。当宾客出现后,应主动上前向宾客热情问候并介绍自己,根据预抵店宾客名单确认宾客身份,防止错接或漏接。

(三)为宾客提取行李

帮宾客搬运行李时要确认行李件数,检查行李的完好程度,如有破损要立即与宾客说明。在行李上挂好行李牌,引领宾客前往接站车。

(四)接宾客回酒店

请宾客乘坐酒店预先安排好的车辆,如果酒店的巴士还需等候其他宾客,可以让宾客选择在车上等候或到附近的休闲场所休息,但必须要告之发车时间。车辆返回酒店途中,向宾客介绍酒店设施。

(五)通知酒店接机及预期抵店信息

电话通知酒店总台接机情况,以及宾客将到店的有关信息,如离开机场的时间、将到达酒店的大概时间。如果有重要宾客在车内,要先打电话通知大堂副理。

(六)做好服务交接

抵达酒店后,与行李员交接做好行李入店服务,带领宾客去总台接待处登记。与宾客分别时预祝宾客住店愉快。

二、机场代表注意事项

1. 在接宾客回酒店途中,要与酒店

总台或大堂副理保持联系,以沟通可能出现的未预料状况。

2. 如果宾客漏接,则应及时与酒店接待处联系,查核宾客是否已经到达酒店。

3. 除迎接有预订的宾客外,还可视情况积极向未预订宾客推销本酒店,争取宾客入住。

4. 除迎接宾客和推销酒店产品外,还向本酒店已离店宾客提供送行服务,为宾客办理登机手续。

【任务拓展】

请设计一块接机或接车时用的"迎客牌",客人姓名等信息自拟。大家比较一下,哪块"迎客牌"最棒?

【任务反馈】

机场代表既是对客服务的前沿人员,也是酒店的形象代表,因此,机场代表一定要注意自己的言行,使客人形成对酒店的良好第一印象。

你有以下学习疑惑吗:机场代表是一个专门的工作岗位吗?

解惑释疑:不是,而是由礼宾部员工担任的。

任务二 门厅迎送服务

【任务导入】

不少客人是乘坐出租车抵达酒店的。有时候我们会发现,酒店的门童会将出租车牌号记在一张小纸条上,然后交给客人。你知道门童这样做的目的是什么吗?

图5-3 某酒店门童

【任务执行】

前厅礼宾员在酒店门口欢迎或送别宾客。在店门口迎来送往的礼宾员被称为门童或门僮,又称门厅应接员、迎宾员。他们被誉为酒店的"礼仪大使",工作时通常穿着有醒目标志的制服。门童的主要任务有迎送宾客、调度车辆、协助保安员与行李员的工作等。

一、迎接宾客服务程序

1. 迎候宾客。迎宾前首先要做好迎客准备。门童在上岗前要检查仪表仪容是否得体规范,时刻注意礼节礼貌和言谈举止,体现出良好的职业风范。站立等候时站在门口一侧,双手自然下垂或放置在背后,双脚的站立距离以不超过肩宽为宜,精神抖擞,抬头挺胸、表情自然、保持微笑,两眼平视前方,注意观察门前的情况。

在宾客乘车抵达酒店时,使用规范手势示意,切忌大喊大叫,指挥车辆停到方便宾客进酒店的位置,同时不影响交通。通常,门童距离迎面而来的车辆10米左右,身体微向右侧伸出右手,手掌张开,五指并拢,右手侧举成90度,引导车辆在大门中心的相应位置停下。

2. 开门护顶。用左手将车门打开70度左右,右手挡在车门框上,为宾客护顶,防止宾客在走出车辆时不慎碰到车门框顶部。当宾客走出车辆时,向宾客表示欢迎光临,对常客或重要宾客应该带姓称呼以示尊重。如果车辆前后都坐有宾客,应该先开右后侧的车门,再开右前门。关车门时应注意不能夹住宾客的衣物,还应注意车上有无遗留物品。

对于步行前来酒店的宾客,门童也要礼貌问候。

若客人有行李服务需求,而当值行李员又未到位时,门童应该进行补位,适时提供行李服务。

3. 请宾客进店。请客人进入酒店,可以说"请进"等礼貌语,同时用手示意。注意用手示意时的规范,一般要求伸展手臂,手掌向上张开、五指并拢。

二、送别宾客注意事项

1. 问候并询问需求。当客人离开酒店时,门童应该视情况主动询问宾客是否需要用车。如果宾客外出需要叫出租车,应问清目的地,然后为宾客招呼车辆。车辆行驶至酒店门口后,门童示意司机停车位置,并告诉司机宾客要去的目的地。如果是团队宾客离开,不要让大型车辆长时间停在正门前,以免堵住行车通道。

2. 协助行李装运。行李员要将客人的行李装上车辆,请宾客核对行李件数,在核对无误后关上车辆后备箱。

3. 请客人上车。请宾客上车时要注意礼貌,为宾客打开车门并护顶。如果宾客人数较多,应该先打开右后侧的车门,再为宾客开右前门。与迎接客人下车时的服务类似,宾客上车关门时应确保宾客的衣服不被车门夹住,切忌一关了事。

4. 道别。门童送客要站到车辆的斜前方,向宾客挥手道别,目送车辆离开。

三、做好迎送工作的技巧

1. 宾客乘坐出租车抵达时,应等宾客付完车费后再把车门打开。

2. 记录下宾客乘坐的出租车车牌,以方便宾客对出租车服务质量的追溯和寻找不慎遗留在车上的物品。

3. 如遇病人、老人和小孩等行动不便的宾客,迎宾员应该主动给予帮助或扶助。

4. 如遇雨天,应打伞为宾客服务,并礼貌地请宾客擦干鞋底后进入大厅。宾客自带伞的,协助宾客把伞锁到伞架上。在炎炎夏日可以为客人撑伞遮阳。

5. 在为宾客护顶时,要注意伊斯兰教徒、佛教徒无需护顶。无法判断宾客身份时,可将手抬起而不护顶。

【任务拓展】

汪女士曾下榻上海某酒店,有一天上午在酒店门厅处请礼宾员叫出租车欲外出。礼宾员叫车时问其去哪里,汪女士说去"宜家"商店。数小时后当汪女士返回酒店时,恰逢该礼宾员在门厅处,他在拉开出租车车门时说:"小姐,宜家购物愉快吗?"

以上案例对你有何启发?你觉得还可以从哪些细节方面来提高门厅迎送服务质量?

【任务反馈】

迎宾员负责在酒店门厅处迎候进店

客人、送别出店客人。迎宾员要适时、适地地为客人服务，细心揣摩客人心理，想其所想，注重细节，提高服务质量。

你有以下学习疑惑吗：迎宾时总是说"你好"、"欢迎光临"、"再见"等问候语，是否很无聊？

解惑释疑：貌似简单的工作，要做得优秀也并非易事。只要能重视每一位客人，你的语言就不会呆板，客人的感觉也会不同一般。

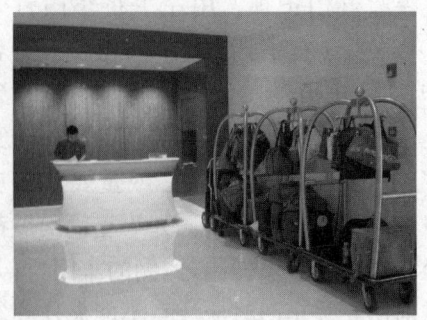

图5-4　行李车

图5-5　行李罩

任务三　行李服务

【任务导入】

你会与陌生人聊天吗？如果你是行李员，你会怎样迅速与客人拉近心理距离？

【任务执行】

有旅行就通常会有行李，酒店客人的来来往往也总是伴随着行李的进进出出。为了能做好行李服务工作，行李员要熟知礼宾部行李服务的工作程序及操作规则、标准；熟悉酒店内的各条路径及部门岗位所处位置；要善于与人交往，和蔼可亲，做到为客服务及时、到位。

一、散客行李进、出服务

（一）散客入住行李服务

1. 迎接宾客。行李员要时刻注意观察进出宾客的动向，发现有抵店宾客应主动要求为宾客提供行李服务，并致以问候。

2. 卸放行李。如果客人是坐车前来，行李员应帮助客人将行李卸下车，包括车子后备厢内的行李，检查、清点行李有无破损与宾客确认件数。大件行李要装行李车，贵重物品应请宾客自己提拿为好。

3. 引领宾客至总台。如果客人需要办理入住手续，则引领宾客至总台，引领时应走在宾客的左前方两三步远处，如遇拐弯处和人多时应回头招呼宾客。途中可视情况询问宾客姓名、有无预订、是否初次到达本店等。

当宾客在总台办理入住登记手续时，行李员站于宾客身后2米左右处看管行李，负责行李安全。同时，关注宾客动向和接待员的工作，并随时听从接待员的服务提示。

4. 引领宾客至客房。宾客办理完入住登记手续后，应该主动上前接过接待员交与的钥匙与欢迎卡,并记住房间号码,引领宾客前往客房。引领途中走在宾客侧前方两三步远处,搭乘电梯时请宾客先进先出,适时向宾客介绍酒店的特色、新增服务项目、特别推广活动等。

在楼层上简短地向宾客指明楼层紧急出口方位。快到房间时示意宾客房间方位。进房时向宾客介绍钥匙的使用方法,按"敲门——通报"进房程序将房门打开,确定房内无人后,请宾客先进房。进房后将钥匙卡插入进门处墙上的取电槽内,即接通客房电源。如果是晚上,要为客人开灯。将行李放在行李架上或宾客指定的地方。

5. 介绍房间设施设备与使用方法。对于初次入住的宾客,行李员要主动向宾客介绍房间内设施设备及使用方法,如电源开关、上网、保险箱使用、电话的使用、小酒吧的收费及主要电话号码等等。如果是常客或当宾客不感兴趣时,可以做简单介绍或不做介绍,灵活处理。介绍房内设施设备时,行李员应按照顺时针或逆时针顺序有序进行。

6. 道别、返回岗位。当介绍完房内设施设备后,行李员应面向宾客,主动询问宾客是否还有其他服务需要,如果没有则应祝宾客居住愉快,并礼貌道别。离开房间时,退后几步至房门口,面朝房内轻轻将房门关上,再迅速离开。行李员应从员工通道返回大厅,并做好记录。

(二)散客退房行李服务

行李员散客退房行李服务一般应如下操作:

1. 接受离店行李服务信息。当接听到宾客要求收取行李的电话,问清房号、行李件数、收取时间等。

2. 核实宾客是否已结账。在上楼取行李前,通过计算机系统或与总台联系,核查宾客是否已经结账,这样可以及时提醒宾客在离店时去收银处结账。

3. 入房提取行李。尽快或按宾客要求准时到达房间。行李员可根据行李件数事先决定是否需要带行李车上楼层。

行李员"敲门——通报"进房问候宾客,同宾客一起清点行李件数,检查有无破损,并系上填好的行李卡。如果与宾客一同离开客房,要提醒宾客不要遗忘物品。

4. 问清宾客是否直接离店。如果客人直接结账离店的,行李员可随同客人一并至大堂;若宾客不是马上离开房间,征得宾客同意,行李员可将行李先行拿下楼等候,或将行李暂放在行李房;如果宾客不是马上离店,则应在行李上系上有宾客姓名、房号的行李寄存牌。行李员要将写好的行李牌副联撕下交给宾客,并且向宾客说明副联是领取行李的凭证。

5. 引领宾客至大堂。行李员引领宾客至大堂,请宾客先行,保持一定距离,并为宾客操作电梯。对于将结账离店的宾客,礼貌地暗示或指引宾客到总台结账。

6. 行李装车。在确认宾客已经结清账目,用手势告诉门厅应接员叫车,引领至酒店门外,将行李装上车,再次请宾客确认行李件数。

7. 道别并记录。向宾客礼貌地道别,祝宾客旅途愉快,欢迎宾客再次光临。返回大堂,至礼宾台逐项填写"散客行李离店登记表"(表5-1)并签名。

表 5-1 散客行李离店登记表

日期 Date：

房号 Room No.	上楼时间 Up Time	件数 Pieces	迎接行李员 Porter	出行李时间 Departure Time	离店行李员 Porter	车牌号码 Taxi No.	备注 Remarks

二、团队行李进、出服务

（一）团队入住行李服务

酒店接待的团队中，一般旅游团队或会议团队宾客会有较多行李，酒店行李员在为团队宾客行李服务时应注意遵循以下操作规程：

1. 做好应接准备。行李员要事先查看预期团队抵达表，了解团队名称、团队人数、进店时间、团队特点、预分房情况等，并做好人力安排，以确保及时、到位地为团队提供行李服务。根据团队抵店时间安排好行李员，提前填好进店行李牌，注明团队名称和进店日期。

2. 接受和分检行李。与团队车辆司机确认团队名称，将行李从车上卸下，与团队负责人或司机一起清点行李件数、检查破损情况等，然后填写"团队行李进出店登记表"，请团队负责人或司机签名。将行李拴上填好房号的行李牌，以便准确地分送到宾客房间。对于客人未到而行李先到的情况，应将行李堆放整齐，加盖网罩，待团队客人到店后再分送。

3. 分送行李。行李员将客人的行李装上行李车，往行李车上摆放行李时，注意遵照"同团同车、同层同车、同侧同车、同房同车"的原则、"硬件在下，软件在上；大件在下，小件在上；后送在下，先送在上"的原则。

走专用通道到指定楼层分送行李。进房后将行李放在行李架上，请宾客清点及检查行李，无异议后道别。如有行李与房号方面的疑问，与团队负责人沟通解决。

行李送达后，询问宾客是否需要进一步的帮助和服务。

4. 做好登记。分送完行李后，应在"团队行李记录表"上记录并签名，按登记表上的时间存档。

（二）团队退房行李服务

行李员提供离店团队宾客行李服务时，一般应按照以下的操作规程进行服务：

1. 了解团队出行李需求。了解次日预离团队的信息，根据团队宾客入住登记表上的时间做好出行李的工作安排。行李员可在宾客离店前与领队或团队接待处联系，确认团队离店的时间及收行李的时间。

2. 收取清点行李。准备行李车,依照团号、团名及房间号到楼层收取行李。团队领队或陪同会提前通知宾客将行李放在房间门口并安排专人看管,行李员收行李时一般只收取放在房间门口的行李。与宾客确认行李件数。每件行李上要系上"行李牌",注明团队名称、房号与时间。

3. 将行李运送至大堂。通过行李专用通道,将集中好的行李运送到酒店大堂集中,必要时为不同的团队行李罩上网罩,并做好行李看管工作。

4. 行李装车放行。行李员与团队司机或领队陪同清点行李件数,记录行李交接,并由双方签字认可。

5. 做好记录。填写"团队行李记录表",见表5-2。并将相关资料存档。

表5-2 团队行李记录表

入住时间 Check In	退房时间 Check Out
团队名 Group Name _____	团队名 Group Name _____
抵店日期 Arr. Date _____	抵店日期 Arr. Date _____
行李件数 No. of Luggage _____	行李件数 No. of Luggage _____
行李运送者 Luggage Loaded by _____	行李运送者 Luggage Loaded by _____
车牌号 Car/Van No. _____	车牌号 Car/Van No. _____
司机确认 Verified by Driver _____	司机确认 Verified by Driver _____
领队确认 Verified by T/L _____	领队确认 Verified by T/L _____
行李领班 Bell Captain _____	行李领班 Bell Captain _____

入住 In				退房 Out			
房号 Room No.	行李件数 Pieces	房号 Room No.	行李件数 Pieces	房号 Room No.	行李件数 Pieces	房号 Room No.	行李件数 Pieces

三、换房行李服务

宾客在住店期间可能会出现换房现象。宾客换房时,若宾客需要,行李员应提供换房行李服务:

1. 接收换房通知或信息。从总台接待处接到为宾客换房的通知或收到"转房/房价变更单",辨清原客房房号和新客房房号,领取新换客房的钥匙和欢迎卡。

2. 电话联系宾客。打电话到客房询问宾客的行李件数,决定是否需要行李车。

3. 前往宾客原房间。行李员到达宾客房间门口时,应先敲门并自我介绍,向宾客问好,说明是帮宾客拿行李换房的,经宾客允许后进入房间。

4. 清点宾客行李。与宾客一起清点要搬运的行李件数,将行李放到行李车上,提醒宾客再检查一下衣橱、抽屉、卫生间等处,看是否有物品遗留。

5. 引领宾客到新换的房间。行李员按进房要求操作,必要时向宾客介绍新的房间内的设施设备。按宾客要求将行李小心地放在指定位置。如发现房间有问题,行李员可请宾客在房间内稍等,自己马上与总台接待或大堂副理联系。

6. 交换原房间与新换房间的欢迎卡和钥匙。将新的欢迎卡、钥匙交给宾客,同时收回原房间的欢迎卡和钥匙。

7. 道别并记录。询问宾客有无其他需要,然后向宾客道别,退出房间。行李员返回大堂并告知总台接待换房已完成,交还原房间的欢迎卡、钥匙,在"换房行李运送记录表"上做好记录。

另外,如果客人不在酒店内,总台通知行李员为客人进行换房行李服务,必须先征得客人同意或授权。在这种情形下,除了行李员外,还需大堂副理、楼层主管、安全员在场,以确保行李无遗漏,同时由大堂副理填写"物品清单",在场人员签名,将"物品清单"交给总台留底。

四、行李寄存与领取服务

为方便宾客出行和社交,免去行李等物品随身携带的麻烦,礼宾部免费提供行李寄存与领取服务,充分体现酒店的人性化服务理念。

(一)行李寄存服务

1. 认定寄存性质。行李寄存有三种情况:住店宾客寄存物品,自己领取;非住店宾客寄存物品,要求转交给住店宾客;住店宾客寄存,让其他宾客前来领取。后两种情况也可界定为物品转交性质。

2. 了解物品特征。问清宾客需寄存的行李中是否有贵重物品、易燃易爆、易腐等物品,若无上述物品,方可寄存。问清宾客所寄存的物品性质,有助于行李的妥善保管。同时,要注意清点行李件数。

3. 填写"行李寄存卡"。填写一式二联的"行李寄存卡",如:姓名、房号、寄存时间、行李件数、经手行李员等。并请宾客在"行李寄存卡"上签名。见表5-3。

表 5-3　行李寄存卡

行李寄存卡（酒店联）	
姓名　Name	
房号　Room No.	
行李件数　Luggage	
日期　Date	时间　Time
宾客签名　Guest's Signature	
行李员签名　Bellboy's Signature	
行李寄存卡（顾客联）	
姓名　Name	
房号　Room No.	
行李件数　Luggage	
日期　Date	时间　Time
宾客签名　Guest's Signature	
行李员签名　Bellboy's Signature	

4. 交付行李寄存凭证。把填好的"行李寄存卡"下联撕下交给宾客，并向宾客说明凭该联领取行李。

5. 行李保管。对寄存的易碎物品应挂上"小心轻放"的标签，把"行李寄存卡"的上联挂在行李上。不过夜行李可以放在礼宾台内并用行李绳串好；如果属过夜行李，必须放行李房内。

6. 做好登记。凡是寄存的行李均应在"行李寄存记录本"上做好记录。

（二）行李提取服务

当客人前来提取所寄放的行李物品时，应该如下操作：

1. 确认宾客的身份。主动向宾客问候，当宾客说明是来提取行李时，礼貌地请宾客出示"行李寄存卡"下联，它是客人取件的凭证。

2. 查找宾客行李。"行李寄存卡"核对无误后，请宾客稍等片刻，行李员则根据寄存卡上的编号到行李房或礼宾台查找该行李，并核实行李数量，核对上下联内容、签名是否一致。

3. 交还寄存行李。行李员将行李交还给宾客，请宾客当面清点，必要时请其确认签名。

4. 做好记录。为确保行李寄存服务质量，在"行李寄存记录本"上做好相关记录。

5. 资料归档。将"行李寄存卡"上下联装订在一起后，放于过期寄存牌盒内留存。

【任务拓展】

知道"小费"一词的英语怎么说？你如何看待客人给酒店员工小费的现象？了解我国与西方国家在服务小费问题上的差异。如果你是行李员，在小费这个问题上，你觉得该怎样处理好个人、群体、客人三者之间的关系？

【任务反馈】

行李服务的内容繁多，包括行李的进店服务、出店服务、换房行李服务、行李寄存服务等。行李员不仅要有强健的体魄，而且一定要品行端正，因为曾有酒店行李员偷窃宾客行李的案例发生。

你有以下学习疑惑吗：行李房是怎样设计的？

解惑释疑：为了方便存放客人行李，酒店的行李房一般都设有多层货架，以增加储物空间。酒店供客人借用的轮椅、晴天不用的伞架等物品也放于行李房内。同时，行李房要保持整洁，做好防火、防潮、防盗。

任务四 委托代办

【任务导入】

一天，中国北方某酒店接待了一个来自美国的孤儿收养团。团员们的这次孤儿收养行动不仅得到了双方相关政府的批准与协助，也受到了 China Daily（《中国日报》）的关注。下午，团员 Smith 先生来到大堂，向当值的"金钥匙"小姜寻求帮助。原来，第二天的 China Daily 将会刊登有关该团中国之行的报道，但由于他们将乘坐第二天 10 点钟的飞机回美国，因而来不及拿到该报纸。Smith 先生请酒店"金钥匙"帮忙日后邮寄一份报纸至美国，并留下了地址和邮费。小姜当即承诺客人："先生，请放心，我一定办好此事。"

是按要求给客人将报纸寄去，还是给客人惊喜？当客人离开大堂后，小姜就开始忙碌起来。他与 China Daily 发行部门取得联系，得知第二天的报纸将于凌晨 6 点多送到市内的总发行站，再由其分发至各发行点。小姜于是与总发行站的工作人员沟通，对方答应可以先给小姜两份报纸。

第二天，小姜起了个大早，6 点不到就等在了总发行站门口……

刚近 8 点，小姜急匆匆地跑进机场出发等候大厅，此时，Smith 先生等客人正准备办理登机、入关等手续。见到小姜，Smith 先生非常诧异，但当他看到小姜手中的报纸时，顿时明白了怎么回事。他激动地握着小姜的手，感激之情无以言表……

阅读以上案例，请回答：你听说过"金钥匙"吗？它有什么象征意义？

【任务执行】

有人说，礼宾员是宾客的贴心人，宾客有何疑难问题都可以向礼宾员寻求帮助解决。只要在法律的允许范围内，礼宾员应尽力为宾客排忧解难，完成宾客交办的事项。

一、荣耀的"金钥匙"

以下几个外文单词或词组与"金钥匙"有关。有人将"金钥匙"译成 Golden Key，也有人译成 Concierge。Concierge 来自法语，词义为"门房、守门人、钥匙看管人"或"委托代办"。另一法语词组 Les Clefs d'Or［音：lay clay door］则指由为服务行业献身的酒店委托代办金钥匙成员们组成的国际专业组织。

"金钥匙"也被称为首席礼宾司，制服的翻领上别着十字形交叉的两把金钥匙，这些交叉着的金钥匙不只是一个识别标志，更是一个信誉的保证和优质服务的标志，象征着礼宾服务为客人解决一切难题，正如万能的金钥匙。

欧洲人早在 70 多年前已经认识到

"金钥匙"的重要性,美洲人在40多年前就开始学习和运用"金钥匙"服务并体会到这个信誉组织的价值所在。在美国,一家很受人喜爱的酒店,通常也是大家对它的"金钥匙"服务十分熟悉的酒店。20多年前开始,在新加坡地区和中国香港的酒店中推广这种个性化的品牌服务。我国大陆于20世纪90年代初期被纳入"国际金钥匙协会"。现在国际金钥匙组织已拥有44个成员分会,代表50多个国家及地区和近4 000名成员(2019年5月22日该协会官网)。到2019年,中国的"金钥匙"已发展到全国300个城市2 960多家高星级酒店的4 860多名会员。

国际金钥匙组织的格言是:友谊与服务。无论在世界的哪个角落,"金钥匙"们都将倾尽全力,去延续我们肩负的使命,以真诚服务于我们的职业,我们的酒店,乃至整个旅游业。

中国饭店金钥匙的使命是:为全世界旅行者提供高效、准确、周到、完美的服务,倾尽全力将卓越的服务体现在我们所做的每一件工作中,为客人解决难题,带来满意加惊喜。

图 5-6　中国金钥匙网站眉图

二、宾客有哪些委托代办事项

酒店为客人提供委托代办服务范围较广,服务项目也因酒店而异。委托代办事项可分为两大类,即酒店内代办服务项目和酒店外代办服务项目。酒店内代办服务项目主要有:物品转交、邮件传真等的递送、替客人泊车、出租自行车、呼叫找人服务等。对于店外代办服务项目,酒店可根据实际情况和客人需求进行服务,如代购物品。

对于客人委托代办的事项,一方面要设置专门的表单,如委托代办登记单;另一方面要制定相应的委托代办收费制度。一般而言,酒店内的正常服务项目和在酒店内能代办的项目不收取服务费。需付费的委托代办项目,应事先填写委托代办书,并请客人签名确认。

虽然以"金钥匙"为代表的委托代办能帮客人排忧解难,但是,许多客人尤其是内宾并不知道"金钥匙"是什么,也不知道在酒店大堂中工作的那位穿着黑色礼服、佩戴金灿灿的金钥匙徽章的人员是何许人也,或者不知道"金钥匙"可以提供什么服务。针对这一委托代办服务"浪费"现象,苏州的雅戈尔大酒店对酒店的日常代办服务进行了明示。酒店对客人要求委托代办服务项目的日常情况进行了汇总分析,统计出了14项客人最常见的服务项目,并将其印刷成卡片放在客房内,一目了然,大大方便了客人。服务卡片上列出的14项服务内容包括:

车辆预订，照片冲印，自行车出租，苏州、周庄等旅游票务代办，水上巴士预订，鲜花预订，文艺演出、博物馆、体育场馆票务预订，导游预订，旅游保险办理，小件物品送修，图纸晒印、胶印、名片制作，代办充值卡，指定商品代购，其他服务。

某大酒店也印制了“您委托，我代办”的金钥匙服务明示卡，见图 5－7。

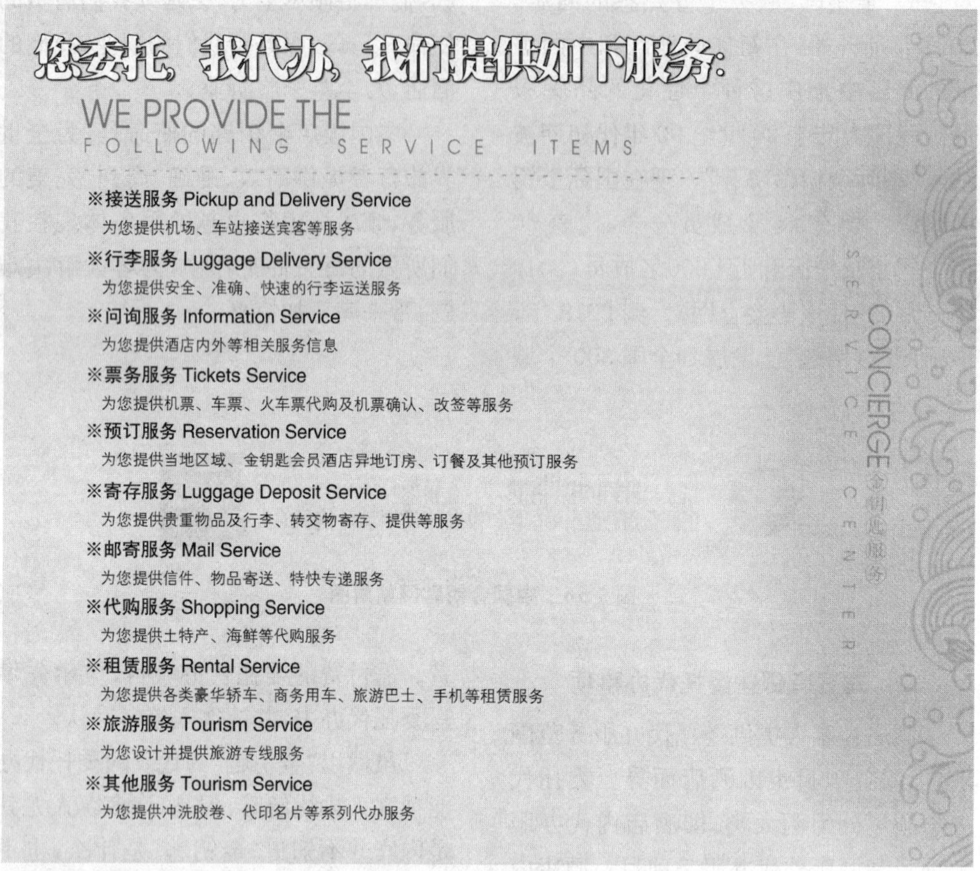
您委托，我代办，我们提供如下服务：

WE PROVIDE THE
FOLLOWING SERVICE ITEMS

※接送服务 Pickup and Delivery Service
为您提供机场、车站接送宾客等服务

※行李服务 Luggage Delivery Service
为您提供安全、准确、快速的行李运送服务

※问询服务 Information Service
为您提供酒店内外等相关服务信息

※票务服务 Tickets Service
为您提供机票、车票、火车票代购及机票确认、改签等服务

※预订服务 Reservation Service
为您提供当地区域、金钥匙会员酒店异地订房、订餐及其他预订服务

※寄存服务 Luggage Deposit Service
为您提供贵重物品及行李、转交物寄存、提供等服务

※邮寄服务 Mail Service
为您提供信件、物品寄送、特快专递服务

※代购服务 Shopping Service
为您提供土特产、海鲜等代购服务

※租赁服务 Rental Service
为您提供各类豪华轿车、商务用车、旅游巴士、手机等租赁服务

※旅游服务 Tourism Service
为您设计并提供旅游专线服务

※其他服务 Tourism Service
为您提供冲洗胶卷、代印名片等系列代办服务

CONCIERGE 金钥匙服务
SERVICE CENTER

图 5－7 某大酒店金钥匙委托代办服务沟通卡

三、如何进行物品转交

1. 对于前来办理留存物品转交的宾客表示问候。

2. 对物品做初步检查，确保是非生鲜物品、非易燃易爆物品或非贵重物品，如有必要可为宾客做一下简单包装。

3. 填写“转交物品登记表”，见表5－4。

表5-4 转交物品登记表

物品名称 Description of Parcel			日期 Date	
留物人信息 Parcel From	姓名 Name		电话或地址 Tel./Add.	
取物人信息 Forwarded To	姓名 Name		电话或地址 Tel./Add.	

备注 Remarks：
* 现金、贵重物品、生鲜物品恕不接受；
* 取物时：1) 报取/留物人姓名　　　2) 凭身份证
　　　　　3) 报取/留物人的电话　　4) _____
* 饭店将不会为在储物室存放超15天的物品负任何责任。
Cash and valuable contents are not accepted here. The hotel will not be responsible for articles left in the storeroom over 15 days.

留物人签名 Sign_____　　留物经手人 Staff_____
取物人签名 Sign_____　　取物经手人 Staff_____
日期 Date_____

4. 当物品接收者来取物品时，礼宾员应要求其提供以下信息：留物人姓名、取物人姓名及证件。若留物人有要求，应请其提供相应的凭证。而后，礼宾员通过"转交物品登记表"找到存放物品，交付取物人，请其签收。

5. 礼貌地向宾客道别，做好取物登记工作。

四、如何进行酒店内递送

酒店内递送服务内容主要涉及报纸、杂志、函件、包裹、传真、各部门的工作联系表单等，其大致可分为宾客物品和酒店物品两大类。其中酒店内宾客物品的递送包括宾客的邮件、报刊，商务中心收到的宾客的传真，总台或总机收到的给宾客的留言单，收银处的付款通知单，等等。

礼宾部的酒店内递送服务应该做到高效、准确。接到递送任务后要及时处理。

图5-8　礼宾员在整理报纸邮件

（一）邮件转交

1. 收到邮件后，礼宾员要将邮件分

为酒店内部邮件和住酒店宾客邮件,并做分别递送处理。

2. 对于住酒店宾客的邮件处理。首先在电脑中核对,确认客人在住,而后将邮件送至宾客房间,也可乘客人来大堂时交给客人。宾客取件或礼宾员送件都必须请宾客在"住客邮件递送登记单"上签收,见表5-5。

3. 对于即将抵达宾客的邮件转交。在电脑中核对或向总台询问宾客到达日期,若确认该宾客将抵达本店,请总台接待员在宾客的预订单及电脑上注明有邮件在礼宾部,或交由总台转交。在宾客到达时,接到总台接待员的通知后,将邮件交给宾客并请其签名。

4. 对于已离酒店宾客的邮件处理。如果明确宾客已退房,检查宾客是否有留言要求酒店转寄。若无,则将邮件做退件处理,请邮局退回。

表5-5　住客邮件递送登记单
Registration Book For Delivery Of Guest's Mails

日期 Date	时间 Time	房号 Room No.	姓名 Name In Full	种类 Type	号码 Number	经办人 Clerk	收件人签字 Signature	收件时间 Date/Time	备注 Remarks

(二) 酒店表单、通知及函件的递送

1. 礼宾员负责递送酒店各部门的表单、通知及函件。礼宾员承担的此项任务可分为定时递送和临时递送两种。定时递送是指各部门每天照常规要分发到相关部门的报表、接待通知等,如每日的夜间审计报表,礼宾员每天定时去相应部门领取所要递送的材料。临时递送指一般根据部门工作进展情况,临时递送各类材料。

2. 在递送前对所需递送的材料按部门进行分类。有些酒店在行政区域设有内部邮件递送箱,按酒店部门或岗位它们被分隔成多个小递送箱,行李员可按此分类对材料进行分类和标注。

3. 礼宾员视情况采取灵活恰当的递送方式。礼宾员在进行店内物品递送时,要走员工通道,乘员工电梯。有员工通道可以到达的地方,尽量避免穿越公共场所。如果只是上下楼层,则尽量不乘电梯而走楼道。如有急件应马上送至该部门;送急件可以乘客用电梯。

4. 对于材料递送情况要进行跟踪和记录。每次完成任务后要养成记录的习惯。记录派送的地点、房号、时间、种类、派送人的姓名,必要时请接收方签名,注明签收时间。

五、如何进行订车服务

1. 礼宾部对于有订车服务要求的宾客,要问清订车具体要求。如果订车涉及用车费用,则应告知客人收费标准。

2. 办理订车手续。填写"住店宾客用车预订单",见表5-6,并请宾客签字认可。礼宾员而后应打电话联系出租车公司或联系酒店车队,根据宾客要求安排好车辆。

表5-6 住店宾客用车预订单
Guest Vehicle Reservation

Guest Room No. 宾客房号_____	Vehicle Type 用车型号_____
Time/Date 用车时间/日期_____	
From 起始地点_____	To 目的地_____
Requirement 用车要求_____	
Guest Signature 宾客签名_____	
Payment 支付方式	
□Cash 现金 □Cheque 支票 □Posting 划账 □Others 其他方式	
Remarks 其他事项_____	
Requested by 申请人_____	Front Office Manager 前厅部经理_____

4. 宾客用车时,礼宾员要向所订车辆司机说明宾客的姓名、目的地及相关注意事项,尽可能做好衔接工作。对于语言不一致的司机与乘客,要做好翻译工作。若宾客对当地情况不熟悉,应设身处地为宾客着想,为宾客提供印有酒店名称和地址的"向导卡",并填写上宾客的目的地。开车前要向宾客道别。

5. 做好记录。在"租车记录本"上记录宾客姓名、房号、出车时间、出租车车牌号码、告示信息等,以备查。

六、如何提供代购、代订服务

1. 当宾客提出代购物品服务需求,对于酒店能够帮助宾客购买的物品,礼宾员应给予宾客肯定答复,即接受宾客的代购要求,并详细了解对代购物品的要求。对于代购有难度的物品,应向宾客做出说明,且不要轻易做出承诺。

2. 确定代办费用。与宾客说清楚可能产生的费用,如往来交通费、商品支出等。费用可以事先收取,也可待完成代购后向宾客索取。

3. 填写"委托代办单"(表5-7),并请宾客签名。方便的话请客人留下联系电话,以便及时沟通。

表 5-7 委托代办单

姓名		房号		日期	
委托事宜：					
备注：					
委托人签名			经手人签名		
服务认可宾客签名			服务经办人签名		

4. 按宾客委托要求完成任务。外出办事时开好一切必要的发票，立即返回，尽量为宾客节省费用。如果宾客的外购要求当天无法解决，请求宾客给予一定时间，合理解释并请求谅解。

5. 交付委托购买物品。返回酒店后立即通知宾客事情已办妥，可能的话为其送到房间，并征求其意见。物品不能及时交付的，应该在交班记录本上做好记录。当宾客验收完物品后，需请其在"委托代办单"上签名确认。

七、如何提供其他委托代办服务

除了以上提到的委托代办事项，礼宾部为客人提供的服务还有许多。以下就残疾人轮椅出借、雨伞出借等常见服务的要点做些提示。

（一）残疾人轮椅出借服务

《旅游饭店星级的划分与评定》中规定，三星级酒店"门厅及主要公共区域应有残疾人出入坡道，配备轮椅"，四星级、五星级酒店"门厅及主要公共区域应有符合标准的残疾人出入坡道，配备轮椅，有残疾人专用卫生间或厕位，为残障人士提供必要的服务"。所以，为残疾人提供细心、安全、周到的服务是礼宾部的主要工作。

1. 向前来询问的宾客表示问候，并了解宾客的服务需要。通常，酒店的轮椅车只对住店宾客服务，免费在店内使用；店外使用需交付一定的押金。

2. 提供轮椅车前要请宾客出示房卡，核实后将车从行李房内取出。与宾客当面确认轮椅车的完好，填写"宾客物品借用单"，明确归还日期。

3. 当宾客出酒店时，礼宾员提醒宾客使用残疾人专用通道，需要的话，礼宾员可在车前而非车后推轮椅车，以确保宾客安全。

4. 当宾客使用完轮椅车前来归还时，检查车的完好性，并当宾客面注销"物品出借单"，同时向宾客表示感谢。

（二）雨伞出借服务

遇到下雨天，为了给有事外出但未带伞具的宾客提供尽可能多的方便，酒店提供雨伞出借服务。雨伞未被借用时放在行李房内。一旦有宾客需要借用雨具，则操作的程序如下：

1. 确认宾客需借雨伞后，填写"雨伞出借单"，请宾客阅读备注后签名。表 5-8 是某酒店的雨伞出借单。

表 5-8　雨伞出借单

Umbrellas On Loan

日期 Date：＿＿＿＿＿＿＿＿＿＿＿＿＿＿＿	房间号码 Room No.：＿＿＿＿＿＿＿＿＿

宾客姓名
Guest Name：＿＿＿＿＿＿＿＿＿＿＿＿＿＿＿＿＿＿＿＿＿＿＿

雨伞数量
No. of Umbrellas Received：＿＿＿＿＿＿＿＿＿＿＿＿＿＿＿

备注：酒店雨伞免费提供住店宾客使用。若在离店时仍未归还，前厅收款将按规定收雨伞费用。每把人民币壹佰元。
Remarks：Our hotel umbrellas will be lent to our in-house guests free of charge.
In case of not returning the umbrella on departure, a compensation fee of RMB 100 yuan will be charged to your account.

宾客签名
Guest Signature：＿＿＿＿＿＿＿＿＿＿＿＿＿＿＿＿

行李员
Concierge：＿＿＿＿＿＿＿＿＿＿＿＿＿＿＿＿

2. 礼宾员当宾客面检查伞的完好情况并出借给客人。有些酒店在出借雨伞时不收押金；有些酒店则请宾客交付一定的押金，待宾客将伞完好、按时归还时退还。出借时须向宾客申明借用期限，超过期限按丢失处理。

图 5-9　雨伞架

3. 客人归还雨伞时，礼宾员要先检查雨伞的完好程度并感谢宾客。对于宾客丢失、损坏、超期未还雨伞的情况，应婉转地向宾客说明赔偿要求，或在知会宾客后，将押金交总台收银处，作为宾客的赔偿金，同时做好记录。

另外，当遇下雨天时，来宾常常会拿着湿漉漉的雨具进店，这会淋湿大厅地面，给酒店宾客带来很多不便，也会造成安全隐患，因此，酒店礼宾部备有带锁的雨伞架。雨天时，礼宾员会将雨伞架放在大厅门外，供宾客放置雨具。图 5-9 是雨伞架的一种。

图 5-10　为客人遮阳

【任务拓展】

图5-10是一家酒店礼宾员在炎炎烈日下为客人提供遮阳服务。你对此有何感想？你还能想出哪些独特的礼宾服务项目？

【任务反馈】

客人的委托代办事项涉及方方面面、大大小小，如物品转交、代订车辆、代购物品等。礼宾员要本着急客人所急、想客人所想的心态，尽可能地为客人提供帮助。金钥匙服务是委托代办的最高境界。

你有以下学习疑惑吗：如何成为"金钥匙"？

解惑释疑：成为"金钥匙"是许多礼宾员和其他前台人员的梦想。如何才能成为一个令人羡慕的酒店"金钥匙"呢？以下是国际金钥匙组织中国区申请入会的基本条件：

申请人必须是年满二十一岁，品貌端正，是在酒店大堂工作的礼宾部首席礼宾司。须具备至少五年酒店从业经验（在酒店的任何职位均可，且至少有三年以上从事委托代办服务工作经验和必须达到一定的工作水平），至少掌握一门以上的外语，参加过国际金钥匙组织中国区的服务培训。

在具备以上条件的基础上，申请人须把申请书连同相关需要的材料递呈送国际金钥匙组织中国区总部。经其审核批准并授徽后，申请人就可成为"金钥匙"，在享有荣耀的同时也更被赋予了对客服务的责任。

◆项目评价

【知识/技能评价】

1. 礼宾部的工作比较繁杂，主要有哪些工作？
2. 如何做好店外、店内迎送宾客的工作？
3. 如何做好各类行李服务？
4. 委托代办可涉及哪些项目？如何做好委托代办？
5. 说说你对金钥匙的认识与理解。

【实训演练】

模拟散客入住行李服务

实训内容	模拟引领宾客并将宾客的行李送达到房间
实训目的	能以规范的仪容、仪表迎接宾客，能按照正确的程序完成散客入住行李服务，掌握相关程序和技能
实训准备	酒店正门、大堂、总台、电梯或楼梯、客房或者模拟场地；箱包等模拟行李；欢迎卡、钥匙（卡）、行李签
实训方法	1. 情景演示或情景假设 2. 学生分别扮演行李员和宾客，练习散客入住行李服务 3. 教师就学生演练过程进行讨论性讲评 4. 学生再练习，并注意总结提高

续表

实训考核				
考核内容	考核要点	配分	评分标准	扣分
仪容仪表	• 服务牌佩戴在外衣左上方,服装整洁得体、无破绽,纽扣齐全,鞋袜洁净 • 不留长指甲 • 不佩戴过于醒目奇特的饰物 • 男服务员不留胡须,发长不盖耳;女服务员化淡妆	4	有一项不符合要求,扣1分	
仪态	• 行走、站姿正确 • 行为规范有礼	2	有一项不符合要求,扣1分	
主动迎宾	主动迎宾,为宾客提拿行李	3	不符合要求扣3分	
引领宾客至总台	走在宾客身前两到三步远	3	不符合要求扣3分	
记清宾客的房号	记清宾客房号	3	不符合要求扣3分	
电梯服务	• 请宾客先进先出电梯 • 为电梯内其他出入电梯的宾客提供服务 • 为宾客介绍酒店的整体情况 • 出电梯后为宾客介绍安全通道 • 示意宾客房间方向	5	有一项不符合要求,扣1分	
房间服务	• 为宾客开门,示意请宾客先进房间 • 征求宾客意见,放好行李物品 • 为宾客挂好衣帽,拉开窗帘 • 向宾客简要进行电视频道介绍、常用电话号码介绍、电器设备介绍、小酒吧介绍、服务指南介绍等	8	有一项不符合要求,扣2分	
道别	• 主动征求意见,感谢宾客光临 • 与宾客道别	2	有一项不符合要求,扣1分	
合计		30		
否定项:若考生出现下列情况之一,则应及时终止其考试,考生该题成绩记为零分 ——没有穿着工装或制服 ——因行李员出现失误或过错致使宾客不能及时进入客房 ——行李服务程序出现三处以上(含三处)错误 ——时间超过7分钟				
考核得分及自我评价:				

【项目链接】

为什么礼宾员又被称为 Bellboy

在英语中，对礼宾员的称呼有多种说法，如 porter、bellman、bellboy、doorman、concierge 等，这与礼宾员提供多种服务有关。其中，bellboy 一词是如何而来的呢？据说，在以前的旅店，当有访客要找某位在店客人时，由于没有移动电话等先进设备，礼宾员会一手拿着写有要寻找客人名字的标签，一手摇着铃，并四处走动。当客人看到标签就知道要找的人了。

项目六　商务中心服务

◆**项目目标**

【行业要求】

酒店应该有满足客人商务工作需求的相关服务，商务中心承担着此项功能。

【岗位目标】

能规范提供文印、传真服务；掌握电话、网络等服务的工作要领；能正确地为宾客提供票务服务；掌握会议室及设备出租服务流程。

◆**项目任务**

商务中心（Business Center）被称为"办公室外的办公室"，主要提供复印、打字、传真、电话、网络服务，还提供小型会议及相关设备出租等服务。有些酒店商务中心还承担为客人订票的服务工作。商务客人是许多酒店尤其是商务型酒店的重要客源，因此，为客人提供商务的辅助性或秘书性服务是酒店必要的服务内容。

任务一　商务中心文员须知

【任务导入】

参观某酒店的商务中心，看看其服务环境与服务内容，并谈谈心得体会。

【任务执行】

一、商务中心的位置布局

商务中心面向的服务对象大多数是住店宾客，但也可以是非住店的会议宾客或其他店外宾客，因此，为方便对客服务，商务中心一般设置在大堂附近或在酒店的二楼，有明显的指示标记牌。另外，酒店的商务楼层也设有单独的商务中心。

商务中心内开辟有专门的公共服务区域，通常还有单独的工作区供宾客选择，各种设备摆放在合理的位置。开放式接待台可以观察到商务中心内各个区域情况，便于主动提供服务。不同规格、不同用途的独立办公区域和服务区用隔音、吸音的材料隔开，给宾客提供一个安静、舒适、可供选择的商务活动区域。

二、商务中心的设施设备

先进的设施、齐全的服务项目和高素质的服务人员是商务中心提供优质服务的基本保证。

商务中心的主要设施设备有：复印机、传真机、电脑、碎纸机、打印机、扫描仪、投影仪及其他办公设施设备；洽谈室、隔断式电话间、上网区域等。同时商务中心为宾客免费提供查询资料，如报纸、经济年鉴、企业名录大全、电话号码本、邮政编码本、地图册、商务刊物、词典、当地旅游刊物等。

三、服务价目表及款项结算单

商务中心有诸多服务项目，且收费普遍高于非酒店的市场价格，所以酒店应对服务项目及服务价格进行明示，使客人明白消费。另外，针对客人的各项消费，商务中心文员要填写款项结算表单，以便进行记账。表6-1是某酒店商务中心服务价目表，表6-2是某酒店的商务中心消费款项结算单。

图6-1　某酒店商务中心

图6-2　商务中心一角

表6-1　某酒店商务中心服务价目表

INTERNET SERVICE 网络服务		
Use computer/internet & e-mail	RMB 30.00 for every 30 minutes	
使用电脑/上网或电子邮件	每半小时30元（半小时起价）	
BINDING SERVICE 装订		
Binding charge	装订费	RMB 30.00
Maximum 100 pages	每本不超过100页	
SCAN SERVICE 扫描		
Scanning（A4 size）	扫描（A4纸）	RMB 15.00/page
EQUIPMENT RENTAL 设备出租		
Laptop	笔记本电脑	RMB 300/day
PRINTING/WORD PROCESSING 打印文字处理		
A4 paper/page A4纸/页		
Chinese document typing	文字处理	RMB 40.00/page
Print out（black & white）	黑白打印	RMB 5.00/page
Color print	彩色打印	RMB 20.00/page
A3 pager/page　A3纸/页		
Print out（black & white）	黑白打印	RMB 8.00/page
Both sides print	双面打印	RMB 15.00/page

续表

***PHOTOCOPY SERVICE* 复印**

A4 size copies up to 50	A4 纸 50 张以内	RMB 2.50/page
over 50 copies	A4 纸 50 张以上	RMB 2.00/page
Both sides copy	双面复印	RMB 4.00/page
A3 size paper	A3 纸	RMB 4.00/page
White paper	白纸	RMB 0.50/page

***TICKETING SERVICE* 票务服务**　　（订票需提前 24 小时）

Domestic & international flight tickets	Free of charge
国内、国际航班机票	免费
Confirmation of flight	Free of charge
机票确认	免费
Change date	Free of charge
机票改签	免费
Train/Bus Tickets	RMB 5.00 for train/bus station surcharge
火车票/汽车票	RMB 5.00/张（车站手续费）

***MEETING ROOM SERVICE* 会议室服务**

Meeting room rental	RMB 500.00/2hours
会议室租用	RMB 500.00/2 小时
Projector	RMB 800.00/half-day　RMB 1500.00/per day
投影仪租用	RMB 800.00/半天　RMB 1500.00/天

***SEND FAX* 发送传真**

Fax domestic	(2.00/page＋2.00＋0.7/min)＋15％ surcharge
国内传真	(2.00/页＋2.00＋0.7/分钟)＋15％服务费
Fax international	(2.00/page＋2.00＋8.00/min)＋15％ surcharge
国际传真	(2.00/页＋2.00＋8.00/分钟)＋15％服务费
Fax to HK/Macao/TW	(2.00/page＋2.00＋2.00/min)＋15％ surcharge
港澳台传真	(2.00/页＋2.00＋2.00/分钟)＋15％服务费

***IN-COMING FAX* 接收传真**

(2.00/page＋2.00)＋15％ surcharge
(2.00/页＋2.00)＋15％服务费
First 10 pages free of charge for in house guests
住店客人前 10 页免费

***TRANSLATION* 翻译服务**

The tariff of translation company plus RMB 65.00 handling fee
翻译公司的价格再加收 65 元手续费

表6-2 某酒店的商务中心款项结算单

Business Center 商务中心	
Guest Name 客人姓名：_____	No. 编号：_____
Room No. 房号：_____	Date 日期：_____
Description 描述	Amount RMB 金额（RMB）

Issued by Cashier 收银员签发：_____
Approved by Asst. Manager 经理助理审批：_____
Guest Signature 客人签名：_____

【任务拓展】

思考：有些酒店的商务中心还兼售酒店商品，如印有酒店标志（LOGO）的毛巾、杯具等，起到了酒店纪念品商店的作用。你认为酒店中哪些物品可作为商品或纪念品出售给宾客？

【任务反馈】

为了满足服务客人的需要，商务中心通常配备齐全的客用商务设备、办公设备，以及供客人查阅的大众类信息资料。酒店商务中心的服务应明码标价。

你有以下学习疑惑吗：既然酒店商务中心收费这么高，那么它生意好吗？

解惑释疑：酒店商务中心的生意如何要视酒店客源、客情定，但大多数酒店的商务中心比较空闲。其主要原因是高技术的发展使客人对商务中心的依赖性降低，当然，价格也是影响消费者购买的重要因素。

任务二　文印服务

【任务导入】

你去过街上的文印店复印或打印过资料吗？请写出他们的服务过程，并对其服务态度做出评价。

【任务执行】

文印服务是商务中心提供的最基本的服务，传统的文印项目包括：复印、打印、装订、图文制作、打字、翻译等。以下就以常见的复印服务为例，说明提供文印服务的主要步骤：

一、复印服务工作程序

1. 确认服务要求。商务中心文员应主动热情地问候宾客。查看宾客复印原件，询问宾客的复印要求，如复印纸型规格、复印张数、颜色深浅等，视情况还应询问宾客是否需要缩放复印或双面复印等。

2. 告知收费标准。告知宾客复印价格，针对宾客需求提供建议，征得宾客同意后，再进行复印。

3. 进行复印。复印前要核对复印原件的张数、规格，检查复印机送纸箱内纸型是否符合宾客要求。若需要复印多份，首先试着复印一份，宾客满意后，再按要求数量复印，若出现不符合要求的复印件进行碎纸处理。

4. 整理装订。对复印件进行整理、核对，需要的话，使用订书机装订或环套装订等。

5. 交件收费。将复印文件连同原稿一起双手交给宾客，按规定价格计算费用，询问宾客是直接付现金还是费用转至房账。如果宾客提出转账，应请宾客出示欢迎卡，与计算机核对后，请宾客在账单上签字。

6. 记账及记录。向宾客表示感谢并与宾客礼貌道别。将宾客账单输入电脑。

二、认识常用复印纸

酒店商务在中心复印、打印等文印服务时常需要用到纸张，因此，文员应该对纸张的规格和选用有很好的把握。

纸张的规格是指纸张制成后，经过修整切边，裁成一定的尺寸，现在多采用国际标准，规定以 A0、A1、A2、B1、B2 等标记来表示纸张的幅面规格。其中 A3、A4、A5、A6 和 B4、B5、B6、B7 种幅面规格为复印纸常用的规格，酒店中又以 A3、A4 规格最常用。表 6-3 是常用复印纸的规格及尺寸。

表 6-3 常用复印纸的规格及尺寸

规格尺寸	幅宽(mm)	长度(mm)
A3	297	420
B4	250	353
A4	210	297
B5	176	250
A5	148	210
B6	125	176
A6	105	148
B7	88	125

商务中心的纸张通常由酒店的采购部门统一采购。采购单位是"令"，一令即一包，每令纸是 500 张。为了保证文印服务质量，在采购决策过程中，相关人员应注意选用质量较好的复印纸。除了考虑纸张大小的因素外，还要考虑：复印纸应该经切边修整，纸的厚度、密度、挺度、表面光度。复印纸要存放在干燥和通风的地方，注意防潮。

【任务拓展】

对多种复印纸及其包装进行观察，比较复印纸张的规格、质地等要素。

【任务反馈】

酒店商务中心最常见的文印服务有复印、打字、打印、装订等，因此，员工要精通这些服务技能，练好基本功，尤其是要提升打字速度。

你有以下学习疑惑吗：在形容纸张大小时，常听说 8 开、16 开……这是怎么回事？

解惑释疑：我们传统以多少"开"来表示纸张的大小。一张出厂的整张大纸,其正度为787mm×1092mm,分割成相等面积的4张每张为4开,每张390mm×543mm,分割成相等面积的8张每张为8开,每张271mm×390mm,分割成相等面积的16张每张为16开,每张272mm×196mm,分割成相等面积的32张每张为32开,每张196mm×136mm。

能一体机",不仅能够完成单一传真功能的工作,还能满足打印、扫描、复印等多种的工作需求。

图6-3
传统传真机

图6-4
"多功能一体机"

任务三 传真服务

【任务导入】

实地认知传真机,了解其功能、操作方法,并认知感热式传真纸。你认为传真机操作要掌握哪些关键点?

【任务执行】

传真是把记录在纸上的文字、图表、图像等通过扫描从发送端传输出去,再在接收端的记录纸上重现的通信手段。也就是说,传真通信实际是一种传送静止图像的"记录通信",有人又把它称为"远程复印"。发送和接受传真是传真机的基本功能,但目前市场上出现的"多功

一、传真发送服务程序

1. 了解服务要求。商务中心服务人员应主动热情问候宾客,向宾客了解传真发送地点、发送页数、份数等。

传真原件须字迹清楚,纸张厚薄均匀,没有受潮或污损,稿件不能太小或太大,如果不符合上述要求,建议宾客复印后再发送。

2. 告知计费标准,填写传真发送单。在酒店中,发送传真通常按所发文件张数计费,外加服务费。表6-4是某酒店的商务中心发送传真记录单。

表6-4 商务中心发送传真记录单

宾客姓名		房号	
发送目的地		传真号码(国家及地区代码)	
传真份数		通话时间	
服务费		总金额	
付款方式	□现金 □挂账 □信用卡		
经办人姓名			

3. 发送传真。发送传真之前,请宾客准确填写传真号码并再次确认,以保证发送正确。将稿件正面朝下,放入传真机,用电话机拨通对方号码,听到可以

传送的信号后,按下"发送"键,稿件将自动输入。如果纸张太多,可以一张张发送,但要注意纸张之间的衔接。

如果因线路或其他原因使发送中断,询问一下宾客是否要继续发送传真,一般请宾客打电话与对方进行确认。

4. 收取费用。传真发送完毕后,将原稿与传真机自动打印出的发送报告用回形针别好,双手交给宾客。询问宾客的付款方式,按规定的价格计费,办理结账手续。若宾客要求挂房账,确认宾客身份及签单权限后,将费用正确地转入到宾客房账中。

5. 道别并做好记录。对宾客的光临表示感谢,并礼貌地向宾客道别,而后做好记录。

二、传真接收工作要点

接收传真通常分两种情况。一是宾客亲自到商务中心要求接收传真。服务员只需根据宾客要求,接到对方传真要求,给出信号,接收对方传真后直接交给宾客,并收取费用即可。二是接收到传真后,商务中心按照传件的要求将传真由行李员送交宾客。

对于第二种情况,商务中心文员要认真阅读传真所涉及的宾客姓名、房号,并查阅电脑进行核实。传真接收后要及时派送,具体做法是:将传真装入信封,注明宾客的姓名、房号。打电话通知宾客,询问宾客是本人来取件,还是要求送房,如果宾客要求送房,马上通知行李员递送,行李员需在"商务中心接受传真记录表"上签名。如宾客没有在客房,则每隔半小时进行一次电话联系,看宾客是否回房。当宾客领取传真时,必须请宾客签名。

【任务拓展】

酒店时常需要发送传真与外界进行工作联系,因此,有一份固定格式的传真发送单十分必要。请设计一份酒店内部使用的传真发送单。

【任务反馈】

传真沟通具有直接、快速的特点,且保持了文字材料的文本性和原本性,因此,传真服务在酒店中较常见。商务中心文员要了解传真机的功能和使用方法,掌握传真收、发的程序。

你有以下学习疑惑吗:发传真时常用的国家及地区电话代码有什么规律吗?

解惑释疑:中国电话区号的分布是有规律的。中国人熟知的长途电话区号中,前面的0是中国大陆地区国内长途电话接入码字冠,0以后才是区号;0和后面的区号被习惯性地并列称为电话区号,如北京010、南京025、杭州0571等。当要拨境外长途电话时,则以00开头,如美国 001、英国 0044、澳大利亚0061等。

任务四　商务中心其他服务

【任务导入】

火车票上的车次字母D、Z、T、K、N、L分别代表什么意思?飞机票上的航空公司代号CA、MU、CZ、MF、HU、SZ、WH、XW分别指哪些国内航空公司?

【任务执行】

商务中心除了以上提到的文印服务、传真服务外,还提供其他的诸如票务、电话、网络、会议、设备租借等服务。

一、票务服务

票务服务包括为宾客代订飞机、火车、汽车、船票等票种,商务中心服务人员要掌握各种票务的出票时间和步骤,做好宾客的参谋。

(一)订票程序

1. 联系票务公司询问是否有票,问清价格。

2. 向宾客介绍酒店票务服务政策、改退票制度、取票方式和时间及收费标准。在订票时可询问客人是否需要买保险,若需要则可以同时办理。

3. 填写订票委托单或订票确认单(见表6-5),并请宾客签名确认。向宾客收取订金,考虑到酒店支付票款的方便性,建议宾客以现金形式预付订金。在订票委托单上注明"已收订票款",录入计算机。将"订票委托单"第二联交给宾客,作为取票的凭证。

表6-5 订票确认单

Booking/Confirmation 订票确认单
□Booking 预订　　□Change Flight 改签　　□Reconfirm 确认
□Bus 汽车　　□Train 火车　　□Airplane 飞机
Guest Name 宾客姓名：_____　Room No.房号：_____
Identification No.证件号码：_____
Destination 目的地：_____　Date 日期：_____
Time 时间：_____　Flight/Train No.航班/车次号码：_____
Seat Request 座位要求：_____　Deposite 预付款：_____
Tel.No.联系电话：_____　Booking Confirmed 订票确认：_____
Staff/Date 经办人/日期：_____　Ticket No.票号：_____
Ticket Confirmed 取票确认：_____　Remarks 备注：_____
※ In case of the discrepancy between departure time and the flight/train number, we will purchase the ticket according to the flight/train number. 如出发时间与航班/车次有出入,一律以航班/车次为准。

4. 按宾客要求及时联系订票,若宾客所订的票已售完,要及时征询宾客的意见改订,告知宾客取票时间。

5. 票到后及时通知宾客前来取票。宾客来取票时,根据宾客的"订票委托书"查找,核对后将票交给宾客,并请宾客签字。也可请行李员送交,但也要做好信息核对工作。

有些酒店的商务中心引入了飞机票自动购票机,宾客通过浏览与触摸显示屏,并经过信用卡支付,即可从该机器中订购机票。

（二）电子客票

商务中心也可代办电子客票。电子客票是"航空运输电子客票行程单"的简称，在当前机票的预订与购买中越来越普及。它是普通纸质机票的替代产品，旅客通过互联网或其他途径付款订购机票之后，仅凭有效身份证件直接到机场航空公司专门的柜台办理乘机手续，拿到登机牌，经安检后进入候机室，即可成行，相当于实现"无票乘机"。

二、电话及网络服务

随着信息技术的发展，Internet（互联网）已经是日常生活中必不可少的一环。通过上网，人们可以实现浏览新闻、在线交流、下载文件和收看电影等。Internet的发展极大地丰富了人们的业余生活，也成为酒店商务中心必不可少的服务内容之一。

商务中心除了提供网络服务外，为了方便客人，还提供国内长途、国际长途及对方付费电话服务。商务中心员工应熟练掌握服务技巧，做好宾客的商务助手。

为了尊重和保护宾客信息隐私，酒店商务中心公用电话间需有隔断，上网区域的设置也应具有一定私密性。

客人上网时，服务员可以帮助宾客输入常用主页地址，也可以由宾客自行登录相关网站。为保护宾客隐私，除非宾客要求，服务员不要站在宾客的身边；宾客上网期间要适时为宾客提供茶水等服务；宾客结束上网后，检查电脑是否已关闭网上窗口，断开网络连接。

图6-5　商务中心上网区域

图6-6　会议服务一个桌位的布置

三、小型会议服务

商务中心内设置的会议室又被称为洽谈室，提供的是一种小型的会议服务。商务中心也提供与会议活动有关的一些常用设备。

商务中心接到预订，简要向宾客了解会议室租用需求，填写会议室租用情况表，见表6-6。

表6-6 会议室租用情况表

时间 (年月日)	会议室名称	会议时间	公司名称	预订人及房号	人数	其他需要	收费情况

向宾客介绍洽谈室出租收费标准，以及免费的服务种类，如茶水、麦克风、电脑、投影仪、白板等，有些酒店对电脑、投影仪等实行有偿租用。

按参加会议规格布置好会场，按会议人数准备好坐席、文具、茶具等物品。商务中心主管或领班提前一小时检查会议室状况。

会议进行时，在会议室门口设立"会议进行中"的标志，为宾客提供一个良好的会议环境。

四、设备出租服务要点

为住店宾客提供设备出租服务，是商务服务的一种延伸。服务人员应该熟悉各种设备的使用要求，并能检查设备的完好程度。常见的可供租用的设备有：电脑、投影仪、数码相机、移动电话等。

租用设备的宾客一般应是住店宾客且在总台有信用担保。了解宾客租借物品的具体需要，填写物品出租登记表，见表6-7。

告知宾客物品租借要收取的押金及费用，物品损坏的责任赔偿等。商务中心设备租用价格一般按时间计算，如以小时、半天等为单位。

宾客归还时，按物品出租登记上的资料仔细检查宾客归还物品的种类、数量、完好程度。若有损坏，请宾客按规定交纳赔偿金，若完好，退还宾客押金，收取租用费用。

【任务拓展】

随着科技的发展和时代的进步，高科技的电子设备越来越普及，如个人电脑、通讯兼上网等功能的手机、无线网卡、无线网络覆盖等，先进又便捷。这使得宾客对传统商务中心的依赖随之减小，商务中心对酒店营业收入的贡献也越来越小。那么传统的商务中心将何去何从呢？有人说应该将商务中心逐出大堂，放到地下室的角落里；有的建议将之改作酒吧。但多数经营者认为商务中心仍要保留，但需跟上当今商务需求和社会发展的趋势。请就以上话题进行讨论，并提出你的见解。

【任务反馈】

除了文印服务、传真服务，票务服务、电话服务、网络服务、会议服务、设备租借服务也是商务中心文员应熟悉的工作。要学会细心做事，以诚待客。

你有以下学习疑惑吗：订票时一定

表6-7 物品出租登记表

使用目的			
宾客姓名		房号	
物品名称		租用费	
出租时间		归还时间	
签收		经办人	

要买保险吗？

解惑释疑：购买机票时可以自愿购买保险，这是航空人身意外保险即"航意险"，是指当旅客在乘坐航班期间，因意外事故而身亡、残疾或受到其他伤害时，由保险公司按照条款和有关规定承担赔偿责任的保险合同。

◆项目评价

【知识/技能评价】

1. 商务中心的主要服务项目有哪些？

2. 如何做好文印服务与传真服务？

3. 票务服务、电话及网络服务、会议室出租服务分别需要注意什么要点？

【实训演练】

自设情景进行订票服务练习。要求两位同学一组，一位扮演商务中心文员，一位扮演客人，完成对客人的订票服务。练习时注意服务程序和服务细节。

【项目链接】

电子客票的特点

飞机票的电子客票形式正日益普及，并被大家所接受。总体而言，它具有以下特点：

1. 电子客票无须配送，旅客通过互联网或电话足不出户即可自助完成。

2. 购买成功后，凭有效证件就可以顺利登机，方便又快捷。

3. 电子客票订购、更改与退票直接通过互联网或客服电话就能实现。

4. 在某些条件下，购买电子客票的价格比传统机票更为优惠。

5. 旅客订购机票可以在异地完成。

项目七　总机服务

◆项目目标

【行业要求】

有人说"总机是酒店沟通的心脏"。酒店总机虽然不与客人见面，但却要用声音沟通起对客服务、内部管理的桥梁。

【岗位目标】

学会与人有效电话沟通；能礼貌准确地转接电话；能正确为宾客提供留言服务；掌握提供电话免打扰和保密服务的技巧；能为宾客提供叫醒服务；能正确处理投诉电话和处理紧急情况电话等；知晓"一键式"服务。

◆项目任务

总机（Operator）是酒店内外信息沟通联络的枢纽，代表着酒店的形象，体现着酒店服务的水准。作为总机话务员，要有良好的语言素养、应变能力、纪律观念。总机话务员要做好转接电话服务、问询及留言服务、叫醒服务、免打扰及保密服务、店内寻人服务等。

图7-1　学生在酒店总机实习

任务一　总机话务员须知

【任务导入】

某位客人打电话给酒店总机，说现在正驾车在去酒店的路上，快到某一高速公路的岔口了，但却有点分不清方向，不知路怎么走。话务员小林因刚上班不久，对有些信息了解不准确，于是她对客人说："我不是很清楚。请稍等，我问一问……"约半分钟后，小林回答客人说："你就在这个岔口下高速，然后右转直走约两公里就到我们酒店了。"

"就在你问别人时我已经开过这一岔口了！你真把我害惨了！"客人很气

愤,也很无奈……

思考:这一案例给你什么启示?

【任务执行】

总机房的环境要求安静、保密、整洁。总机房的设备通常有:电话交换机、话务台、电话自动计费器、打印机、计算机、时钟、记事本等。

一、话务员要掌握什么业务信息与技能

酒店总机话务员应了解相关业务知识和信息,掌握相关技能,这是服务的基础。以下是某酒店对总机新员工的培训内容,从中可知晓总机员的必备知识及技能:

- 介绍总机工作
- 酒店概况及现场参观
- 熟悉酒店内部的电话分机
- 熟记酒店各经营网点的时间和概况
- 熟记各部门经理及主要岗位的人员的姓名
- 熟记酒店写字间和常用酒店电话
- 熟悉客房的设施物品
- 掌握话务台操作方法
- 如何拨打国际,国内电话,以及区号和收费标准;对方付费号码
- 如何上网及网络维护
- 酒店 OPERA 系统的电脑操作
- 学习总机服务用语
- 常用英语的培训

二、话务员常用服务用语

酒店总机作为客人"无形的第一印象",电话礼仪显得非常重要。它不仅将影响外界对酒店的第一印象,也反映出酒店话务员的服务态度和服务素质。因此,多数酒店要求话务员的语言、语气和声调的统一。表 7-1 是某酒店话务员接听电话基本规范用语。

表 7-1 某酒店话务员接听电话基本规范用语

场　　景	服务用语中文	服务用语英文
对外线电话的问候	早晨好/下午好/晚上好!L 酒店。请问有什么可以帮您?	Good morning/afternoon/evening, L Hotel, may I help you?
对内线电话的问候	您好,总机。请问有什么可以帮您?	Operator, may I help you.?
听清来电者的话	请您稍等。	Hold the line please?
	请您稍等,电话帮你转接,我马上为您接通。	Hold the line please, I'll put you through.
询问来电者要找哪位	请问您要找哪位啊?	May I know who you want to speak to?
	请问他是在哪个部门工作的?	May I know in which department he is ?
礼貌道歉时	恐怕……	I'm afraid… /I'm sorry…
告诉对方打错电话了	对不起,您打错了。	I'm sorry you've got the wrong number.

续表

场　　景	服务用语中文	服务用语英文
为让对方等候而道歉	对不起,让您久等了。	I'm sorry to have kept you waiting.
告诉对方电话已经接通	您好,电话已经为您接通,请讲。	You are wanted on the phone, go ahead, please.
询问对方是否要留言	请问您要留言吗?	Would you like to leave a message?
	对不起,您要的电话(房间)没有人接,请问您要留言或稍后再打来吗?	Sorry. There is nobody in the room./ There is no answer. Would you like to leave a message or call back later?
电话忙音/占线时	对不起,您要的电话占线,请您稍等,不用挂机。	Sorry, the line is busy now. Would you like to hold on please?
催促分机快速通话时	对不起,我是总机,您有一个外线打来,请您讲快点好吗?	This is operator speaking. I'm sorry to interrupt you, but there is a truck for you, please go ahead.
客人来电查询住店客人	请问先生/小姐您找哪位?可以告诉我客人的全名吗?请把客人的姓拼给我好吗?	May I know the guest name? Can you tell me the full name? Please spell the last/first name for me.
外线来电要求查找分机	对不起,我是酒店总机,分机打外线是不通过总机的,所以我们查不到。	Sorry, this is operator speaking. All of the people dial outside call by themselves, and they are not though the operator, so we don't know.
叫醒服务时	早上好,先生/小姐,这是您的(6:00)点叫醒,祝您愉快!	Good morning, Sir. This is your (six o'clock) morning call. Have a nice day!
来电询问客人房号时	对不起,根据我们酒店的规定我们不能告诉您客人的房号,您可以问他自己,好吗?	Sorry, according to our hotel's rule, we can't tell you the guest's information. But you can ask him.
问客人是否需另外帮助	请问您还有什么需要我们帮助的吗?	Is there anything we can do for you?
结束电话	谢谢您的来电。	Thank you for your calling.

【任务拓展】

请尽量多地记住中国各省会城市的电话区号，以及主要客源国国家的电话区号。

【任务反馈】

为了保证服务质量，话务员要掌握应有的业务信息与技能，尤其要习惯用服务用语与人对话。

你有以下学习疑惑吗：总机话务员都是女性吗？

解惑释疑：不是的，有不少酒店的总机中有男性话务员，他们一样也可以做得很出色。

任务二 转接电话

【任务导入】

在某酒店的一个办公室，大家正在专心工作。

"喂，王姐，你的电话，是个中年男子。"小赵接了一个电话，大声地招呼王姐过去接电话。王姐非常不好意思地过去接电话，脸上表情略显不悦……

思考：你认为小赵做得有什么不妥之处？应该怎样做会更好呢？

【任务执行】

当今的世界无时无刻不在连线中。电话总机成为各方沟通联络的主要途径。酒店的总机话务员日常最频繁的任务是转接各类电话，外线电话接内线、内线电话接外线、店内电话转接等。

一、让声音充满微笑

话务员虽然不与宾客直接见面，但却用声音语言与客人交流，其服务水平的高低通过声音表现出来。

声音表明一个人的个性和态度，"带微笑的声音"在打电话中是最重要的。令人愉快、清晰的声音，有修养和悦耳的语调，会使来电者产生良好的印象。在某酒店的总机房，有一面大镜子，上面写着"让宾客听见你的微笑"。非常令人寻味的一句话，反映出了优质总机工作的真谛。因此，话务员需要调节好自己的情绪和态度，具备良好的音质、清晰的口齿、悦耳的语音、亲切的语调。另外，话务员应至少掌握一门外语（通常，酒店要求话务员至少能用英语提供服务），要有较快的反应能力和较强的应变能力，具备一颗时刻为客服务的心和很强的责任心，恪守职业道德。

二、转接电话注意事项

1. 为了能准确、快捷、有效地转接电话，话务员必须熟记常用的电话号码，了解本酒店的组织机构以及各部门的职责范围，正确掌握最新住客的资料，尽可能辨认住店宾客、酒店管理者及服务员的嗓音特点。

2. 电话铃响时，在三声振铃（或10秒钟）之内接起，不应该让来电者久等。根据内、外线的来电显示向客人问候及自报家门，并亲切地向对方问好和询问是否需要帮助。要根据来电者不同的声音带上称呼，男的为先生，女的为女士。

3. 全神贯注地听，以免要求来电者重复。在听清楚客人要转接的号码或部门后，要说："好的，请您稍等。"然后再接转来电，忌讳一声不吭就直接将电话转接过去。

4. 一般酒店规定,接转酒店高层管理人员如总经理、副总经理,以及部门总监或部门经理的电话时,首先接转至他们各自的秘书处。

5. 在转接房间客人时,许多酒店尤其是高星级酒店规定,只有在确认来电者所报的房号和找的客人名字相符才能接入。如在电脑上看到房号保密标志,那就应该按保密房处理。

6. 双方交流时,有时需要确认对方姓名、身份或其他信息,以免因表达不清或接听有误而出现混淆及误会。确认时尽量用褒义词语,避免使用让人听了感到不舒服的确认词,如"您姓孙,是孙子的孙吗?"、"您姓马,是一匹马的马吗?"诸如此类。话务员可以改成"是孙子兵法的孙吗?"、"是马到成功的马?"。如遇需用英语确认时也同样要尽量使用褒义或中性词语。

三、多情形下的服务技巧

（一）住店客人在住店期间生病,想找医生看病时

了解客人病情,通知大堂经理,视情况建议客人去就近医院,并说明所需要的交通费用和时间。

（二）客人来电话询问遗留或遗失物品时

如遇客人来电话说东西遗失在客房时,直接转到客房中心,因为客房中心是失物招领中心。如果是在餐厅或酒店其他地方遗失的,就转找大堂副理。

（三）如果有客人要求接转客房部的电话时

若遇有客人要求接转客房部的电话,通常要问清是什么事情,然后再接转,因为有许多客人搞不清酒店的组织结构,有大多数客人其实是要订房。

（四）有客人要求开客房门时

如果有客人要求开客房门的电话,请转去客房中心,客房中心需核对客人身份才能为其开门。这也是出于安全考虑,以防止骗子或小偷入室行窃。

（五）客人需要留言时

在留言簿上写下以下内容:被留言人的姓名、房号,来电的时间和日期,来电者的姓名,来电者的留言。在记完留言后要和客人核对内容,并告知对方"请您放心,我们会及时将留言转告客人的。"在电脑上打好该房的留言单,通知礼宾部将留言单送到客人房间。过后要再和礼宾部确认是否已将留言单送到客人房间。在交班本上做好记录。

（六）客人有问询要求时

要确保告诉客人的信息是对的。如果客人的提问不在总机的已知范围内的,可以先让客人稍等,然后再尽力找寻答案,如可打电话到某个部门询问。找到信息后,话务员要尽早告诉客人。

（七）夜间发生特殊事件时

在夜间,酒店的大堂副理就是夜间经理,如果在夜间发生什么事情时,先和大堂副理联系。大堂副理会按照实际的情况处理,如果他不能处理的,其会通知晚上的值班经理的。

（八）接到消控中心火警处理指令时

酒店通常规定,火灾发生时,发现火情的第一人应立即将信息传递给酒店安全部的消防控制中心。总机接到消控中心火警通知后,应按规定立即通知酒店

安全委员会成员、安全部消防主管、值班工程师。不同的酒店对夜间、白天的火警通知顺序会有所不同。总机同时要将所有情况记录下来。

【任务拓展】

思考一下，当交流时需要确认你及同学的姓名，用什么中性或褒义词语为好？

【任务反馈】

转接电话是总机最常规的工作。话务员要努力通过声音与礼貌让客人感知到酒店的热情好客。

你有以下学习疑惑吗：当客人委托总机转接的电话无人接或忙音时，客人听到的是"嘟嘟"的振铃声吗？

解惑释疑：目前，大部分酒店都在电话等待时设置了动听的音乐，以增加客人的愉悦感。

任务三 叫醒服务

【任务导入】

9月22日22时许，皇甫女士与朋友入住天津某酒店。按照行程安排，第二天早6时30分，她们要从天津坐火车赶往北京，再搭乘下午的航班飞往成都。因为行程紧张，又怕自己睡过了，皇甫女士就要求了叫醒服务，请酒店第二天早上5点叫醒她们。

可是，令皇甫女士万万没有想到的是，23日早上她一觉醒来，发现已经是6点了。这一下可把她急坏了，本以为可以高枕无忧，但却误了大事。气愤的她找到酒店服务台理论。服务人员查询后答复说，叫醒服务都是电脑操控的，电脑显示已经叫过皇甫女士了。

原来，该酒店的叫醒服务是由电脑记录时间，到时自动给客人房间拨电话的。如果无人应答，电脑会每隔一分钟再拨叫一次，一共拨叫三次。但是，皇甫女士坚定地认为她房间的电话根本没响过。

阅读以上案例请思考并回答：你觉得酒店有错吗？如果有错，错在哪儿了？

【任务执行】

叫醒服务即 Wake-up call，其中的叫早服务即 Morning call。可能有人会有这样的疑惑，多数客人是有手机的，其可以实现闹钟功能，但为什么还需要总机叫醒呢？客人请总机叫醒说明了他对话务员的信任。客人相信，话务员一定会准时致电叫醒自己。因此，话务员不能辜负来自宾客的嘱托和信任，要当好宾客的"温馨闹钟"。

在提供叫醒服务时，准确无误是前提，适当可以体现酒店的个性化服务。为了做好叫醒服务，话务员应注意以下几点：

1. 当客人有叫醒服务需求时，话务员要问清房号或团队团号、叫醒的具体时间，填写"叫醒服务登记表"（见表7-2）。

表 7-2　叫醒服务登记表

房号	姓名	叫醒时间	单天或周期性叫早	备注	受理人签名

2. 叫醒预约的来源一般有总机、客房中心、总台、礼宾部等。话务员要将要求叫醒服务的受理岗点记录清楚，以便追溯。

3. 根据"叫醒服务登记表"，话务员要重复宾客的要求，得到客人的认同后，询问客人是否需要第二次叫醒服务。第二次叫醒一般是在 5 分钟后。然后按时间顺序把房号与相应的叫醒时间输入电脑，并核对。

4. 酒店总机的叫醒工作可以有两种方式：话务员人工叫醒、电脑自动叫醒。采取何种方式，用什么问候语，由酒店视情况而定。例如，有的酒店规定，若是提供二次叫醒，一次是电脑叫醒，一次是话务员人工叫醒；有些酒店提倡话务员实施人工叫醒，以使服务更加人性化，在人工叫醒时还向宾客介绍当日的天气情况、穿衣指数建议，同时视情况进行早餐推荐服务等。对于 VIP 的叫醒，多数酒店不采用电脑叫醒，而是提供人工叫醒，且以尊称称呼贵宾。

5. 要等客人先挂电话，话务员才可挂断电话。

6. 如果房间无人接听，要通知客房中心，让客房服务员上房去叫醒。有些酒店规定，如果客人房间做了免打扰灯，就通知大堂副理去房间叫醒。

【任务拓展】

如果在叫醒时需要告知宾客今天的天气情况，但该宾客只懂英语。你能用英语说出以下的天气状况吗？

多云＿＿＿＿＿＿　雨天＿＿＿＿＿＿

阴天＿＿＿＿＿＿　阵雨＿＿＿＿＿＿

晴天＿＿＿＿＿＿　下雪＿＿＿＿＿＿

气温 23℃至 28℃＿＿＿＿＿＿＿＿＿

天气预报＿＿＿＿＿＿＿＿＿＿＿＿＿

【任务反馈】

小小的叫醒服务承载着客人对总机的充分信任。话务员在接受叫醒要求时要认真记录并核对，在实施叫醒时应当准时、亲切。

你有以下学习疑惑吗：对于叫醒时的有关天气等的温馨提示，有些客人会不会嫌烦？

解惑释疑：确实，可能由于睡眠后还没完全清醒，有客人会嫌这类提示太啰嗦，因此，有些话务员也会视客人的反应灵活处理，关键是服务不要过于教条与死板。

任务四　房间保密与免打扰服务

【任务导入】

"隐私"对应的英语单词是"privacy"。

什么是"隐私"？你认为一个人的哪些事务可归类为隐私？酒店中客人的隐私又表现在哪些方面？

【任务执行】

隐私可分为个人事务、个人信息、个人领域三大类。隐私可以说是一种与公共利益、群体利益无关，当事人不愿他人干涉或他人不便干涉的个人私事，当事人不愿他人知道或他人不便知道的个人信息，以及当事人不愿他人侵入或他人不便侵入的个人领域。

一、现代酒店强调尊重客人隐私

据说，在中国"隐私"一词最早出现于周朝初年，当时的意思是衣服，也就是把个人身体私处藏起来的东西。在中国古代的物种进化思想中，有没有"隐私"是文明人与野蛮人及野兽最明显的区别。到了东周，"隐私"开始有扩大化的倾向，女人的胳膊、手、腿、脚、脖子等身体部位也都被划入了"私"的范围。

大约是从20世纪初，欧洲的里兹酒店第一次使用"请勿打搅"这样一个简单的标识，从那里开始，酒店行业有了尊重客人隐私的传统。

随着理念的进步和高科技的应用，现代酒店也越来越在保护客人隐私方面做文章。例如，目前国外的有些酒店客房外不装门铃，因为在上流社会，事先不联系而径直敲门访客的情况是很少见的，而酒店服务的原则是服务员基本不与客人接触，因此，门铃也就显得没有必要；某酒店将客房门外常挂着的"请勿打扰"（DND）牌换成"隐私"（Privacy）牌；北京某酒店在房门外墙角平台放上一盆鲜花，当客人离开时，就将鲜花挪走，当客人进房后，又将鲜花放在门边上；刷卡用电梯也正体现了酒店对客人隐私和安全的保护。

二、房间保密或免打扰服务要点

有些住店宾客在住店期间，由于种种原因，不希望酒店透露自己的住店信息，常常会在办理入住登记时告知总台接待员要求房号保密及保密等级程度。总台接待员会将此信息输入电脑，联网的总机电脑亦会显示此信息，总机话务员可根据信息提示为住店宾客做好房号、姓名等的保密工作。另外，客人也可能在住店期间提出不希望被电话打扰，或在某个时段不愿接听电话，向酒店提出"免电话打扰"服务。话务员可以根据客人对其房间免打扰的时限、程度，对其分机电话进行设置。

1. 如果接到总台通知客人要求房间保密，话务员除了在电脑系统给该房间做上DND外，还应在总机房的白板上写好房号和离店日期。

2. 如果接到客人要求房号保密要求，话务员应先通知前台服务员，以便前台服务员在其电脑中对该客人资料栏中加以标注。然后，话务员要给该房间做上DND，并在白板上写好房号和离店日期。

3. 对于要求保密的房间，一旦有人查询，一律告诉对方此客人不住在本酒店。对于宾客特殊指定可接听的电话，通常也要事先征得宾客同意后再转接。

4. 如果客人要求电话免打扰，话务员要将该房间电话分机进行相应的设置。分机做了此项功能后,所有的要转入该分机的内线和外线电话都需总机转接,但不影响该分机拨打外线的能力。

为了保证客人更好地休息,有些酒店在每晚的11:00至第二天的7:00,给酒店的所有客房做免打扰服务,即所有客房在这段时间内的内、外线电话都需经过总机进行转接与拨打。总机在向客人做好预先说明的同时,对于不需要如此设置的房间,会尊重客人,取消这项服务。

【任务拓展】

讨论:有人认为,酒店一方面想要保护客人隐私,另一方面又注重收集客人的资料作为客史档案,这是一种矛盾。你认为呢?

【任务反馈】

尊重客人的隐私是酒店应遵从的服务准则。话务员在工作过程中,要以住店客人为先,恪守为客人房号保密或使其免受打扰的承诺。

你有以下学习疑惑吗:免打扰设的英语"DND"是什么的缩写?

解惑释疑:Do Not Disturb。

◆项目评价

【知识/技能评价】

1. 总机话务员应该知晓哪些知识与信息?掌握什么技能?

2. 总机的工作任务主要有哪些?如何做好这些服务?

【实训演练】

请练习说表7-1中的话务员接听电话基本规范用语,注意要使听众能感受到你的微笑服务。

【项目链接】

"一键式"服务

酒店在服务工作中坚持站在宾客的立场上改善服务内容和服务方式。不少酒店对客房内客人常拨电话号码进行了缩位,缩位至1位或2位数,极大地方便了客人。近年来,国外酒店做出了"Star Service",即客人只要按一下电话机的"＊"星号键,就可解决一切问题。我国不少酒店也在这方面进行了改进,推出了类似的"一键式"服务,客人在客房内有何服务需求时,不再像以往那样需要分别拨打客房中心、餐厅、总台、总机或其他营业岗点的电话,而是只需在电话机上拨打指定的一个键,即可获得所需要的订餐、订房、叫醒、行李、洗衣、客房服务、电话请勿打扰、留言、紧急需求和其他服务。

提供"一键式"服务的意义在于减少服务程序,增加服务的可获得性,减少信息传导过程中的重叠环节,从而提高工作效率。另外,它实质上也是一种客户关系管理方法的扩充,更可以满足一些紧急需求,如宾客生病、火灾等。设立"一键式"服务需要酒店的政策支持、硬件支持、软件支持和人员素质和技能的支持。

"一键式"服务需要专职或兼职的客服人员。"一键式"服务中心或执行部门通常设在总机或客房中心。服务人员不仅需要较高的专业素质,而且要熟悉整个酒店的运作流程和操作技能。

如果酒店将"一键式"服务中心设在

了总机岗位,那么,总机员工需要承担两类工作,即总机话务员和服务中心客服人员,每天的工作量自然也就增加了不少,尤其是中班或晚班当客房部人员大都下班时。例如,当总机员工接到客人需要拖鞋的电话时,他/她就会及时为客人送至房间;当客人因调整电视频道困惑时,他/她得去客房为客人解决问题。所以,有些酒店在适当增加总机人手的同时,也提高了总机员工的薪水待遇,与其实际工作量相挂钩。当然,如果服务中心设在总机,则应在总机相应地设置一个"小仓库",储放一些提供服务时需用的客用品等。在中国的一家JW万豪酒店将"一键式"服务中心取名为"At Your Service",设在了总机,归属房务部管辖,在客情繁忙时,酒店会调剂其他人员进行帮助,以保证服务效率。

项目八　行政楼层服务

◆项目目标

【行业要求】

酒店对商务客人的重视表现在商务楼层设置、商务服务提供等多方面。酒店工作人员应了解商务楼层的服务内容。行政楼层服务员要学会如何为商务客人提供满意周到的服务。

【岗位目标】

能快速为宾客办理个性化的入住登记；能够为宾客提供快速结账离店服务；能够为宾客提供商务助理服务；能为行政楼层的宾客小型会议个性化服务；知晓为宾客提供"专职管家"式服务。

◆项目任务

许多商务型酒店都设有行政楼层（Executive Floor），且多数归属前厅部管理。行政楼层服务员要学会如何为客人提供前台接待服务、小型会议服务、个性化的商务助理服务，同时，近年来兴起的"专职管家"商务服务正日益受到客人的欢迎。

图8-1　学生在酒店行政楼层实习

任务一　认识行政楼层

【任务导入】

什么是"商务客人"？比较其他客人，他们有什么特点？

【任务执行】

一、商务酒店的行政楼层不可或缺

对于商务人士来说，商务旅行仿佛总是来去匆匆。为了缓解商旅压力，多数繁忙的商旅人士希望在旅途中能有专享设施并享受超值服务，譬如在旅途飞行时选择乘坐商务舱，在住宿时选择入住酒店的行政楼层等。

行政楼层又称商务楼层,为了给商务人士或其他高素质人士提供一个兼有良好住宿环境和商务活动环境的场所,现代高档、豪华饭店往往设置了商务楼层。住行政楼层的客人一般对服务标准要求高、消费高,所以,更快捷舒适的礼遇和细致周到的个性化的优质服务可以说是行政楼层的必备要素之一。

行政楼层通常具有以下主要特色:

1. 行政楼层一般位于酒店的高楼层,有酒店客房"头等舱"之美誉。总体来说,酒店越豪华,其所设的行政楼层的客房就越多。大多数酒店还会为行政楼层单独取名,如北京的首都大酒店,"聚英阁"商务楼层设在酒店A座12层至19层,拥有93间商务客房及18间套房。

2. 拥有独立的接待处。行政楼层接待处实行坐式接待,宾客可在轻松惬意中办理相关手续。

3. 单设宽敞华丽的行政酒廊。为宾客提供免费早餐、晚间鸡尾酒和全天供应的饮料,配有供浏览阅读的报刊资料,是供宾客放松和休憩的场所。行政酒廊通常还附带有会议室,以供行政楼层商务宾客召开会议、进行洽谈,或供行政楼层的短期住客在其入住期间免费使用。

4. 单设细致高效的商务中心。行政楼层商务中心拥有先进的相关设备,解决宾客的商务办公需要。

5. 布置豪华舒适的客房。行政楼层的客房在硬件配置上讲究豪华与高品质,并专为商务宾客设置了办公区域。多数酒店为商务楼层提供客房内免费宽带上网、免费拨打市内电话服务。

6. 有些饭店行政楼层设立了"专职管家",为宾客提供完备的委托代办服务和其他贴心快捷服务。行政楼层使每一位宾客在高贵优雅的环境中受到贵宾般的接待。

图8-2　某酒店行政酒廊文化区

图8-3　某酒店行政楼层小会议室

二、行政楼层的尊荣礼遇

商务客人是酒店新的利润增长点,因此,为了吸引更多的商务客人,酒店的行政楼层通常会制定一些对宾客的优惠政策,为客人配置多项超值服务。例如:北京五洲皇冠假日酒店规定:入住客人可享受的超值优惠包括洗衣、小酒吧软饮、报纸、自助早餐、鸡尾酒以及每天1小时会议室免费使用。

新加坡的丽兹·卡尔顿饭店客房内的办公桌十分宽大,除了配置数据端口和电源插座外,还放置双线电话机。桌边除有传真、打印、复印功能外,还提供扫描仪,并配置可租用的手机。

美国洛杉矶的凯悦丽晶饭店为商务客人提供可以做多方面研究的图书室,而美国波士顿假日饭店宾客可以使用美国国际商用机器公司的微机终端查找资料。

澳大利亚的邦德大街公寓酒店特设了两层女性商务楼层,房间内的用品包括浴袍、拖鞋、各类杂志以及女性用品和礼物。

香港九龙酒店在其酒店客房内的电视中开设了"电视资讯中心",提供航班抵港、离港等资料。这些资料由香港国际机场直接传输到该酒店,成为酒店商务楼层客房设施之一。

国外某些酒店客房内的小酒吧还具有类似自动售货机的功能,可以自动记录宾客的消费量,并直接挂账至客账中,无需服务员再检查。客房采用多功能红外电子遥控器来取代固定在床头柜上的控制面板。这种电子控制器可以对客房里的照明灯具、音响、电视机、空调、窗帘等进行全方位遥控。

表8-1是某五星级酒店行政楼层的超值服务项目,使宾客感受到尊荣礼遇。

表8-1 某酒店行政楼层超值服务

- 西湖龙井欢迎茶及精美果篮
- 在独有山景餐厅享用中西式自助早餐
- 免费享用健康美味的中西式商务套餐
- 免费洗衣(每日人民币50元)
- 享受客房免费市内电话及高速宽带上网
- 免费享用行政酒廊软饮
- 免费享用行政会议室2小时
- 免费俱乐部游泳、健身及桑拿浴
- 享受饭店各餐厅、酒吧8.5至9折优惠
- 延迟退房至下午4点(视饭店入住率)

【任务拓展】

讨论:设想未来的酒店商务楼层可能会提供哪些服务产品?

【任务反馈】

多数商务酒店均设有行政楼层。为了吸引更多的商务客人,酒店会给入住行政楼层的客人享有较高的接待礼遇。

你有以下学习疑惑吗:究竟什么样的客人是商务客人?

解惑释疑:各方对酒店商务客人的理解并不完全统一,但大多是指那些来当地进行商务活动或公务活动的客人,如参加会议或培训、洽谈生意等。

任务二 行政楼层服务要点

【任务导入】

你觉得行政楼层的接待、商务服务、会议服务如何做到更加个性化和富有创新性?

【任务执行】

一、接待服务要点

就入住接待与退房服务而言,行政

楼层主要的操作步骤与总台接待相似,但行政楼层的接待服务也有其独特之处:

(一)采取坐式接待方式

预订行政楼层的宾客可以直接在楼层接待台快速办理登记入住手续,离店时也在楼层接待台办理结账退房,无需到大堂总台办理。

行政楼层的接待台一般采取坐式接待方式,且布置精巧,环境温馨,使得"一对一"式的轻松、开放的服务方式更显个性化、更加温馨。

(二)精心准备

接到宾客预抵信息后,应迅速找出其预订资料,为其事先准备好欢迎卡、登记表和钥匙卡等。客到前要通知所在楼层准备欢迎茶水及赠品等。

(三)热情接待

有的酒店行政楼层接待台在宾客办理入住登记过程中,会为客人递上欢迎茶,送上热毛巾。在送宾客到房间之前,介绍行政楼层的设施与服务,包括早餐时间、下午茶时间、鸡尾酒时间、图书报刊赠阅、会议服务、免费熨烫衣服、委托代办服务、擦鞋服务等。若宾客抵达恰逢早餐、下午茶、鸡尾酒的服务时间,可以主动询问或邀请宾客参加。

(四)退房优惠

许多饭店对于行政楼层宾客提供2~4个小时的延时退房优惠,而无需加付房费。也有酒店通常对行政楼层宾客退房采取免查房制度,所以,即使客房部接到退房通知而进行查房时,其主要目的是检查宾客是否有物品遗漏在房内。

二、小型会议及商务助理服务要点

(一)精细的小型会议服务

行政楼层要配套和完善小巧精致的会议室,以方便宾客会客、洽谈,当然相应的服务也应精细周到。会前要准确翔实地了解会议服务要求,并按要求进行准备。除此之外,行政楼层的会议服务还会主动为客人准备茶水、点心、水果、毛巾等。服务过程中尤其要注意保证会议的私密性,避免进行中的会谈被打扰。

(二)个性化的商务助理服务

商务楼层也设有商务中心,它的业务通常并不繁忙,但重在体现服务的"质"。在这里,员工一定要注意商务服务的个性化,即充分了解客人对文印、订票等服务的要求细节,并提供尽善尽美的服务。服务在客人开口之前、为客人提供意想不到的而又令其惊喜的"多余"服务,那才是行政楼层商务助理服务应该达到的境界。

三、温馨的"贴身管家"服务

"贴身管家"又名"专职管家",英文称 Butler,它源于英国早期贵族家庭中的管家服务,如今已经演变成一些高星级酒店的"贴身管家"服务,就是把酒店当中分项的服务集中到一个高素质的服务人员的身上,为宾客提供专业化、个性化、私人化的高档次服务。英国专业管家行会会长兼董事长罗伯特·沃特森先生曾说,"管家服务是管家协调所达成的无缝隙的服务,是实现宾客高度满意的服务途径!""贴身管家"应该是酒店服务中的精英,他们需要有超前的服务意识、过硬的服务能力、良好的知识背景和高度的工作责任心。

如今,管家式服务已经成为国际酒店业竞争发展的主流趋势。表8-2是某酒店为行政楼层宾客提供的专职管家服务内容。

表8-2 某酒店行政楼层专职管家服务

服务阶段	服务内容
客人预订后,了解客情	• 接收到宾客入住信息 • 知晓宾客的姓名(头衔)、房号、抵离店时间、人数 • 了解宾客的宗教信仰、习俗特点及特殊要求 • 了解宾客的行程安排 • 认真查看客史档案
客人抵店前,做好迎客工作准备	• 根据气候及宾客的实际需要,调节好房间的空气和温度 • 彻底清洁房间卫生,检查设施完好情况 • 按要求放置写有宾客姓名(头衔)的欢迎卡 • 按要求摆放水果、鲜花、休闲果、保洁品等物品 • 提前10分钟开启房门及灯,烧好开水,并把钥匙房卡插入取电盒内 • 工作间准备好小方巾及茶水 • 检查客房总体环境 • 检查仪表是否端庄
宾客抵店时,做好迎客与接待服务	• 精神饱满地在楼层大厅指定位置迎候宾客 • 宾客抵店时及时送上小方巾或鲜花 • 引领宾客至房间,帮助提携行李 • 送上欢迎茶,做自我介绍,并为宾客做宾馆和房间的介绍 • 在房间内当宾客方便时为宾客做入住登记
宾客住店期间,细心周到地做好多项服务	• 做好宾客住店期间的用餐服务 • 房间清洁需在宾客用餐、散步、外出期间进行 • 每次外出做好迎送工作 • 提前为宾客安排好车辆 • 为宾客提供打印、订票等商务服务 • 为宾客提供旅游向导服务 • 完成宾客的会谈、接待、拜访、探望的接待服务工作 • 随时关注温度,按规定检查次数进行检查并备案 • 对于宾客的特殊爱好及时记录 • 对于宾客住店期间所产生的费用及时记录 • 随时为宾客提供服务,尽量满足宾客的要求

【任务拓展】

不少在中国的福朋喜来登酒店(Four Points)希望给宾客提供"简单快乐"(Comfortable is not complicated)的下榻体验。你如何理解这一服务理念？行政楼层可以在这方面做哪些尝试？

【任务反馈】

行政楼层服务在相对独立的空间中为商务客人提供针对性的服务，因此，无论是住房、退房等接待，还是小型会议、商务助理服务，都应体现出体贴入微。其中，"贴身管家"服务可以说是凝结着服务的精细与极致。

你有以下学习疑惑吗：什么是下午茶？

解惑释疑：下午茶是时下流行的餐饮形式之一，各地的下午茶也都有各自独特的习惯和茶点类别。由于将下午茶发展为一种既定习俗的文化方式是英国人，所以现在的下午茶多指享负盛名的英国维多利亚时代的英式下午茶(afternoon tea)，一般享用时间是下午3点到5点，以享用茶水、点心为主。

◆项目评价

【知识/技能评价】

1. 商务楼层服务有什么特点？
2. 做好商务楼层服务有哪些要点？
3. 如何认识"贴身管家"？

【实训演练】

行政楼层的服务员应该具有较好的外语交流水平。两人一组，一人扮演行政楼层服务员，一人扮演宾客，请服务员用英语向宾客介绍"表8-1 某酒店行政楼层超值服务"中的内容。

【项目链接】

广东早茶

前面我们提到了下午茶，而在我们国家的广东，人们有饮早茶或吃早茶的习俗。广东人喜欢饮茶，尤其喜欢去茶馆、酒店饮早茶，喝茶佐点，朋友、亲戚围坐在一起，开怀畅聊，谈心叙谊，或洽谈业务、协调工作等。值得注意的是，"吃早茶"并非仅仅是饮茶，其实质是上酒楼、饭店等处"吃早餐"。

管理在前厅

项目九　大堂副理

◆**项目目标**

【行业要求】

酒店需要有大堂副理或客户关系主任这样的角色,通过服务协调与监督、投诉处理、精心的宾客接待等,维护酒店与客户的良好关系,提升酒店服务质量。

【岗位目标】

掌握贵宾(VIP)到店前准备、到店后接待与离店送别工作;知晓如何监督控制服务质量;能有效处理宾客投诉;能在客户关系维护方面发挥积极作用。

◆**项目任务**

大堂副理(Assistant Manager)也称大堂经理,在酒店中属于主管级别。大堂副理直属于前厅部经理领导,协助前厅经理直接管辖前厅部的业务。大堂副理在工作中扮演着多重角色:当宾客与店方发生纠纷时,他是仲裁者;当大堂服务出现缺陷时,他是弥补者;当宾客与店内外联系不畅时,他是沟通者;当宾客遇到困难时,他是帮助者;当有重要客人到店时,他是首席服务者;当酒店内对客服务部门间发生工作矛盾时,他是协调者……在宾客的眼中,大堂副理是可以直接帮助其解决问题的酒店管理人员。因此,酒店对大堂副理的素质也就提出了高标准、高要求。

有的酒店设宾客关系主任(Guest Relation Officer)代替大堂副理,也有的酒店同设大堂副理和宾客关系主任,且为上下级关系,即通常宾客关系主任的直接上司是大堂副理。

图 9-1　大堂副理

任务一　关注 VIP 接待与服务

【任务导入】

有一位客人在一家五星级酒店客房内的"宾客意见征求表"上写下了这样的

投诉:"我在本酒店已住了整整20天了,但每当进出酒店时,你们的三位大堂副理只有一位能叫出我的名字。"该酒店大堂副理解释说,酒店并未将该客人列入贵宾(VIP),只是视为常客。对于常客,酒店对大堂副理没有必须带姓称呼客人的要求……

思考:你认为酒店这样做对吗?为什么?

【任务执行】

对于以上的这份意见信,应该可以引出酒店管理者的更多思考:如何科学地界定和分类VIP?接待普通客人与接待VIP应该在哪些方面有所区别?宾客对酒店服务深层次的需求是什么?有些服务是否可能普及到所有宾客?

一、酒店重视对VIP的接待已成惯例

事实上,酒店对于VIP的精细化接待已成为这个行业的惯例。对VIP的接待服务是酒店给予在政治、经济以及社会各领域有一定成就、影响和号召力人士的一种荣誉。VIP接待服务是酒店优质服务的集中体现,也代表着酒店接待服务的最高水准。酒店通常对VIP有自己的界定。以下是某酒店定义的VIP的范围:

- 党、政官员:国家元首级领导;国家部委办领导;省级领导;厅、局级领导;市县(市、区)党政负责人
- 社会名人:影视、娱乐、体育界著名演艺人员、运动员;社会各界名流;新闻传媒的资深编辑、记者;知名人士
- 业内人士及其他:酒店董事长、总经理;曾经对酒店有过重大贡献的人士;相关行业管理部门人员;酒店邀请的宾客;本人入住酒店豪华房3次以上的宾客;本人入住酒店10次以上的宾客;大型合作伙伴的董事会成员;来本地的外商代表、外籍工程师;总经理指定的客人;根据酒店预订统计排名前十名的公司预定;特殊经营关系的人员

酒店通常将VIP划分为四个级别,从高至低依次为VA、VB、VC和VD,也有按级别高低依次为白金钻级、钻石级、白金级、金卡级贵宾。不同级别的VIP,酒店会对照相应的接待标准或规格进行接待服务。表9-1是某酒店对不同级别VIP的接待规格:

表9-1 某酒店VIP接待礼遇标准(注:A级为最高级别VIP)

	A级VIP	B级VIP	C级VIP	D级VIP
大堂环境布置	1. 欢迎鸡尾酒塔 2. 铺红地毯 3. 开放专梯迎送 4. 欢迎横幅 5. 大厅贵宾灯开启	1. 欢迎鸡尾酒塔 2. 开放专梯迎送 3. 欢迎横幅 4. 大厅贵宾灯开启	立式欢迎牌	

续表

	A 级 VIP	B 级 VIP	C 级 VIP	D 级 VIP
接待要求	1. 总经理率队在大门口迎接 2. 总经理助理、销售部经理或前厅部经理进行接站服务 3. 前厅部经理带宾客进房并办理登记 4. 行李房领班运送行李 5. 安排专人控制电梯 6. 客房部经理在客房门口迎接宾客	1. 副总经理亲自门口迎接 2. 大堂副理带宾客进房并办理登记 3. 行李房领班运送行李至房间	1. 副总或前厅部经理或和相关部门经理门口迎接 2. 大堂副理带宾客进房并办理登记 3. 行李员运送行李至房间	1. 大堂副理迎接 2. 大堂副理带宾客进房并登记 3. 行李员送行李至房间
客房内物品配备与要求	1. 总经理名片及欢迎信 2. 鲜花、水果 3. 酒店致意卡 4. 小礼品 5. 洗手盅	1. 总经理名片及欢迎信 2. 鲜花、水果 3. 酒店致意卡 4. 洗手盅	1. 总经理名片及欢迎信 2. 水果 3. 酒店致意卡 4. 洗手盅	1. 总经理名片及欢迎信 2. 鲜花 3. 酒店致意卡

有些酒店推出的"VIP 卡"或"VIP 积分计划",是对 VIP 的宽泛理解,将酒店客人均称为 VIP,以示对客人的尊重,但具体接待时却与上面所提到的 VIP 接待有区别。

另外,酒店在进行 VIP 接待的过程中要把握尺度,不能过分地殷勤以使 VIP 觉得不自在,或者过分地关照却违背客人的意愿。

二、VIP 迎接准备

1. 了解客情,确定规格。VIP 可以是散客也可以是团队。大堂副理要充分了解将到店的 VIP,如可以向预订处、总台、营销部或从客史档案中详细了解 VIP 的姓名、性别、职务、工作性质、生活习惯、到店时间等,填写"VIP 接待规格呈报表"(表 9-2),并上报总经理审批签字认可,确定 VIP 等级。

表 9-2 VIP 接待规格呈报表

贵宾姓名	
贵宾情况	
审批内容	1. 房费：A. 全免　B. 房费按＿＿＿＿折扣 2. 用膳：在＿＿＿＿餐厅用餐，标准＿＿＿＿元/人（含否饮料） 3. 房内要求：A. 鲜花　B. 盆景　C. 水果　D. 葡萄酒及杯具　E. 欢迎信　F. 总经理名片　G. 礼卡　H. 酒店宣传册 4. 迎送规格：A. 由＿＿＿＿总经理迎送　B. 由＿＿＿＿经理迎送　C. 横幅　D. 欢迎队伍＿＿＿＿ 5. 其他
呈报部门	经办人　　　　　　部门经理
总经理批署	

2. 制订接待方案并落实安排。合理的接待方案是满意服务的保证和基础。大堂副理要确定对 VIP 的接待方案，填写 VIP 接待通知单（表 9-3），并送交相关部门，组织协调相关部门的准备工作。例如，通知客房部按宾客要求布置房间，通知餐饮部准备客房内摆放的水果、糕点、红酒等。

表 9-3 VIP 接待通知单

姓名			性别　男　女	国籍	
人数			房号		
抵店日期	年　月　日　时　分		班次	乘　　次列车、航班抵（　）	
离店日期	年　月　日　时　分		班次	乘　　次列车、航班赴（　）	
接待标准					
房间种类	单人间　　双人间　　普通套间　　总统套间				
	标准间　　豪华套间				
VIP 房号					
陪同人房号					
特殊要求	客房				
	餐饮				
	其他				
付款方式			费用折扣		
接待单位			联系人		电话
审核人			经手人		
备注					年　月　日

3. 按规格和宾客要求排房。VIP房要力求选择同类房中方位、视野、景致、环境、房间保养方面处于最佳状态的客房。必要时将预排房情况事先告知VIP，征求宾客意见。根据VIP客房准备要求，由大堂副理对所准备客房进行查检，确保房间处于良好的出租状态，确保已根据相应的标准进行布置。在计算机管理系统中将该房作保留房（Block）处理或明确标记。

检查落实有关部门的接待准备情况。一般在VIP到店前数小时，由大堂副理准备好宾客的欢迎卡和钥匙卡，并完成试卡工作，确保钥匙的有效性，欢迎卡上加盖"VIP"印章；大堂副理除了检查客房的设施设备完好、房间状态正常及礼品齐全到位外，还须留一张钥匙或取电卡于房间取电，保持房间温湿度适宜；如果VIP需要接机或接车，大堂副理要检查所需车辆的落实情况、酒店代表的接待准备情况、前厅接待处入住登记相关手续的准备情况；检查保安工作的落实情况。大堂副理除了自己在大厅做迎接工作外，还应根据VIP的接待规格，通知相应的迎接人员如酒店部门经理、总经理等做好迎候准备。同时，对各项检查落实情况进行记录。

图9-2 某酒店准备的VIP客房一角

三、VIP抵店接待

1. 抵店迎候。如果酒店派车去机场或车站接VIP，大堂副理应与接机或接车的酒店代表保持联系，确定VIP的到店时间。宾客到前10分钟通知酒店有关人员恭候，大堂副理亲自在酒店门口迎候。保证门前车道畅通，注意周围环境情况。接待规格高的VIP，电梯应提前10分钟停靠在底楼等候，由专人开动电梯。

2. 送客入房，办理入住。VIP抵达时，准确地以宾客的姓或头衔称谓向其问候，按所定的规格迎接。向VIP介绍自己和有关人员。及时告知客房部宾客已到。

大堂副理陪同VIP去客房。为了表达对VIP的尊敬，有些酒店规定VIP抵达时不需在总台登记，可以请VIP进客房后由大堂副理专门为其办理入住登记手续。通常，VIP的入住登记较简单，相关信息已由总台预先了解并填写，宾客只需要确认、出示证件并签字即可。

3. 征询意见，关照客人。征求宾客对客房的意见及用餐要求等，对宾客进行必要的提醒与关照。若宾客表示没有其他需求，礼貌退出房间并预祝宾客居住愉快。

4. 建立更新档案，提供周全的服务。根据VIP的个性需求和喜好，按照VIP服务标准或VIP服务预案，为其提供相关服务。当遇到宾客超出常规的服务要求，应尽量满足。VIP的房号一般采取保密制。贵宾信件、传真等必须严格登记，派专人收发。

及时储存、更新VIP信息，建立翔实的VIP档案，方便当次住店服务及今后住店服务。

四、VIP离店送别

1. 做好离店准备工作。大堂副理要确认VIP的准确离店时间，提前一小时通知相关部门做好送客准备；如有需要，通知收银处在VIP离店的前一天做好结账的财务处理，如事先准备账单、提供快速结账服务；通知礼宾部注意VIP需要提取行李的时间；通知总经理或有关人员，以便安排送行；通知车队做好用车准备；通知安全部做好相应的安保工作。

2. 离店送客。大堂副理在大堂或门前送别VIP，并适时向宾客征询意见。VIP上车时，门童应及时提供开车门和护顶服务。欢送人员应站在车辆侧方，车辆驶出时向宾客挥手致意，目送宾客离开。

【任务拓展】

一家酒店根据规定，对VIP进行房间号的保密，以免VIP受到打扰。一位VIP入住期间，她的一位朋友到酒店拜访。由于VIP的手机恰好没电，访客无法联系上，就用酒店内线拨打了VIP的房间电话，可由于电话被总机设置成了"免打扰"，致使电话无法接通。事后，VIP对酒店没有经过其同意就对其房间做"免打扰"设置感到不满。

请你谈谈对上述案例的看法。

【任务反馈】

酒店对VIP非常重视。对于大堂副理而言，要着重做好VIP的入住前准备、入住时接待、住店时关注和离店时送别等工作。

你有以下学习疑惑吗：服务行业都很重视VIP接待吗？

解惑释疑：应该说是的，譬如航空公司也有专门的VIP乘客接待方案。

任务二　处理宾客投诉

【任务导入】

回忆一下，你有过投诉吗？记忆最深刻的投诉是什么？

【任务执行】

虽然酒店的服务质量要追求精益求精，但宾客的要求却是无止境的，因此投诉很难避免。另外，人的自觉性是有限的，靠酒店自身发现问题远不如靠宾客评价来得客观务实，投诉就是宾客对酒店服务评价的一种方式。因此，宾客投诉也是我们发现问题、解决问题、创新服务的一个主要的动力。

一、投诉的种类和原因

（一）显性投诉与隐性投诉

显性投诉是指酒店的顾客为维护自身和他人的合法权益，以书面或口头等公开的形式向酒店有关部门或酒店服务、管理人员提出投诉并请求处理的行为。

隐性投诉是指当客人对酒店的服务

或者相关的服务人员不满时,不向酒店主管部门、酒店提出投诉,而是以"用脚投票"的方式来表现不满,具体而言就是自己或者影响他人不再入住该酒店和购买该酒店产品。

在酒店中,隐性投诉往往多于显性投诉。对于同样不满意的服务,只有极少数人会选择投诉。大部分客人由于对高档服务环境不够了解、不习惯表达自己的意见、生活线条粗、时间紧迫或不愿多事等原因而不去投诉,但是他们已经从心理上开始抵制这家酒店或是这项服务,如果有其他选择,便不会再次光顾。另外一些客人是由于以前有过投诉却并未得到答复或者得到的答复不令人满意等经历,对酒店服务产生麻木的感觉。以至于他们会认为投诉根本没有什么作用,所以不再投诉。有服务员在工作过程中看到了这样一幕:几位朋友在餐厅吃饭,其中好像有一位客人对菜的味道不满,想投诉,他的一位朋友说:"算了,我每次投诉都没用,下次不要来吃了。"这也就是所谓的隐性投诉,它对于酒店形象的树立和维护是极为不利的。所以,无投诉未必是好事。

(二)客人投诉的原因

宾客投诉的原因,可能是酒店的服务没有达到宾客的要求,虽然这可能是酒店的问题,也可能是宾客的问题。宾客的投诉与抱怨表达出其对酒店的一种良好期待。常见的投诉原因有:

1. 由于酒店硬件服务质量和商品质量引起的投诉,包括对酒店设施设备的投诉和对商品质量的投诉等。

2. 由于酒店软件服务质量引起的投诉,如酒店服务人员在服务态度、效率、能力方面表现欠佳。

3. 由于酒店管理质量引起的投诉,如酒店有违约行为的投诉、酒店管理不善给宾客带来不便等。

4. 由于酒店与宾客沟通不良引起的投诉,这主要是酒店与客人之间没有很好地交流沟通而造成了一些误解。

5. 由于宾客主观原因引起的投诉。酒店无明显过错,但由于宾客原因引起的投诉,如宾客心情不佳、过于挑剔等。

无论是由于何种原因引起的投诉,客人或多或少地存有求补偿、求尊重、求发泄、求关怀、求重视等心理。

二、投诉处理的步骤

如果妥善地解决宾客提出的问题,就有希望使他们成为忠诚的宾客。以下是常见的投诉处理方法:

1. 道谢。把投诉视为宝贵的信息并向投诉者致谢,这可以帮助缓和与客人的紧张关系。可以向宾客说:"感谢您所提出的意见……"

2. 倾听、询问并记录。认真倾听客人投诉,询问了解事情原委,并记下重点。

3. 为酒店的失误而向宾客致歉。如果是因酒店原因而引起的客人投诉,要向客人表示真诚歉意。向宾客致歉固然重要,但不要在未明事实时就道歉。

4. 了解宾客的要求。掌握宾客对事件处理的诉求和底牌,即希望得到怎样的处理结果,以便在平衡酒店利益与客人利益基础上处理得"投其所好"。

5. 承诺立即解决问题。向客人承诺将立即着手去解决他所提出的问题，但大堂副理绝对不要在权限不够或对政策规定不了解的情况下轻易许诺。

6. 马上采取行动。反应快表明酒店对投诉的重视及改进服务的认真态度。拖延处理宾客的投诉，往往是导致宾客产生新的投诉的根源。著名酒店集团里兹酒店有一条"1∶10∶100"的黄金管理定理，也就是说，若在客人提出问题当天就加以解决，所需成本为1元，拖到第二天解决则需10元，再拖几天则可能需要100元。

7. 检查宾客满意度。投诉处理完成后，最好与客人联系，告知处理意见并了解宾客是否满意。必要时可由酒店管理人员给宾客写一封致歉信或感谢信，重建与客人的良好关系。

8. 防患于未然。必要时，把宾客的投诉在酒店内部广而告之，防止再度出现同样的问题。或者针对处理过程中出现的问题，对投诉管理系统进行修正调整，以使投诉处理更科学。

三、投诉处理时要注意的事项

1. 接到投诉时，无论谁对谁错，最重要的是先解决问题。

2. 要在了解基本情况后再给出一个基本的孰是孰非的判断，以及如何处理的基调。

3. 如遇有客人情绪激烈的投诉时，尽量避免在大庭广众之下进行，最好请其到办公室沟通。

4. 要设身处地地从客人角度出发，体会客人的感受与心情，以诚相待。

5. 处理投诉时要善于变通，不要生硬地以"这是酒店规定"、"这是行业惯例"等语言应付客人。

四、投诉管理中需留意的事项

（一）要做好投诉分析

对投诉的统计分析是了解宾客满意度的重要指标。酒店管理者应明白自己所管理的酒店宾客满意要素、不满意要素分别在哪里，各占多少比率。国际知名酒店管理集团均高度注重宾客满意要素的深度分析，并以其为切入点，创新酒店质量管理。如某国际著名酒店所调查统计的宾客满意的要素指标主要包括：入住登记、客房与淋浴间、整洁与维护、餐饮等。而在"客房与淋浴间"要素中，又重点从床的舒适度、客房的安静程度、房内装饰、灯光数量、冷暖空调等方面进行考量。事实上，任何一家酒店在日常运营中都或多或少会产生质量问题，管理者应将问题看成是提升服务质量的机会，并以其为切入点，建立酒店的质量恢复系统。

（二）要防止投诉被"过滤"

在酒店中，客人的投诉往往没有被全面正确地反馈到酒店管理层。一般而言，客人遇到问题最先找到的往往是一线服务人员，投诉需经服务员、部门反映到酒店高层，在这个过程中可能会使投诉被中途"过滤"。例如，由于服务员的粗心没有关注宾客意见书；因客人的投诉涉及服务员或部门，出于本位主义，服务员或部门就不会把客人的具体意见反馈到酒店管理层。在上海的一家四星级酒店中曾发生过这样一件事：有一位常客约每隔一段时间都会来该酒店住上一个多月,因为客人一向不怎么和服务员交流,也没提过什么意见,客房部也就没重视过客人的住店感受。可在一次住店后,服务员偶然发现他房间里的"宾客意见书"上写满了对客房服务的意见,但这已是客人离店一周后了。客房部经理看了之后就提醒服务员今后注意改善服务,但那份意见书就被留在了客房部的工作间里。事实上,投诉在传递过程中被"过滤"是时常发生的不正常现象,值得引起重视。

【任务拓展】

酒店对于客人的每一项投诉都应进行记录和跟踪,请设计一份"宾客投诉处理单"。

【任务反馈】

宾客投诉既反映了酒店服务存在的不足,也是酒店改进服务质量的动力。处理好投诉有利于酒店弥补缺陷、维系宾客关系、持续进步提高。

你有以下学习疑惑吗:在投诉处理过程中,是不是"客人永远是对的"?

解惑释疑:"客人永远是对的"是一种重视宾客需求的理念,但并非客人永远不会错。在处理投诉时,要注意弄清事实,但即使错在客人,也应给客人保留面子,尽量使其满意。

任务三 服务质量监控

【任务导入】

请对学校、教室或宿舍进行模拟巡视检查,看看在硬件方面是否有不正常或有待改进的地方。

【任务执行】

一、宾客意见征询

酒店要提高服务质量,就必须收集各种服务反馈信息,这是服务改进的依据。大堂副理通常通过直接与宾客面谈、电话拜访、调查问卷如"宾客意见书"等方式来获得宾客对酒店服务质量满意度的信息。不同的联络方式具有不同的特点,大堂副理应灵活加以运用。

1. 明确需要了解的信息。大堂副理征求宾客意见最重要目的是了解宾客的满意度。大堂副理首先要明确向宾客了解的主要内容和信息,从而可以准备相应的问题或谈话。

2. 征求收集宾客意见。大堂副理可以通过与宾客直接交谈、打电话沟通获得他们的住店感受或相关建议,也可通过收集书面的宾客意见书来获得这些信息。宾客意见书通常放在客房内、总台上或大堂副理办公桌上,请宾客填写。有些酒店为大堂副理每日拜访多少位宾客做了规定,如某酒店要求大堂副理每天需要征求至少三位宾客的意见。征求收集宾客意见的过程也应该是与宾客沟通并建立良好关系的契机。

3. 整理交流宾客意见。对于收集到的宾客意见或建议,酒店应珍惜并认真对待,因为宾客愿意"牺牲"时间和精力来对酒店服务进行点评,是忠诚和友好的表现。大堂副理要对了解到的宾客意见进行总结、记录、归类,上报至酒店服务质量监督部门或相关管理人员。

4. 反馈宾客意见建议。对于宾客所提出的建议或意见，尤其是投诉类建议或意见，大堂副理应向宾客表示感谢，及时将解决方案和处理意见告知宾客，这也是对客人的尊重。对于其建设性意见，尤其是在宾客意见书中对开放型问题的回答，将成为酒店调整经营策略、提高服务质量的重要参考依据。

二、公共区域巡视

了解并满足宾客的需求，超越顾客的期望是服务质量的核心内容，即前厅部的服务给宾客带来的实际感觉，同宾客对这一服务的期望值之间的差距决定了他对服务质量的评价。大堂副理在宾客关系维系、服务质量管理方面起到关键作用。

大堂副理的重要工作之一是负责酒店公共区域的巡视、检查并使之处于正常状态，做到整洁、舒适、井然有序。

1. 巡视大堂内外。巡视大堂秩序是否正常、氛围是否和谐；检查员工的仪容仪表是否符合规范，是否处于正确的工作岗位；检查所有电灯及其他设备是否工作正常；检查所有装饰品是否干净、完好；检查花木的新鲜度、整洁度；检查各种标识是否完好，背景音乐音量是否适中；检查地毯、墙面是否清洁无污损，天花顶是否洁净，垃圾筒是否及时被清理干净；体会大厅温度是否舒适；检查机动车通道是否干净、畅通无堵塞等。

2. 巡视客梯等人流通道。巡视检查并确保客梯内外清洁、光亮；电梯内外指示灯及电子提示屏幕处于正常工作状态；电梯口垃圾筒干净。巡视大堂至其他营业区域的人流通道的通畅性及环境的美观性；检查消防通道的照明与通畅等。

【任务拓展】

大堂副理可以理解为受总经理委托并代替总经理处理客人对酒店一切设备、设施、人员、服务等方面的投诉，监督各部门的运作，协调各部门的关系，保证酒店以正常的秩序向顾客提供优质服务的酒店管理人员。同时，大堂副理又无一例外地是被设置在房务部或前厅部下属的基层管理人员。于是，有人认为，大堂副理在工作可能会出现"权责不相当"、"执法不公正"的问题。你认为呢？

【任务反馈】

大堂副理是服务质量和服务秩序的监督者，因此，要时刻保持目光的敏锐、思维的缜密。

你有以下学习疑惑吗：宾客意见书是放在哪里的？

解惑释疑：客房的服务夹内一定会有宾客意见书，除此之外，有些酒店在总台或大堂副理桌上也会放有宾客意见书，以方便客人填写。

◆项目评价

【知识/技能评价】

1. 如何做好对VIP的接待？
2. 投诉处理的步骤是怎样的？有哪些事项需引起注意？
3. 大堂副理如何征求宾客意见？

【实训演练】

当出现以下宾客投诉时，作为大堂

副理,你将分别如何处理?

  1. 大堂男洗手间为什么会有女清扫员?

  2. 闭路电视信号不稳定,收视不清晰。

  3. 酒店的上网费 20 元/小时,太贵了!

  4. 你们酒店门口为什么叫不到出租车?我要误机了!

  5. 我住女性楼层,但为什么在走廊上会有男人?

  6. 这条小狗是我的宝贝,一直与我一起生活,凭什么不让我带入客房?

  7. 我没有喝过客房小冰箱中的饮料,为什么结账时要我买单?

  8. 餐厅的地毯太脏了,台布也很脏。我请朋友来你们这儿吃饭感到没面子……

【项目链接】

善意投诉与非善意投诉

  许多投诉可以归类成善意的投诉。如客人出于反映问题、解决问题的角度而投诉;客人为了挽回消费损失或尊严面子的投诉;客人真心、热情地出于为酒店利益考虑而为酒店提建议;客人欲通过投诉而表现自己,希望引起对他的关心和关注;因正常的情绪发泄而投诉,等等。

  非善意投诉则是指有些客人纯粹为了消费打折、优惠甚至免费而采取的策略性的投诉行为,以争取自己获得更多物质上的补偿或赔偿。这类投诉有点类似于故意找茬的行为。

项目十　房价管理

◆**项目目标**

【行业要求】

酒店房价与酒店的经营策略、收益密切相关。前厅管理人员要了解客房价格的种类，知晓房价制定的常见方法，并有较强的收益意识。

【岗位目标】

能够对房价进行科学的调整，能够计算、分析客房经营相关指标。

◆**项目任务**

客房是酒店的主要产品，客房价格的制定是实现客房交易的必要环节和要素。在实际操作中，酒店会适时地调整房价，以获得更大的营业收入，这也是酒店进行收益管理的重要手段。酒店的经营状况可以从客房出租率、平均房价、客房收益率等指标进行分析。

任务一　房价的制定与调控

【任务导入】

与酒店有订房协议的某公司王先生于9月25日入住某酒店，房价为协议价388元/间夜。因生意上的谈判不是很顺利，王先生在酒店多住了几天。10月8日，王先生到前台结账，当收银员将王先生的账单打印好递到王先生手中时，王先生脸上的笑容立即转为不悦的表情，他指着账单上10月1日至3日的3晚房价问收银员："为什么这3天的房价是588元？"收银员解释说这3天是法定节日，酒店有特殊的房价政策，与平时是不一样的。王先生对收银员说："我在你们酒店住了这么长时间，也算是老客户了，你们还要在节假日按普通散客门市价给我房？真是岂有此理。如果你们一定要按此价执行，我大不了以后不再住你们酒店。"收银员见状不知如何解释，只好把大堂副理找来。

阅读案例并回答问题：

1. 如果你是大堂副理，你将如何处理此事？

2. 酒店为什么要在节假日与平时采取不同的房价政策？

3. 客人为什么对房价这么敏感？

【任务执行】

一、房价的种类

房价是指客人在酒店住宿一夜所应支付的住宿费用。修订后的《中国旅游饭店行业规范》第九条指出："饭店应当将房价表置于总服务台显著位置，供客人参考。饭店如给予客人房价折扣，应当书面约定。"第十条为："饭店应在前厅显著位置明示客房价格和住宿时间结算方法，或者确认已将上述信息用适当方式告知客人。"第十一条为："根据国家规定，饭店如果对客房、餐饮、洗衣、电话等服务项目加收服务费，应当在房价表或有关服务价目单上明码标价。"可见，房价要明示。

酒店现在常用的房价有门市价、合同价、折扣价、酒店同行价等。

(一) 门市价(Rack Rate)

也就是挂牌价或标准价。由酒店管理部门依据经营成本、盈利需要、竞争等因素制定的各种类型客房的基本价格，在酒店价目表上明码标注，未含任何服务费或折扣等因素。鉴于目前酒店业面临的激烈竞争，酒店一般只有客房在供不应求时才执行门市价。

(二) 合同价(Contract Rate)

1. 团队价(Group Rate)：针对旅行社、航空公司等团体住店客人提供的折扣价格。这一类价格往往是所有价格中最优惠的价格，当然，全免房除外。由于旅行社等为酒店输送众多的团队，尤其可以保证酒店在接待淡季时的客房出租率，提升酒店的其他营业消费，所以酒店对团队往往采取薄利多销的策略，并且还提供其他的优惠，如按国际惯例对团队实行"16免1"的优惠，即当团队满15人时，可另外免费提供双人间或标准间客房的1张床位。

2. 公司协议价(Commercial Rate)：也称商务合同价。酒店与有关公司或机构签订合同，以优惠价格出租客房，以求双方能够长期合作。公司因为经常会有一些客户或工作人员需要在当地逗留住宿，于是，这些公司会与一些酒店签订长期的合同，以能拿到较低的客房价格。这些签约公司的客人大多是商务客人，也是酒店的优质客户，所以，与实力雄厚、信誉度高、客源稳定的公司签订住房合同，已是很多酒店销售部的重要工作。当然，所签的公司合同价的高低，与该公司在一定时期内达到的用房数量或对酒店的贡献率有关。

3. 中间商价(Agency Rate)：指酒店与航空公司、旅行社等实体或网络中间商签订的不同季节的不同房型的散客价。在网络未兴起前，精明的客人往往通过旅行社或航空公司向酒店订房，但自从有了订房网络，不少客人通过携程旅行网、艺龙及其他一些口碑较好、实力较强的订房网络商订房，可以获得较低的散客房价。

(三) 折扣价(Discount Rate)

折扣价，是指对于常客、长住客及有特殊身份的客人，酒店常常为之提供的优惠房价。但当客情不佳时，酒店通常会对未预订的散客也采取一定的折扣房价，或视其入住时间、房间数量、入住天数等给予一定的优惠，以尽量多销售客房，增加酒店收益。

(四)免费(Complimentary)

酒店由于种种原因,有时需要对某些特殊身份的客人免收房费;但应注意免收房费应该按规定要求,一般只有酒店总经理才有权批准。

(五)白天租用价(Day Use Rate)

客人白天租用房间,酒店一般按半天房费收取,有些酒店也按小时收取。如针对同一天内短时入住即离开酒店的客人,可采用白天租用价。

(六)酒店同行价(Peer Rate)

在酒店行业,酒店同行价有两种情形。一种是对于其他酒店的同行人员的入住,酒店会根据情况给予优惠的价格;另一种是酒店员工价,是针对连锁酒店或集团内部员工住店时的价格,例如雅高酒店集团南京索菲特酒店的员工去上海索菲特酒店入住,可凭员工证享受一次很低的员工价。

(七)小包价(Package Plan Rate)

小包价是酒店为客人提供的一揽子报价,其中包括房费及其他服务项目的费用。

另外,酒店房价还有淡季价(Low Season Rate)、旺季价(High Season Rate)、家庭租用价(Family Plan Rate)、加床费(Rate for Extra Bed)等类别。

表10-1 某酒店房价表(中英文)

客房价目表		TARIFF	
客房类别	房价(人民币)	Room Type	Rate(RMB)
商务楼层		**Business Floor**	
商务房	980	Business Room	980
豪华房	1 080	Deluxe Room	1 080
商务套房	1 380	Business Suite	1 380
行政楼层		**Executive Floor**	
行政房	1 280	Executive Room	1 280
行政套房	1 580	Executive Suite	1 580
复式套房	1 780	Penthouse Suite	1 780
总统套房	8 880	Presidential Suite	8 880

◇以上房价另加收15%服务费。
◇加床另收200元人民币,提供免费婴儿床。
◇以上房价均含自助早餐。
◇退房时间为12:00am。
◇凡6:00pm之前退房,加收50%房租。
　超过6:00pm加收一天房租。
◇客房预订原则上保留至当天6:00pm。
◇欢迎使用信用卡结算。
◇外币付款以当日中国银行公布的兑换率折算。
◇以上房价如有更改,恕不另行通知。

◇All rates are subject to 15% service charge.
◇Extra bed RMB￥200. Cots are available free of charge.
◇All room rates include breakfast buffet.
◇Check-out time is 12:00 am.
◇Late check out will be charged 50% before 6:00 pm and a full day rate after 6:00 pm.
◇Room reservation valid not late than 6:00 pm the same day.
◇All major credit cards are accepted.
◇Our exchange rate will be applied in accordance with the rate published by Bank of China.
◇All rates are subject to change without notice.

二、房价的制定

合理制定房价是酒店经营管理中一项很关键的决策。客房收入是酒店收入的主要来源之一,合理的房价可以使酒店客房产品在市场上具有较强竞争力,对酒店的销售形象及营业收入和利润均会产生很大的影响。

影响房价制定的因素有很多,包括酒店的定价目标,成本水平,供求关系,竞争对手的价格,国家、行业的政策、法令,客人消费心理,酒店的服务质量,酒店的地理位置等。

从价格本身的特征来看,客房价格是由客房商品成本和利润构成的。其中,客房商品的成本通常包括建筑投资及由此支付的利息、客房设备及其折旧费、保养维修费、物资用品费、土地使用费、员工工资福利费、经营管理费、保险费和营业税;利润是指所得税和客房利润两方面。利润总额减去所得税就是净利润。

酒店在确定房价时有以成本为导向、以需求为导向、以竞争为导向等几种。以成本为导向的定价法,包括千分之一法、成本加成定价法、盈亏平衡法、目标收益定价法、赫伯特定价法等;以需求为导向的定价方法,包括理解价值定价法、区分需求定价法、分级定价法、声望定价法等;以竞争为导向的定价方法主要有随行就市法、追随定价法、密封递价法等。下面介绍几种酒店常用的客房定价方法:

(一) 随行就市法

随行就市法是酒店不依据本酒店的成本和需求状况来制定房价,而是参照以同一地区、同一档次的竞争对手酒店的客房价格,以它们的房价作为定价的依据,例如某酒店是地处市中心的四星级商务酒店,它在定价时就参照与其位置相似的其他四星级商务酒店的客房价格。随行就市法可以帮助酒店与同行处于同一竞争水平,从而减少风险。

(二) 千分之一法

千分之一法亦称建筑成本定价法、经验定价法,是以建筑成本或投资额的千分之一作为客房的平均出租价格的方法。酒店建筑总成本包括建筑材料、设备费用,还包括内装修及各种用具费用、所耗用的技术费用、人工费用、建造中的资金利息等。计算公式为:

$$客房价格 = \frac{酒店建筑成本}{酒店客房数} \times 1‰$$

例如,某酒店当时投资造价共花费了2亿元人民币,共有客房300间,那么按千分之一法可算得该酒店的平均房价为:

$$酒店平均房价 = \frac{200\,000\,000}{300} \times 1‰$$

$$\approx 667(元人民币/间夜)$$

千分之一法定价是人们长期在酒店建设经营管理实践中总结出的一般规律,这种定价方法非常简单,其理论依据是预计酒店在正常经营状况下经过若干年,酒店的总建设成本通过客房的销售得以收回,而没有考虑酒店的实际经营费用,供求关系,市场状况,酒店客房、餐饮、娱乐设施等规模和投资比例的差异等。因此,此定价方法一般仅作为制定房价的基础,在使用时,还应综合分析其他各种因素，以求定价的合理性、科学性和竞争性。

（三）成本加成定价法

成本加成定价法，亦称"成本基数法"，它是按客房产品的成本加上若干百分比的加成额进行定价的一种方法。计算公式为：

客房价格＝每间客房总成本×(1＋利润率)

其中：每间客房总成本＝单位客房产品每天的变动成本＋单位客房产品每天的固定成本。

每间客房每天固定成本 $=\dfrac{\text{全部客房全年固定成本总额}}{\text{客房数×年日历天数×出租率}}$

例如，某酒店有客房400间，客房出租率预计为70%，全年客房固定成本总额为3 577万元，客房单位变动成本为100元，预期利润率为20%。在不考虑期间费用和营业税的情况下，用成本加成法计算其房价：

单位客房每天固定成本 $=\dfrac{35\ 770\ 000}{400\times365\times70\%}=350$(元/间夜)

客房平均价＝(单位客房变动成本＋单位客房固定成本)×(1＋利润率)
＝(100＋350)×(1＋20%)＝540(元/间夜)

酒店客房价格制定之后，须建立各种相关的政策和制度，使房价具有严肃性、诚实性，且要求前厅销售人员在实际销售客房的过程中严格执行。

管理人员必须让前厅销售人员全面了解和掌握已建立的各项政策和制度。如对优惠房价的批报制度、有关管理人员对优惠房价所拥有的决定权限、酒店房价优惠的种类和幅度及对象、前厅销售人员对标准价下浮比例的决定制度、各类特殊用房的留用数量、房价执行情况的审核程序和要求等等。

三、房价的调控

以上介绍了几种客房定价方法，但酒店在实际定价过程中还会考虑其他综合因素，而不是教条地采用某种定价法。另外，房价制定后虽然要求具有一定的连续性和稳定性，但酒店的房价也不是一成不变的。事实上，在实际运营过程中，酒店可以根据内、外部环境因素的变化，对房价做出适当的调整。

酒店在制定或调控房价时，应考虑到下列影响因素：定价目标、成本水平、供求关系、竞争对手的价格、酒店的地理位置、客人消费心理、酒店的服务质量、国家的法令法规、行业的政策等。

【任务拓展】

根据课本"房价的调控"中提到的房价影响因素，请分别举例说明这些因素是如何影响酒店的房价政策的。

【任务反馈】

酒店制定房价的方法有多种，房价的种类也可以被划分成不同的种类。在具体房价执行过程中，酒店会根据不同客源、不同时间等做适当调整与控制。

你有以下学习疑惑吗：同一客房针对不同客人或在不同时间房价不同，这是不是歧视？

解惑释疑：这是市场经济中的正常现象，我们称为"歧视价格"，但并非人格歧视。

任务二 客房经营状况分析

【任务导入】

布莱迪太太在小镇上经营一家小小的理发店,由于手艺精湛,很受当地人欢迎。因其只身一人,没有帮手,周末的时候,前来理发的客人常常要排两个小时的队才能等到服务,因此许多人并不愿意光顾她的理发店。布莱迪太太曾考虑过增加人手,但相应增加的花费太大,且对回报没把握。迪恩先生是布莱迪太太的忠实顾客,他只有周六上午有时间来理发,但紧张的时间安排让他无法接受长时间的等待。

迪恩先生平时对经营颇有研究。他给布莱迪太太提了个建议:一周中根据不同时间采取不同的理发价格。在客人稀少的周二采取降价,在繁忙的周六则提高服务价格。原因是有些顾客情愿多花点钱换取周六的便利,而另一些顾客为了节省点钱也会乐意在周二来理发。从收益管理的角度来讲,叫认清细分市场上顾客对价格与便利的取舍。

本着试试看的心理,布莱迪太太将周六的价格调高了20%,同时把周二的价格降了20%。结果,原本喜欢在周六等候聊天的退休老人和带小孩的母亲大都改成了在周二理发,周二生意不再清淡;匀出周六时间,可以服务更多情愿多花点钱换取时间便利的客人,那些摇头离去的顾客又被吸引了回来。一年后,布莱迪太太惊喜地发现,理发店收入增长了20%。

阅读以上案例并思考:

1. 你认为迪恩先生为布莱迪太太出的点子如何?
2. 你从这个案例中学到了什么?

【任务执行】

一、收益管理

为了实现酒店客房收益最大化,酒店会适时地做出房价的调整和限制。前厅部管理人员必须随时了解和掌握酒店客房出租率的变动情况,善于分析变化趋势,尽量准确地预测未来住店客人对客房的需求量,及时做出调整房价,以及限制某类房价的决定。例如,如果预测到未来某个时期的客房出租率很高,前厅管理人员可能会采取相应的限制措施,如限制出租低价房或特殊房价的客房、不接或少接团队客人、房价不打折等,必要时调高所有客房的售价。这就是收益管理的表现。

收益管理(Yield Management)是一种谋求收入最大化的经营管理技术,是指将合适的产品在合适的时间,以合适的价格销售给合适的顾客,并由此使企业在其产品中获得最大限度的收益的科学管理方法。

收益管理方法诞生于20世纪80年代,最早是由美洲航空公司开发的。通常,每个航空公司都会经常出现供需不平衡的情况,产品供应与市场需求之间的完美平衡,几乎是不可能达到的境界。当乘客流量增加时,航空公司迫不及待地加开飞机、航线、航班,一旦乘客流量减少,又忙着取消航班,造成这个行业经常处在供过于求的状态。而对于航空公司而言,平衡供需的上策应该是调整价格而非调整产能。

据报道,美洲航空公司仅由于使用

收益管理系统1997年增加的额外收益就达10亿美元。在酒店业,由于收益管理系统对公司决策和创利的巨大影响,世界许多著名酒店集团,特别是欧美的主要酒店集团管理层都对收益管理高度重视,先后建立了专门的收益管理部门,并配置了能进行大量数据分析和实时优化处理的计算机系统。

酒店业最先开发使用收益管理系统的是万豪酒店,以周末房价降至平时一半的优惠来吸引当地的宾客到旅馆度周末,万豪的董事长兼首席执行官比尔·玛丽奥特曾说:"收益管理不仅为我们增加了数百万美元的收益,同时也教育了我们如何更有效地管理。"希尔顿、凯悦、喜达屋等酒店集团先后开发了各自的收益管理系统后,凯悦摄政俱乐部客房的预订率上升了20%,希尔顿创造了空前收入的记录,凯悦和希尔顿都声称销售和预订之间的沟通有了显著的加强。

以一名宾客预订酒店3天的住宿为例,按照酒店没有实行收益管理的前提,酒店会给出3个晚上一个同样的平均房价;如果酒店实行了收益管理的方法,会根据3天不同的房源情况,每天给出不同的房价。宾客对于酒店的房价往往存在一个期望和现实的差异,按照传统办法,酒店平均1 200元的销售价,3天合计房价为3 600元;酒店根据最合适的可售房价的原理,前两天因为客房宽裕房价为1 100元,第三天因客房紧张房价为1 500元,3天合计房价为3 700元。宾客都会为酒店的公正而满意。酒店可以在同样数量客房的销售结果上,得到比原来高的收入和利润,并同时保证宾客的满意度。

酒店的客房收益管理的效果如何,常常通过"客房收益率"这一指标来体现。有关"客房收益率"的具体计算方法在下面的内容中会有介绍。

二、客房经营指标分析

前厅部在工作过程中可能会接触到各种报表,例如,总台要编制打印客房营业日报表、酒店营业收入日报表、客源预测表、前厅接待状况表等。虽然这些营业报表可以通过计算机系统自动生成并输出打印,但前厅部管理人员应有经营意识,学会分析酒店的部分营业数据的含义、构成和计算方式,尤其是客房营业日报表中的各项数据。

表10-2 某酒店客房营业日报表(部分内容)

日期:2011年7月26日

		当 日	本月累计
客房出租情况	客房总数(间)	260	6 760
	维修房(间)	2	80
	自用房(间)	3	62
	可卖房(间)	(255)	(6 618)
	免费房(间)	4	101
	住房总数(间)	221	5 663
	住房率(%)	(85%)	(83.77%)
	客房总收入(元)	9 8578	2 263 021
	住房平均房价(元)	(446.05)	(399.62)
客房接待情况	在住总人数	390	10 270
	散客(人)	272	7 069
	团体(人)	118	3 201
	境外(人)	27	749
	境内(人)	363	9 521

酒店的客房营业日报表是全面反映每日酒店客房经营状况的报表之一。虽然各酒店的客房营业日报表在格式与内容上有所不同，但大都包括各类用房数、各类住店客人人数、客房出租率、客房出租收入、平均房价等内容。表10-2是某酒店的客房营业日报表的其中一部分内容。

思考练习：表10-2中的括号内的数值是如何得出来的？请你试着算一下？

酒店的客房经营的状况，通常可以从一些指标中得到反映：

（一）客房出租率

客房出租率是表示酒店客房利用情况的重要指标。计算公式如下：

$$客房出租率 = \frac{已出租客房数}{可出租客房数} \times 100\%$$

客房出租率是酒店经营管理者追求的主要经济指标，它象征酒店的客源充足程度和经营管理成功的程度。通常，酒店的盈亏百分比线是用客房出租率来表示的。

不少酒店在计算客房出租率时，将酒店自用房和维修房排除在"可出租房"之外。这样就使计算公式中的分母变小，客房出租率增加。他们认为，这两类房型是属于想出租却无法出租的，所以要将酒店总房数减去这两类客房数。但在客情并不紧张的情况下，尤其是对于在因淡季封闭楼层之类的情况，人为地排除这两项客房数是不科学的，这会使酒店沾沾自喜地认为自己的客房出租率很高，而实际却大相径庭。

（二）平均房价

平均房价是指酒店每出租一间客房所获得的平均客房收入。计算公式如下：

$$平均房价 = 客房房费总收入 / 已售客房数$$

酒店的客房收入与出租的客房数量、房价密切相关，所以仅仅看客房出租率并不足以洞察到酒店总体的客房收入水平，而是要兼看平均房价，也就是说，将这二者的数据结合起来观察才更有意义。平均房价的高低受到许多因素的影响，如出租的客房类型、白天房价以及房价折扣等。通过分析平均房价，也可以掌握前台销售人员向客人出租高价客房的工作业绩。

（三）客房收益率

客房收益率是指酒店每天的客房实际收入与潜在的最大客房收入之间的比率。计算公式如下：

$$客房收益率 = (实际客房收入 / 潜在的最大客房收入) \times 100\%$$

潜在的最大客房收入也就是理想的客房收入，是指酒店通过出租客房所能获得的最大房费收入。

例如，某酒店共有300间标准客房，每间客房的公布房价是400元/夜，则潜在的最大客房收入为：300元×400间＝120 000元。通过实际收入额与潜在的最大收入额的比较，可以反映出酒店经营效果。

（四）每间可供出租客房收入

除了以上衡量客房经营业绩的指标外，国际酒店业还普遍采用 RevPar（Revenue Per Available Room，每间可供出租客房收入）这一概念作为酒店经营业绩衡量和分析的基础。RevPar通常可用以下方式计算：

RevPar＝实际平均房价×出租率

RevPar 这一衡量手段反映的是以每间客房为基础所产生的客房收入，因此能够衡量酒店客房库存管理的成功与否。

【任务拓展】

某酒店共有客房 400 间（套），房型及房价分别如表中所示。请阅读这些数据并完成表格中要求的计算及"房型的英文表述"的填写：

房型	房型的英文表述（请填写）	房间数（单位：间或套）	门市价格（单位：元/间夜）
标准房		260	600
单人房		80	500
套房		40	800
豪华套房		20	1 000

计算出酒店一天最理想的客房收入是多少？

5 月份，酒店对所有客房的房价打 7 折，客房的平均日出租率是 50％。那么，该酒店 5 月份平均每天的客房收入是多少？平均房价是多少？RevPar 又是多少？

6 月份，酒店对所有客房的房价打 8 折，客房的平均日出租率是 40％。那么，该酒店 6 月份平均每天的客房收入是多少？平均房价是多少？RevPar 又是多少？

请分别计算出酒店 5 月份、6 月份的客房实际总收入与酒店理想客房总收入之间的比，即客房收益率，并比较它们的大小：

5 月份的客房收益率＝

6 月份的客房收益率＝

比较 5 月份、6 月份的房价、出租率、收入、收益率、RevPar 等情况，如果你是该酒店的前厅部经理，你认为哪个月的房价政策更成功？为什么？

【任务反馈】

分析是决策的前提。酒店力求收益的最大化，以创造更好的经营业绩，其中，了解、分析、掌握各类反映客房经营状况的指标是对管理者的必备要求。

你有以下学习疑惑吗：收益管理是不是对酒店收入进行分配管理？

解惑释疑：不是的，收益管理是指如何在经营过程中使收益最大化，这是过程管理而非结果管理。

◆**项目评价**

【知识/技能评价】

1. 酒店的客房价格制定后，在实际运行过程中需要视情况进行调整，以保证酒店客房利润目标的实现。房价的调整通常包括适度调低房价和适度调高房价两种。请思考调低房价、调高房价的原因分别有哪些。

2. 什么是"千分之一"定价法？它有什么优点和不足？

3. 有一位酒店人士说："我们酒店的生意兴隆。客房出租率经常保持在95%左右，所以效益很好，服务质量也很高。"你如何评价他的说法？

【实训演练】

假设你毕业后想开店创业。请确定经营方向与品种（如奶茶店、服装店、文印店、"格子铺"等），并思考以下问题：

1. 你的店将会有哪些及多少成本支出？

2. 你的理想收入是多少？

3. 你在定价过程中会考虑哪些因素？

4. 你对商品如何定价？

【项目链接】

双人住房率

有些酒店除了计算客房出租率、平均房价、客房收益率外，还计算双人住房率，即酒店的两人租用一间客房数与酒店已销售客房数之间的比率。国际上的有些酒店，一个标准房两位客人住与单人住，其房价是不同的。所以，酒店注重双人住房率是提高经济效益、增加客房收入的一种经营手段。同时，对于酒店管理者而言，了解双人住房率，对于预测酒店餐饮的销售量、布件的需求量及其他营业点收入都是很有用的。

项目十一　前厅文档管理

◆项目目标

【行业要求】

酒店要能合理创建、管理各类文档，并合理使用这些文档，这是酒店提高经营效果的重要基础。

【岗位目标】

能够知晓前厅部涉及的文档主要类型，并掌握文档管理的基本方法。能够掌握客史档案收集、整理、建立的方法。培养细心、全面考虑问题的特质。

◆项目任务

从传统意义来说，文档管理，即为文件档案的归档管理工作。文档管理既是一项应用广泛的日常性工作，同时又是一项非常重要的信息汇集工作。酒店前厅部是客人信息的出发点与归宿点，是酒店的信息中心。包括客史档案在内的文档管理是酒店前厅部的重要工作任务。前厅部员工应该对本部门的表单文档熟悉了解，知晓文档管理的基本原则和方法。客史档案是酒店提高对客服务质量、促进酒店销售的重要操作依据，因此，前厅部员工要掌握客史档案收集、整理和建立的方法，以便发挥此资源的最大效用。

（任务一　前厅部文档的划分与管理）

【任务导入】

去一趟图书馆，看看那里的书是如何分类摆放的？有何规律？

【任务执行】

酒店的管理从一定意义上讲就是表单管理。表单管理是前厅文档管理的重要内容。

一、前厅表单的种类

前厅部所使用的表单非常多，但大致上可以分为接待服务用表单、与各部门联络用表单和各类统计分析用报表等三类。了解各类表单及其用途，对于管理者确定表单样式、尺寸大小、分发数量、印刷质量和纸张要求有重要的参考价值。

（一）接待服务用表单

这类表单主要用于前厅部的对客服务，如客人入住登记单、押金收据、欢迎卡、行李寄存单（卡）、租车单、委托代办单、客人留言单、换房单、宾客意见表等。

（二）与各部门联络用表单

这类表单主要用于与酒店内部各有关部门进行信息沟通、业务联络，如维修单、房态差异对照表、在店贵宾一览表、预期抵店客人名单、预期离店客人名单、团队分房表、团队接待单。

（三）各类统计分析用报表

统计分析用报表主要用于向上级报告酒店的经营情况，以供管理层进行房价调整、促销把握等决策时参考。这类报表包括酒店经营日报表、客房营业日报表、房价及预订情况分析表、一周客情预测表、客源地理分布表等。

二、前厅文档管理要求

为了保证文档管理工作的顺利进行，前厅部必须建立健全文档管理制度。其涉及的管理要点有：

（一）文档一体化管理

文件、档案管理的一体化是指对文件、档案的运动流程实施统筹规划、全面控制和综合管理。文件管理与档案管理是密切相关的。首先，文件管理是档案管理的前提。因为档案是由文件转化而来，因此文件的质量直接决定着档案的质量。其次，档案管理是文件管理的延伸和发展。最后，文件管理和档案管理是一个统一的系统工程。

对于前厅部文档管理来说，尤其要注意专人负责。可以由各部门负责人亲自进行文档管理，也可委派有一定工作经验、细心、责任心强的员工具体负责。

前厅管理者应明文规定文档管理的规则并予以公布，使大家有章可循。规则的内容应包括以下几个方面：明确哪些文件或表单应该存档、存放字母/日期（先按日期后按字母存放）、存放的时间、销毁时的批准程序。

（二）有序归类与存放

按运转体系的要求，可将需要的文件及表单分成待处理类、临时归类和永久归类三大类。

⊙ 待处理类

待处理类文档是指尚未处理的文件及表单。如已填写好的客房预订单、已制作好但未经审核的表单、待折扣核准人签字的折扣单、待签字的传真、需要答复的文件/信函、酒店客满时订房客人的等候名单等。这类文档不属于归档类文档。

对于待处理类文档，应先按轻重缓急的次序把文件或表单分成急办、日常事务、等候处理三类，然后分别存放在文件篮或文件夹中。例如，等待签字的传真等属于急办的待处理文档；各种等待处理的表单可放在日常事务类内；需回复的客人信函、需要起草的报告等则可归在等候处理类。

⊙ 临时归类

临时归类文档指短期内需要经过处理，然后进行整理归类的文件及表单。如客人的订房资料、报价信函、在店客人档案卡或登记表等。

对于临时归类文档，应先分门别类地整理好，然后存放在专用档案柜中。

⊙ 永久归类

永久归类文档指供查阅用的文件及表单。如各种合同的副本、客史档案、已抵店客人的订房资料、取消预订未抵店客人的订房资料、婉拒订房的致歉信等。

永久归类文档可存放在贴有标签的活页夹内，也可存放在专用的文件柜内，还可以打成包，并在文件包外标明名称，存放在酒店指定的资料室或存储处，但这些地方应注意防潮、防火。现在，多数酒店已经注意将永久类文档进行电子备份，即运用电脑储存或用电脑复制在磁盘上保存。

文档的归类可以时间先后为顺序，也可按字母为顺序摆放。如合同副本、客史档案可按字母顺序排列；已使用的表单按日期顺序存放；对于近期的订房资料，可先按抵店日期、后按字母顺序存放；对于远期的订房资料，一般先按抵店月份、后按字母顺序存放。

（三）制作索引

纸质文档归类存放前，负责整理文档的人员最好能在文档的右上角写上索引字码。例如，按姓名字母顺序排列的文档应写上客人姓的前两个字母，如Sm、Wh等；按日期排列的文档，在上面写上客人抵店的日期，如23/6、2/5等，这样做是为了方便查找并节省时间。另外，还应建立一个文档存放的索引本，里面标明文档的种类、内容、存放地点、起止日期、销毁时间等。

当前，电子信息技术为文件、档案一体化管理提供了技术保障。计算机技术可以简化文件和档案管理的工作程序，而且可以提高工作效率；网络技术更加有利于文件、档案管理的一体化，使文件、档案的运转、传递、处理和利用更加方便快捷。对于电子文档，则应在"文件夹"、"文件包"或数字载体的盘符上标明名称，注明时间，以便检索方便。同时，电子文档要注意加以备份，以防计算机设备故障而导致数据丢失。

文档管理越来越受到酒店的重视，但是酒店在进行文档管理的过程中，可能会碰到以下的问题：海量文档存储，管理困难；查找缓慢，效率低下；文档版本管理混乱；文档安全缺乏保障；文档无法有效协作共享等，这需要酒店力求在实践中时常总结经验，以求文档管理更严谨、更科学、更先进。

【任务拓展】

1. 请对自己的学习资料和书籍进行归类处理。

2. 收集一家酒店或几家酒店前厅部的接待服务用表单，对照文档设计原则，看看这些表单有什么特点。

【任务反馈】

酒店管理就是表单管理，前厅部亦如此。前厅部管理人员要了解前厅部有哪些表单、制作这些表单的基本原则，以及对表单、文档进行管理的要求。

你有以下学习疑惑吗：前厅的表单都是中英文的吗？

解惑释疑：是否用中英文的双语表单要视酒店经营管理情况而定。一般而言，高星级酒店的对客服务表单用中英文的较多，内部工作表单却未必，但也有外方管理酒店的内部工作表单使用全英文的。

任务二　建立客史档案

【任务导入】

有一位客人在上海一家四星级酒店用餐时惊喜地发现，所有餐具包括筷子、调羹等都放在了他座位的左手一侧，与他自幼养成的左手执筷的习惯相吻合。这位客人不由得感慨道："以前去酒店用餐，都是我自己把餐具从右边调整到左边来的，今天真令我感到意外！"

思考：酒店为什么会"摆错台"？

【任务执行】

一、客史档案的用途

客史档案（Guest History Record）又称客人档案，是酒店对在店消费客人的个人情况、消费行为、信用状况、偏好和期望等信息所做的历史记录。

随着酒店业的发展，酒店之间的竞争日趋激烈，经营与服务的竞争优势已逐步体现在对客户关系的维护和发展的竞争上，而客史档案正是酒店获得竞争优势的助力器。从酒店角度出发，酒店客史档案的用途主要表现在以下方面：

（一）客史档案有助于提高客人满意度

在激烈竞争的市场环境中，广大宾客已经拥有了更多的选择空间。因此，要想使客户继续保持对酒店的忠诚度，只有不断提升自身服务质量，以换取客户的满意度。有效的客史档案可以帮助酒店为客人提供针对性的、个性化的服务，拉近与客户之间的距离，使宾客体会到酒店对他的关怀，使客人满意，并对酒店产生感激、信任之情。例如，有些酒店就利用客史档案做如下客户关怀：客人再次抵店前做准备工作；给住店若干次的客人寄感谢信；当客人生日时给予问候；在中外重大传统节日前夕，给曾住本店的客人和贵宾寄贺卡；为市场调研收集资料。

（二）客史档案有助于销售

客史档案是酒店用来促进销售的重要工具。一方面，酒店通过客史档案，能够对客人的特征和历史消费情况进行量化分析，充分挖掘客人的消费潜力，在有限的资源基础上缩减销售周期和销售成本，提高销售额和销售利润，有效规避市场风险，寻求扩展业务所需的新市场和新渠道。如有的酒店给住过本店的客人寄发酒店的各种促销宣传品。另一方面，酒店可以对客人的消费行为进行各方面分析，预警客人流失、价值下降等情况，为管理者提供有利的决策依据。

二、客史档案的内容

客史档案通常可分为两种，即住客客史和宴会客史。在酒店管理中，出于对客服务的需要，不少酒店的客史档案记录工作由前厅部的预订处承担，或由营销部负责。宴会客史资料由餐饮部收集反馈给前厅部。

（一）住客客史档案

⊙ 常规档案

常规档案主要包括来宾姓名、国籍、地址、电话号码、单位名称、年龄、出生日期、婚姻状况、性别、职务、同行人数等。酒店收集和保存这些资料，可以了解市场基本情况，掌握客源市场的动向及客源数量等。

◉ 消费特征档案

1. 客人租用客房的种类、房价、每天费用支出的数额、付款方式、所接受的服务种类以及欠款、漏账等。酒店收集和保存这些资料，能了解每位客人的支付能力、客人的信用程度等。同时，还可以反映客人对服务设施的要求、喜好、倾向以及所能接受的费用水平。

2. 客人来店住宿的季节和月份、住宿时间、订房的方式、来本店住宿是否有中介等。了解这些资料，可以使酒店了解客源市场的情况、不同类型客人及特点、客人的入住途径等情况，为酒店争取客源提供有用的信息，而且有助于改进酒店的销售推广手段。

◉ 个性档案

个性档案主要包括客人脾气、性格、爱好、兴趣、生活习俗、宗教信仰、生活禁忌、特殊日期和要求等。这些资料有助于酒店针对性地提供服务，改进服务质量，提高服务效率。

◉ 反馈意见档案

反馈意见档案包括客人对酒店的评价如何、客人住店时有无发生过特殊情况或投诉、对酒店硬件和软件服务有何建议等。

（二）宴会客史档案

宴会客史的内容与住客客史相似，主要包括宴会预订档案、宴会过程档案和宴会反馈档案等方面，在此不做详细介绍。

三、客史档案的收集、整理、建立

（一）客史档案资料的收集

客史信息的收集工作要依赖于全酒店的各个服务部门，其中前厅部是客史档案资料收集的重要渠道。及时、准确地收集客史档案资料，是做好客史档案管理工作的"源"。酒店要运用切实可行的信息收集方法，前台和酒店其他对客服务部门的员工要用心服务，善于捕捉有用信息。收集客史档案资料的主要途径有：

◉ 总台收集

总服务台通过预订单、办理入住登记、退房结账等收集有关信息。有些信息从客人的证件和登记资料中无法获得，应从其他途径寻觅，如征集客人的名片、与客人交谈、客人退房时征求住店意见等。

◉ 大堂副理收集

有些酒店要求大堂副理每天拜访若干名客人，了解并记录客人的服务需求和对酒店服务评价；接受、处理客人投诉，分析并记录投诉产生的原因、投诉处理经过及客人对投诉处理结果的满意程度。

◉ 其他部门反馈

客房、餐饮、康乐、营销、商场等服务部门的全体员工要主动与客人交流，对客人提出的意见、建议和特殊需求认真记录，并及时给予反馈。

◉ 媒体评价

酒店有关部门如公关部、办公室等要及时收集客人在报纸、杂志、电台、电视台、网络等媒体上发表的有关酒店服务与管理、声誉与形象等方面的评价。

对客人的情况搜集，不仅来源于全体员工细致入微的对客服务，还依赖于全体员工的团队合作，互通信息。例如客房服务员发现某位客人喜欢睡荞麦枕头，就将这个信息传递给营销部，存入客史资料库。当该客人下次再来住店时，计算机里便会显示出这一信息，客房部就可以迅速做出反应，事先为客人准备好荞麦枕。所有这些，都无需客人特别叮嘱，当他再次光临时，便能有所惊喜，就像前面"任务导入"中所讲的案例一样。这样，客人也就会从心里佩服和感谢酒店，也就成了酒店的忠诚客人。

（二）客史档案的整理

酒店的客史档案整理工作一般由前厅部承担，主要有以下几方面内容：

⊙ 分类整理

为了便于客史档案的管理和使用，应对客史档案进行分类整理。客史分类的依据有很多，如客源国别和地区划分，可分为国外客人、内地客人、港澳台客人等；按信誉程度划分，可分为信誉良好客人、信誉较好客人、黑名单客人等；按客人住店次数，可分为常客、非常客等。经过归类整理的客史档案是客史档案有效运行的基础和保证。

⊙ 有效运行

不能充分有效利用客史档案意味着对客服务的落后。客人订房时，如属重新订房，预订员可直接调用以往客史，与订房资料一道存放，按时传递给总台接待员；如属首次订房，应将常规资料和特殊要求录入电脑，并按时传递给总台接待员。未经预订的常客抵店，总台接待员可以调出该客人的客史档案，或帮助客人填写住宿登记表，以提供个性化服务；未经预订的客人第一次住店，总台接待员应将该客人的有关信息及时录入电脑。对涉及客房、餐饮、康乐、安全、电话总机等部门服务要求的，要及时将信息传递到位。同时，总台也要注意收集和整理来自其他各服务岗位的有关客史信息。客人离店后，要将客人的客史档案进行必要更新，其内容不断得到补充完善。

⊙ 定期清理

客史信息残缺不全、信息过多或信息过时均可能扰乱服务，降低服务效率。酒店应每年系统地对客史档案进行一至两次的检查、整理，对资料进行必要的过滤、整合，以保证资料的准确性和完整性。

（三）客史档案的建立

酒店应该建立健全客史档案的管理制度，确保客史档案工作规范化。其中，值得一提的是，对于建档的权限、阅读的权限、修改的权限要进行界定。目前酒店的客史档案主要有电子文档、书面文档两类，其建档的方式也就对应为计算机建档、纸质建档：

⊙ 计算机建档方式

随着计算机的普及，酒店也离不开计算机及计算机系统，因此，利用计算机建立客史档案正越来越成为最主要的建档方式。多数酒店计算机操作系统，均可以很好地建立客史档案。这种方式是在电脑系统中设定客史档案栏目，前厅总台员工可以将客人的各种信息输入储存，并可实现一定范围内的共享阅读或修改。计算机建档方式不仅操作简便，而且信息储存量大。

管理在前厅

计算机建档的功能主要有：接受预订时可按客人姓名查询有无客史，有客史者在新预订时可直接调用；为总台接待办理客人入住手续时出示客史资料；对客史资料进行修改和输入新的说明项目；可以按客人姓名自动累积各自及各次的资料。

当然，计算机的效能发挥要靠工作人员正确的操作，输入准确的信息，这亦是前厅计算机操作管理的要求。

◉ 纸质建档方式

酒店可以将客人住宿登记单的最后一联直接作为客史档案单。这种方式比较简单易行，但编目保存较困难，而且记载的信息量不大。在未使用酒店计算机操作系统的中、小型手工操作的酒店可能会采用这一方式。

纸质建档方式中还有一种是档案卡片方式。这是用专门印有各项须填写的客史资料内容的卡片，并按字母顺序编目。该卡片为正规客史档案卡。有些酒店将这些卡片印制成各种颜色，用以代表不同的内容和含义，方便预订人员或其他阅读人员查找。一般规定，一张卡片填满后以新卡续之，且原卡不能丢弃，以保持客史内容的连续性与完整性。档案卡片还要定期整理，纠正存放及操作的失误，清理作废的卡片。这种建档方式工作量较大。

【任务拓展】

收集或描述班级同学的爱好、特长、性格等，将它们按照一定的标准进行整理归类，并试图通过卡片形式建立班级同学档案。

【任务反馈】

客史档案是个性化服务的助手，它可以帮助酒店提高客人对服务的满意度，也有助于销售。酒店要注重对客史档案的收集、整理、建立，其中，前厅部是客史档案管理的重要部门。

你有以下学习疑惑吗：如何促使员工主动收集客史档案？

解惑释疑：通常，对于收集客史档案无法进行强制性考核，所以有些员工并不重视。为此，有些酒店会采取激励的方法，对于员工收集有效的客史档案的行为予以奖励。

◆ 项目评价

【知识/技能评价】

1. 前厅表单有哪些？前厅文档管理的要求有哪些？

2. 客史档案分哪几类？如何进行客史档案的收集、整理、建立？

【实训演练】

操作 Fidelio 或 Opera，或其他计算机酒店管理系统，进行模拟预订或模拟入住登记，并建立客史档案。

【项目链接】

前厅表单的设计原则

酒店前厅表单在设计时应遵循以下原则：

1. 符合运转体系要求。无论是开业前还是开业后，前厅管理者在设计或修改部门使用的表单时都要遵循符合运转体系要求这一目标。当然，前厅管理者只有在酒店确定了组织机构、职责范围后,才有可能设计出符合酒店运转体系、适合规章制度的表单,也才可能设计好各类表单的衔接与配套工作。另外,当酒店或部门的运转体系发生变动后,前厅管理者应考虑部门使用的表单的种类与内容是否有必要作相应的调整更改。

表单若要符合运转体系要求,还要确定分发对象,即明确将表单发给哪些部门与相关工作人员。例如,有的酒店在设计内部沟通表单时采用全英语设计,对于有些部门员工英语水平不佳的现实,这样的设计就显得不切实际。

2. 列项正确。表单设计包括确定表单的种类、内容两个方面。确定表单种类时,需要考虑的核心问题是该表单是否有保留及使用的必要性。前厅管理者应该思考:为什么设计此表单?如果没有这项表单,对工作将会产生什么影响?此类表单能否由其他表单代替?设计表单要比较"投入"与"产出"的关系。表单的设计要尽量达到高效率、低成本的目标,以有利于工作的顺利进行。确立表单的内容时,首先要考虑的是此表单所提供的信息能否满足接受者的需求,其次考虑表单内容的简明扼要、一目了然。

3. 形式科学。表单设计要考虑排版是否科学、美观、合乎逻辑、便于阅读。关于格式与尺寸,明确什么尺寸最便于使用或存档,所设计的行距是否适于书写或打字输入,外观如何。例如,在设计欢迎卡时就应考虑便于客人插放于一般衬衣或裤子口袋中,以及能插入磁卡钥匙。

在决定与纸张和印刷有关的一系列问题时,需首先考虑的因素是此表单是否与客人见面,然后才考虑纸张质量与成本、印刷的数量与费用、复写的方式、颜色的选择、字体的选用、装订的方法以及是否需要编号等。供客人使用的表单应比酒店内部使用的更讲究质量。

4. 定期审视。前厅部每年至少审视一次正在使用的表单。若因服务或管理需要,需对表单的内容、格式等进行修正时,应广泛征求使用者及制作者的意见。表单的设计、修正工作完成后,要测试新设计表单使用的科学性,要经过培训、试用、审查、再次修正(如有必要)等阶段,才能正式印制并投入使用。

使用中的任何表单若需增加、变更、删减,必须得到前厅经理的批准,必要时,还需请示酒店高层管理者。前厅部还应将部门正在使用的所有表单汇集在样本册内,并进行编号,附加说明,以备印刷、更改之需。

项目十二　前厅销售管理

◆**项目目标**

【行业要求】

能够掌握客人的消费心理，运用恰当的销售技巧销售酒店产品，尤其是客房产品，同时具有良好的增销意识。

【岗位目标】

作为前台领班或主管，能够培训新员工成为成功的销售员。

◆**项目任务**

销售酒店产品是前厅的重要任务。在销售过程中，客人需求、酒店利益始终是前厅员工及管理人员在工作过程中要思量的两个核心问题，增销时亦如此。

任务一　学会成功销售客房

【任务导入】

秋季的某天，正值旅游旺季，酒店的客房出租率甚高。一位香港常客来到某酒店总台要求住宿，接待员小詹见他是常客，便给他9折的房价优惠。但是，客人还是不满意，要求酒店再多给些折扣。虽然酒店授权给总台接待员的卖房折扣是8.5折，但出于为酒店高收益着想，小詹不愿意在黄金季节轻易给客人让更多的利，但这位客人提出要见经理，要不就走人。

小詹想，客人去其他酒店住宿是我们酒店的损失，但如果我现在同意给客人打8.5折，那会给客人造成酒店可以随便还价的感觉，或者会认为我很不诚实。怎么办？很快地思索后，小詹有了主意。她请客人先在大堂沙发上休息一会，并说自己立刻联系前厅部经理。

过了会儿，小詹满面春风地来到客人休息区，对客人说："我向经理汇报了您的要求。他听说您是常客，尽管我们这几天客情很好，但还是同意给您8.5折的优惠，并让我向您诚挚致意，感谢您多次光临我店。"稍作停顿后，小詹又说："这是我们经理给常客的特殊价格，不知您认为如何？"

听了小詹的一番话，客人认为这个价格是他预想中的价格，且他也知道现在旅游旺季能拿到这个8.5折也很不错了，并认为酒店的前厅部经理很给他面子。于是，客人连声说好，起身跟随小詹来到总台办理入住手续。

阅读案例,小组讨论并回答:

1. 你如何评价案例中服务员的做法?

2. 销售客房是前厅部的主要任务,怎样才能更好地将客房销售出去?

3. 酒店的哪些因素可以吸引客人前来下榻?

4. 前厅部哪些岗位承担销售酒店产品的任务?分别销售什么产品?

【任务执行】

一、了解前厅销售的内容

前厅销售的不仅仅是客房,还包括了酒店的其他产品与业务,以及诸如酒店形象、服务等软性的内容。综合考虑,前厅销售具体内容如下:

(一)酒店的地理位置

酒店所处地理位置是影响客人选择入住的重要因素,酒店交通便利程度、周围环境状况等都是前厅员工可以用来推销客房的素材,如酒店地处市中心、离车站距离近、距景点距离近等等。

(二)酒店的有形产品

酒店具有豪华舒适的客房、齐全有效的设施设备是销售的重要条件,例如,酒店有别具一格的客房、有风味独特的菜肴、有先进设施的健身房等。前厅员工应该掌握酒店产品的特点及其吸引力。

(三)酒店的服务

酒店服务是无形产品,是前厅销售的重要内容。前厅员工在对客服务过程中,要努力提高服务意识和技能水平,掌握更多相关的服务知识,为客人提供礼貌、高效、周到、满意的服务。

(四)酒店的形象

酒店形象是最有影响的活广告,它包括酒店历史、知名度、美誉度、信誉、独特的经营风格、优质的服务等,这些因素都会形成酒店的口碑。前厅员工不仅要充分利用酒店的良好形象展开销售,而且自身也要自觉维护酒店的良好形象,为酒店形象加分。

(五)酒店的气氛

气氛虽然不可触摸,但它是客人在酒店时的一种感受,是酒店提供的无形产品之一。例如,温馨、典雅的大堂,清静、和谐的客房,宽敞、新颖的餐厅,都是客人所期望的环境氛围,也是前厅员工可以向客人推销的内容。

二、掌握销售技巧

(一)充分做好销售准备

前厅的每位员工都应是销售员,尤其是管理人员、接待员和预订员。熟悉并掌握本酒店的基本情况和特点,这是做好前厅销售工作的基础。前厅员工应知晓的酒店基本情况有:酒店的地理位置及交通情况;酒店的等级及类型;酒店现阶段执行的房价及价格政策;酒店的服务设施与服务项目内容及特色,尤其是客房的特点,如楼层朝向、装修风格、设施设备、舒适度、安静度、实用度、方便度、物有所值度、资源独特性等,以便在销售中灵活运用。同时,员工还应了解竞争对手酒店或合作酒店的产品及服务情况,"知己知彼",以便在向客人做推销时突出自身酒店的特色、优势,或者当客人进行询问时,可以如实告知,方便客人比较,这也是酒店优质服务的表现。

(二)掌握销售的基本流程

在客房销售中,虽然每位员工销售的方式不同,但销售的主要流程应该如下:把握客人特点→介绍客房产品→洽谈价格→必要时展示客房→达成交易。

(三)礼貌待客,努力识别客人要求并把握客人特点

礼貌是服务的开始,也是成功销售的开端。除了注意必要的礼节礼貌之外,接待员要学会带姓称呼客人,可以拉近与客人的心理距离,使客人有被尊重的感觉,这将是双方良好沟通的基础;要询问并仔细聆听客人对住宿的基本要求,以确定销售方向;在与客人的交流中,要通过对客人的衣着打扮、言谈举止、年龄性别、随行人员等的察言观色,努力把握客人的特点、心理、喜好,为针对性地销售客房打好基础。

(四)重视客人利益,注重语言艺术

销售首先应站在客人立场上考虑问题,把客人的利益放在第一位,兼顾客人的经济承受能力、喜好等,设身处地地为客人考虑并安排客房,通过描述客人可能会接受的房间情况及酒店该阶段的促销活动,真诚地帮助客人让客人感受到前厅一切销售都是为了满足其需求。

在销售过程中,由于客人对产品价值和品质的认知度不同,对于同样的价格,有些客人认为合理,而有些客人则感到难以承受。在这种情况下,前台员工不要强求,而是要尊重客人意愿,或者可适当引导,善于用正面的描述性语言介绍房间的价值而非价格,及时将产品给客人带来的益处告知客人。如:"这类客房价格听起来高了一点,但是客房的床垫、枕头具有保健功能,卫生间还配有冲浪设备,可以让您充分得到休息和享受。"

强调客人的利益这一技巧还可用在二次推销上,如销售人员向一位预订了低价房的客人说:"××先生,您只需多支付40元,就可享受包价待遇,这个价格除了房费以外,还包括了早餐或一顿正餐。"又如,当客人要单人房,但酒店仅剩一间时,应说:"您真幸运,我们恰好还有一间不错的单人房。"而不能说:"这是最后一间单人房了,你要不要?"

(五)选择合适的报价方法

对客报价是前厅销售人员为扩大客房产品的销售,运用口头描述技艺以引起客人购买欲望的一种推销方法。在实际工作中,有针对性地适时采用不同的报价方法,才能达到最佳销售效果。销售中常见的报价方法有:从低到高报价,这种报价方法对酒店的稳定和扩大客源市场起着积极作用;从高到低报价,比较适用于未经预订、直接抵店的客人;选择性报价,销售人员能准确地判断客人的支付能力,客观地按照客人的要求选择适当的价格范围。

(六)给客人进行比较的机会

前厅员工可根据客人的特点,向其推荐两种或三种不同房型、价格的客房,供客人比较、选择,激发客人的潜在需求,从而增加酒店收益。如一位看上去很有身份的商人,要订一个普通标准房,前台

员工可以同时推荐商务套房供客人选择,可能会收到比较好的效果。在推销过程中,应避免将自己的观点强加于客人,而应尊重客人的选择,即使客人最终选择了一间较便宜的或相对档次较低的客房,也要表示赞同与支持。

(七)适时推销酒店其他产品

在销售客房的同时,不应忽视酒店其他服务设施和服务项目的推销。适时地向客人推销其需要的其他服务设施与服务项目,如洗衣服务、停车服务、健身服务等,不仅有利于增加酒店的收益,而且可能给客人带去方便,提高客人的满意度。

【任务拓展】

掌握销售的语言艺术对于前台员工非常必要。当出现以下情形时,若你是前台员工,你会如何回答客人?倾听其他同学的回答,有什么可学习之处?

情 形	客人说……	你说……
解释房间价格时	这个房间要800元呀?那么贵!	
给客人比较机会时	你们酒店有什么样的房间?	
当客人犹豫不决时	让我再想想是否住这……	
自称是常客的客人要求打折时(但客史档案中无该客人)	我是你们的常客,应该给我打折吧?	
需要化不利因素为有利因素时	房间靠海边,海浪声会很吵吧?	
采取不同的报价方式时	你们这儿的房价怎样?	
自我评价与提高:		

【任务反馈】

前厅管理者人员要有酒店整体产品的概念,从综合因素考虑去思考销售问题,掌握销售技巧是做好销售的前提,也是对员工培训的重要内容。

你有以下学习疑惑吗:前厅销售的内容包含好几个方面,这与客房销售有什么关系?

解惑释疑:前厅主要是销售酒店的有形产品和无形服务,地理位置、气氛、形象等虽然不能直接当成商品出售,但这些因素可以成为促进产品和服务销售的卖点。

任务二 增销之道

【任务导入】

某日凌晨1点,悦逸大酒店就剩下一间价格1 500元的套房了。这时,有一位客人来到前台要开房,但经过询问后觉得那间套房价格太贵了,准备离开去其他酒店看看。

思考问题:

1. 如果你是该酒店前台的员工,你会怎么办?是直接让客人走了呢,还是把客人留下来和客人商谈什么样的价格客人可以接受?

2. 如果通过努力你想方设法把这间套房卖掉了,那么对客人、对酒店分别带来什么益处?

【任务执行】

一、增销及其意义

增销也称 Up selling,即增加销售,主要针对客房销售。前台增销主要包括两种情形:一是对已经预订的客人进行客房升档销售;二是对未预订客人促成销售,并尽量推销高价格的客房。前台主销的主要目的有以下两点:

(一)增加客人的满意度

增销可使客人潜在的消费需求得到有效的释放,购买到更想要的服务产品。客人在预订时可能并不知道酒店有其他房型可以选择,或者客人可能一开始由于预算、工作繁忙等原因放弃预订更高级房间的选择,但是在到达酒店时已经有了对客房升档的需求,如临时需要更大的办公空间,刚刚谈妥了一笔大生意想要款待一下自己,知道好友将来拜访自己等等。

(二)提升酒店的平均房价

对于增销,客人也许选择,也许不选择,做决策的时间虽然只是几秒钟,但是给酒店带来的收益可能是相当可观的。前台增销是酒店增加收入的一种途径,也是提升平均房价的关键点。因此,前厅管理人员要注意建立合理的增销体制,培养前台员工的增销意识,使其掌握增销技巧。

二、怎样做好增销

(一)增销需建立合理的价格体系

酒店的价格体系可能会针对不同的客户群体制定不同的价格,例如团队、大客户、一般客户、旅行团价格不同,但是特殊的打折价格可能只针对库存最丰富的低价格房型,高端房型因其价格与其他特殊折扣价之间形成的差价过高,往往缺乏足够的吸引力。因此,酒店的价格应该是递进的,如:经济房 300 元/间夜,标准房 350 元/间夜,豪华房 380 元/间夜,套房 500 元/间夜。这样设计前台操作方便,客人也能感受到补差价带来的实惠,而酒店财务只需要对比原预订和客人实际入住的房型即可计算出增销带来的额外收益。

(二)增销需要合理的激励措施

要使员工主动积极地进行客房增销,酒店应该配以合理的、可操作的奖励政策来激励员工参与增销计划。增销奖励额度应该以增效的差价为基础,可以采用积点的计算方法和固定金额的计算方法,还可以采用团队奖励的形式。无论采取哪一种方法,公示每个团队和每个人的增销业绩。

(三)增销需要讲究技巧

在进行客房增销时,销售人员要善于发现增销机会。例如,通过观察客人行李、衣着、言谈举止等识别其有无客房升档的可能,试探客人是否有升级入住的需要。同时,要尽力营造良好的关系氛围,如友好、热情、微笑地问候客人,选择合适的交谈方式,主动与客人多交谈等。另外,要突出介绍所增销客房的价值。

【任务拓展】

假设酒店共有客房 250 间,其中标准房 220 间,行政楼层套 30 间。酒店的标准房房价是 500 元/间夜,行政楼层套房的房价是 650 元/间夜。请根据提示计算下表中的相应数据,并进行比较,你又有何心得体会?

客房出租情况	客房出租率	一天的营业额	平均房价	心得……
每天出租标准房 200 间,行政楼层套房 10 间				
如果每天将 5 间标准房增销成套房(即出租标准房 195 间,行政楼层套房 15 间)				
如果每天将 10 间标准房增销成套房(即出租标准房 190 间,行政楼层套房 20 间)				

【任务反馈】

前厅增销不仅可以提高酒店的收益,还可以挖掘客人的潜在需求,提高客人满意度,因此,管理人员要有增销意识,并掌握一定的增销技巧。

你有以下学习疑惑吗:如果酒店对增销有奖励,具体是怎样操作的?

解惑释疑:这没有统一的标准,酒店自行规定奖励措施与额度。例如,有

管理在前厅

一家酒店规定,总台员工每卖出一间套房(属高价格客房),则个人可得到50元至100元不等的奖金。

◆项目评价

【知识/技能评价】

1. 前厅销售的内容有哪些?

2. 你认为不同类型的宾客有什么特点,应该采取怎样针对性的销售方法?请举例说明。

3. 客房增销就是为了让酒店多赚钱吗?

【实训演练】

1. 模拟销售客房。

今天,你是一位总台的中班接待员,以下情形均是客人来你们酒店想住宿,但他们没有事先预订。请你根据情况做好针对性的销售工作:

● 下午4点左右,有一对老夫妇走进了酒店大堂想住宿……

● 今天是周六,三位外地的学生来你酒店所在城市旅游。他们背着双肩包来到总台……

● 一位IBM公司的商务人士拿着拉杆箱、提着电脑包来到总台……

● 一对中年夫妇带着他们12岁的儿子来旅游,想入住你们酒店……

模拟练习时需准备:模拟总台、纸、笔、酒店房价表、促销宣传单等。

当同学进行模拟练习时,其他同学可按以下标准为其打分:

项目	推荐客房恰当	报价方法恰当	讲究语言技巧	肢体语言运用恰当	语气柔和语速适中	仪表规范仪态大方
分值	5	5	5	5	5	5
得分						

2. 制订一份对前台员工增销的奖励计划。

【项目链接】

房型介绍与报价的先后顺序

在销售客房时,房间何时介绍、价格放在什么阶段报,以及报几种房价等,要根据不同客人的特点需求以及客房产品优势等进行选择,通常有3种方式:

1. "冲击式"报价。先报出房间的价格,再介绍客房所提供的服务设施和服务项目及特点。这种报价方式比较适合推销低价房。

2. "鱼尾式"报价。先介绍客房所提供的服务设施和服务项目及特点,最后报出房价,突出客房物有所值,以削弱客人对价格的敏感度。这种报价方式比较适合推销中档客房。

3. "三明治式"报价。也称"夹心式"报价,此报价方式是将价格置于提供的服务项目中进行报价,以削弱价格分量,增加客人购买的可能性。这种报价方式比较适合推销中、高档客房,可以针对消费水平高、有一定地位和声望的客人入住的可能性。

项目十三　沟通管理

◆项目目标

【行业要求】

酒店业是人与人打交道的服务行业。每一位酒店人都要学会如何与客人沟通、与同事沟通、与上下级沟通。

【岗位目标】

知晓前厅部的沟通工作内容，掌握基本沟通技巧，提高服务水平和管理水平。

◆项目任务

服务与管理即是沟通。前厅部的优质服务依托员工与宾客的良好沟通、前厅部内部的沟通、前厅部与酒店其他部门的沟通。因此，对于每位员工和管理者，明白沟通原理、掌握沟通技巧、知晓前厅部沟通环节，有助于提高沟通效率和沟通质量。

任务一　知晓沟通是如何进行的

【任务导入】

某酒店一位客人致电总机话务员，要求总机话务员于第二天上午10:30叫醒服务。第二天上午10:00左右，当他睡得正香时，门铃响了，原来是客房服务员敲门询问是否要清扫房间。客人非常恼火："我不是跟你们说10:30再叫醒我吗？"可是客房服务员也很委屈，因为客人的房门外没有显示"请勿打扰"呀……

阅读案例并回答问题：

1. 出现这一现象的原因是什么？

2. 针对这一问题，你觉得酒店在沟通管理方面可做哪些改进？

【任务执行】

美国芝加哥公牛队的著名篮球运动员乔丹与皮蓬说："我们两个人在场上的沟通相当重要，我们相互从对方的眼神、手势、表情中获取对方的意图，于是我们传、切、突破、得分；但是，如果我们失去彼此间的沟通，那么公牛的末日来临了。"

一、怎么理解"沟通"

什么是"沟通"？对于该词有两种解释：一是指挖沟使两水相通。《左传·哀公九年》中有"秋，吴城邗，沟通江淮"。二是指使彼此通连、相通。例如，郭小川的《在大沙漠中间》诗中有以下语句："似乎有一支绵长的、不发声的音波，沟通着宇宙、太阳和这地球上的沙漠。"

沟通一词经过演变，已被赋予了新的内涵。沟通是人与人之间、人与群体之间思想与感情的传递和反馈的过程，以求思想达成一致和感情的通畅；沟通是人与人之间通过语言、文字、符号或其他的表达形式，进行信息传递和交换的过程。

日本的著名企业家松下幸之助的名言："伟大的事业需要一颗真诚的心与人沟通"，"企业管理过去是沟通，现在是沟通，未来还是沟通"。因此，管理者的真正工作就是沟通。

二、沟通是如何进行的

简单地说，沟通是信息传送与接收的行为，即发送者凭借一定的渠道，将信息传递给接收者，并寻求反馈以达到相互理解。在这个过程中至少存在着一个发送者和一个接收者，即发出信息一方和接收信息一方。信息在二者之间的传递过程，一般经过编码、传递、接收、译码等多个环节，如图13-1所示。

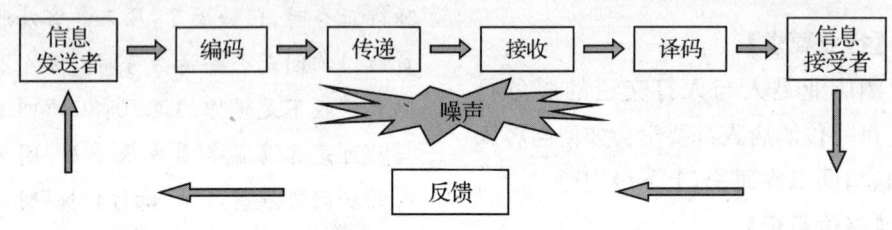

图 13-1　沟通过程图

首先，发送者需要向接收者传递信息。这里所说的信息是一个广义的概念，它包括观点、想法、资料等内容。

1. 发送者将所要发送的信息译成接收者能够理解的一系列符号，即编码。为了有效地进行沟通，这些符号必须适应传递媒介的需要。例如，如果媒介是书面报告，符号的形式应选择文字、图表或照片；如果媒介是讲座，就应选择文字、幻灯片和板书。

2. 发送的符号传递给接收者。由于选择的符号种类不同，传递的方式或媒介也不同。传递的方式可以是书面的，如信件、备忘录、电子邮件等；也可以是口头的，如交谈、演讲、电话等；甚至还可以通过身体动作来表述，如手势、面部表情、姿态等。

3. 接收者接收符号。接收者根据发送来的符号的传递方式，选择相应的接收方式。例如，如果发送来的符号是口头传递的，接收者就必须仔细地听，否则，符号就会丢失。

4. 接收者将接收到的符号译成具有特定含义的信息，即译码。由于发送者翻译和传递能力的差异，以及接收者接收和理解水平的不同，或由于双方文化背景等的差异，信息的内容和含义经常会被曲解。例如，当客人打电话到行李房说将要退房，一般的行李员会认为是客人需要取出行李，而有些行李员则会认为客人打错电话了，而请客人打电话到总台。

一般说来，发送者通过接收者的反馈来了解他想传递的信息是否被对方准确地接收。通常，信息的整个传递过程可能充满着"噪声"，即干扰和扭曲信息传递的因素,影响着信息传递的准确性和完整性,使得沟通的效率大为降低。因此,发送者了解信息被理解的程度也是十分必要的。沟通过程图中的反馈,构成了信息的双向沟通。同时,要进行有效沟通,双方都应注意在各个沟通环节中尽量减少干扰。

对于信息发送者而言,要把握沟通的原则。第一,事先要明确沟通协调目的与内容,即为什么要进行沟通协调?需要沟通协调的内容到底是什么?第二,要注重选择恰当的沟通对象和沟通时机。第三,与人沟通要本着诚恳的沟通态度。第四,选择正确的渠道,即考虑采用何种渠道来传递信息,以便使对方对你所进行的沟通协调引起重视。第五,注重信息的接收及反馈,提倡双向沟通,保证沟通协调效果。

【任务拓展】

请分别列举你成功沟通和失败沟通的例子,说明在沟通过程中,可能会有什么样的"噪声"?如何尽量减少这些"噪声"?

【任务反馈】

广义说来,酒店工作就是沟通的过程。为了更好地做好服务与管理,前厅管理者要懂得沟通的原理,以便更好地掌握技巧。

你有以下学习疑惑吗?"噪声"是不是只存在于"传递"到"接收"的环节?

解惑释疑:"噪声"是指沟通过程中存在的影响沟通质量的干扰和障碍,它不仅存在于"传递"至"接收"的环节,而且也存在于其他各环节,使沟通信息失真或减损。

任务二 让前厅沟通更有效

【任务导入】

某年"3·15"消费者权益日期间,上海消费者协会收到的关于酒店的投诉中,有许多客人抱怨酒店总机在接听电话时过分使用英语,即接电话时"先用英语后用中文普通话"问候客人,以至于不方便沟通。请你谈谈对这一现象的看法。

【任务执行】

要提升服务质量,做好酒店内部沟通工作是重要基础。酒店管理人员在积极抓好酒店对外沟通、对客沟通的同时,还应加强内部沟通。良好的内部沟通可以提高管理效能,互相了解人员情况,有助于员工参与管理,有利于上、下级管理人员和一般员工之间的理解。

一、沟通的方式

前厅部是酒店其他部门的信息源,也是酒店管理机构的参谋和助手,它的内部信息沟通及对外信息沟通都显得格外重要。前厅部进行内部沟通的方式主要有:

(一)会议沟通

会议是一种面对面的最明朗、最直接的联系和交流方法。如有前厅部经理召集的部门例会、晨会,前厅部各工种举行的班前会和班后会等。当然,会议的次数和时间都不能影响到酒店的正常业务运行。有意义的简短而突出重点的会议,对增进管理者和员工之间的了解是极其有效的。

(二)纸质媒介沟通

在酒店中,纸质沟通媒介主要有:工

作日志或记事本、备忘录、联系单、报表和报告、员工手册、给员工的信、报纸、杂志和内部简报,等等。由于纸质媒介属于我们通常所说的"白纸黑字",具有明确、可追溯等优点,因而在酒店中被广泛使用。其中,对于前厅部的每个岗位来说,工作日志或记事本必不可少,是各班组相互沟通联系的纽带,主要记录本班组工作中发生的问题、尚未完成并需要下一班组继续处理的事宜,或提请其他班组员工注意的事项等。

(三)电子媒介沟通

现代科技的发展、新技术的应用,为酒店提供了高效的电子沟通平台。在酒店前厅部中,除了常用的电话沟通外,电子邮件、手机短信、电脑留言、电话语音信箱、传真等也成了大家乐于使用的沟通方式。另外,酒店普遍使用的计算机运营系统和管理系统正是员工工作沟通的良好媒介,大大提高了沟通效率和沟通的准确性。

(四)公告牌沟通

公告牌是最简单也是最常用的沟通方法之一,它通常放在诸如前厅部办公室、预订处、总机等客人不直接出入的地方。公告牌既能告知员工有关事项、提供有关信息、提醒当日的工作要点,又能将对员工的褒奖、部门活动掠影、对员工生日祝福等在此展示,以增强企业凝聚力。

(五)活动沟通

多种形式的团体活动是消除误解与隔阂、加强内部沟通交流的较理想的方式。酒店或前厅部应定期或不定期地举行这类活动,如联谊会、茶话会、郊游、外出考察等,都会有力地增加团队凝聚力。

(六)培训沟通

酒店会定期或不定期地开展内部员工培训,例如酒店人力资源部组织的培训、前厅部对新员工的培训、前厅部主管和领班的提高培训、前厅部员工对员工的培训等。通过培训,既能提高前厅部员工和各级管理人员的业务水平,又能加强员工之间及员工与管理人员之间的沟通与理解。

二、前厅部内部沟通事项

前厅部内部沟通是指前厅内部各岗位之间、各环节之间的相互沟通,主要包括客房预订、入住接待、前台收银、礼宾服务、商务中心、电话总机、大堂副理等岗位之间的沟通。

前厅部是对客服务的协调中心,首先要做好内部的横向沟通与纵向沟通,使服务具有连贯性、一致性,这样才可以与其他部门紧密有效地进行沟通,并形成合力,共同优质地服务客人,使客人满意。表13-1是前厅部内部沟通的部分内容。

表13-1 前厅部内部沟通

接待处与客房预订处的沟通	1. 前厅接待处应每天将实际抵店、实际离店、提前离店、延期离店等用房数以及临时取消客房数、预订但未抵店客房数和换房数及时输入计算机系统内,或采用表格形式递送给客房预订处,以便预订员修改预订信息,确保预订信息的准确性 2. 客房预订处每天将已延期抵店、实际取消以及次日抵店用房数等及时输入计算机内或采用表格形式递交接待处,以便前厅接待处最大限度地销售客房

续表

接待处与前台收银处的沟通	1. 前厅接待员应及时为入住客人建立账单,以便收银员开立账户及累计客账 2. 前台接待员与收银员就换房所产生的房价变动以及客房营业情况互通信息 3. 前台收银处将客人已结账信息及时通知接待处,以便迅速调整房态
写一写:以下的沟通内容由你帮助填写哟……	
接待处与总机房的沟通	
礼宾部与前厅其他岗位的沟通	
大堂副理与前厅其他岗位的沟通	

三、有效沟通的几个要点

美国著名的普林斯顿大学的研究人员对一万份人事档案进行分析,发现"智慧"、"专业技术"和"经验"只占成功因素的25％,而其余的75％取决于良好的人际沟通。因此,在现实的人际沟通中,要克服沟通障碍、达成良好的沟通效果,提高沟通者的沟通技巧显得十分必要。

作为信息接收者,要注意仔细地聆听对方。关键的沟通技巧是积极聆听,倾听的技术对于进行有效的沟通来说同样是非常重要的。譬如,当面沟通时,信息接收者要注意与信息发送者目光的接触,必要时要展现赞许性的点头和恰当的面部表情;要专注,避免分心的举动或手势;要恰当地提出意见,以显示自己不仅在认真聆听,而且还对所说内容有所思考;恰当的时候,用自己的话重述对方所说的内容;要做一个有耐心的听众,不宜随意插话;不要妄加批评和争论;注意听者与说者的角色转换等等。

（一）做好纵向沟通

酒店通常采取直线制管理模式。酒店做好纵向沟通的主要目的是为了保证信息自上而下、自下而上的双向畅流。

前厅部的对客服务需要纵向沟通。譬如，对于一项VIP接待，酒店会有自上而下的对如何做好接待安排的沟通，以保证每位相关服务人员都知晓明了；而员工对于宾客提出的需求或投诉，当员工不能解决时，则往往需要酒店管理层处理定夺。换言之，酒店员工在进行对客服务时，需要大量有关宾客需求和酒店经营、决策等方面的信息；而酒店管理层也有必要把酒店新的服务策略、新的服务方式及至酒店的企业文化等信息及时地传递给一线员工。这种信息的双向需求，要求酒店提供顺畅的上、下级之间的沟通渠道。同时，酒店的一线员工尤其是前厅部员工在与宾客频繁而密切的接触中，最易得到有关宾客真实需求的信息，发现服务中存在的问题。一线员工将对服务的建议、意见、要求向上级反馈，是酒店管理层调整政策策略、改善服务品质的重要依据和参考。不容忽视的是，管理层对于员工上传沟通的信息要给予重视并及时反馈，以免挫伤员工的积极性，影响服务质量。

调查显示，在纵向沟通中，信息传递链过长，会减慢信息流通速度并造成信息失真。因此，为了提高沟通效率还应缩短信息传递链。拓宽沟通渠道可以促使信息的有效传递。

（二）做好横向沟通

酒店工作是团队作业。从酒店的具体工作来看，酒店对客提供的许多服务都需要不同部门的员工相互配合、共同协作来完成。以会议接待为例，需要营销部、前厅部、会议部或客房部、餐饮部、保安部、工程部等部门在不同环节的支持下来共同完成。从宾客角度而言，他所购买的服务或产品是作为整体单位的酒店向其提供的，并不是由某部门提供的。例如，如果客人对餐饮卫生不满意，他会投诉说是该酒店的管理有问题，而不会仅仅指责酒店餐饮部。酒店中不同部门、不同员工为宾客提供的服务都是其对本酒店服务质量感受的组成部分，任何环节的缺失都会破坏服务的整体效果。前厅部作为对客服务的协调中心，除了做好部门内部横向沟通外，尤其要注意与酒店其他部门间的合作与沟通。

（三）防止内部沟通矛盾

对于任何一个组织来说，可能会存在着横向矛盾，即部门间在工作中可能会产生诸如观念、利益、目标、职权等方面的冲突。在前厅部内、外沟通过程中会出现的常见问题或矛盾主要有：为了竞争互相拆台；彼此缺乏尊重与体谅；想当然而意气用事；酒店管理能力薄弱等。酒店的对客服务尤其表现为合力作用，这类冲突的存在会极大地影响部门间的协调，影响沟通效果，也会使服务质量大打折扣。因此，酒店管理人员要努力在组织内部形成团队合作的企业文化，尽量避免部门间冲突的发生。同时，加强沟通过程管理是防止内部沟通矛盾发生的良好方法。沟通不仅是一种工作手段与方法体系，同时也应该体现一种制度体系。也就是说一旦存在着沟通需求，就必须有相应的规范和制度来加以保障。增加沟通执行中相关的效果考核和约束，也是管理者提高沟通的过程管理的手段。

【任务拓展】

前厅部与酒店其他部门之间分别有哪些沟通事项或行为？请一一列举。

【任务反馈】

沟通主要包括酒店内部沟通和对外沟通，沟通的方法有许多。前厅管理人员充当着服务者与管理者的双重角色，因此要多思考、多总结，提升沟通水平。

你有以下学习疑惑吗：前面提到了纵向沟通与横向沟通，那么，有斜向沟通吗？

解惑释疑：有的。不同层级部门间或个人的沟通即是斜向沟通。如前厅部经理与客房部楼层清扫员之间的沟通来往。在酒店中，一般不主张斜向沟通。

◆项目评价

【知识/技能评价】

1. 请画出沟通的原理图。
2. 在酒店，前厅部内部沟通的常见方式有哪几种？
3. 如何防止出现内部沟通矛盾？

【实训演练】

春秋战国时期，耕柱是一代宗师墨子的得意门生，不过他老是挨墨子的责骂。有一次，墨子又责备了耕柱，耕柱觉得自己真是非常委屈，因为众多门生之中，自己是被公认的最优秀的人，但又偏偏常遭到墨子指责，让他感觉很没面子。

一天，耕柱愤愤不平地问墨子："老师，难道在这么多学生当中，我竟是如此差劲，以至于要时常遭您老人家的责骂吗？"

墨子听后反问道："假如我现在要上太行山，依你看，我应该要用良马来拉车，还是用老牛来拖车？"

耕柱回答说："再笨的人也知道要用良马来拉车。"

墨子又问："那么，为什么不用老牛呢？"

耕柱回答说："理由非常简单，因为良马足以担负重任，值得驱遣。"

墨子说："你答得一点也没错，我之所以时常责骂你，也正因为你能够担负重任，值得我一再地教导与匡正你啊。"

1. 阅读以上故事，进行思考（约10分钟时间），谈谈它对你有何启示。
2. 拟写发言提纲。
3. 做3至5分钟时间的观点总结陈词，注意沟通技巧。
4. 沟通效果评价：教师或同学将对你的发言情况进行评价，你也进行自我评价。

影响能力 （5分）	说服能力 （5分）	表达能力 （5分）	思辨能力 （5分）	领悟能力 （5分）	总结能力 （5分）	个人魅力 （5分）

总得分：_____

你的自我评价：

【项目链接】

管理者的沟通艺术

沟通成功与否与沟通的艺术性密切相关。前厅部管理者应提高沟通的艺术，具体可从以下方面入手学习：

1. 学会倾听。倾听是一种有效的沟通方式，也是对别人尊重的表现。具有成熟智慧的管理者认为，认真倾听别人的意见比表现自己的渊博知识更为重要。

2. 学会微笑。微笑是世界通用语言。在日常与员工的交流沟通中，管理人员都应注意用微笑面对对方，使员工在无形中增强对沟通的意愿与自信心。

3. 学会赞美。当员工能出色地进行或者自始至终坚持良好沟通时，管理人员应对员工表示肯定，譬如在公开场合给予恰当地称赞，这样会增强员工的成就感和责任感。

4. 学会变通。解决某一问题的办法可能有很多个。管理者不能一意孤行地只认为自己的办法是最好的，而要集思广益，思量员工意见的合理性，使沟通变得更顺畅和有效。

5. 学会幽默。一位具有幽默气质的管理者应该会受到下属的喜爱。幽默是解决沟通问题的良药，它能缓和矛盾双方的敌对情绪，活跃沟通中因意见分歧等造成的紧张气氛。

6. 学会平心静气。管理者与被管理者虽然是上下级工作关系，但在人格上是平等的。管理者要创造良好的、平和的沟通环境，让员工处于轻松愉快的沟通状态。

7. 保持一视同仁。管理人员如果对下属员工不能保持一视同仁、客观公正的态度，或存有偏见，则会影响组织内的沟通效果。公正的立足点是制度管人，管理者不存私心。

项目十四　服务质量管理

◆项目目标

【行业要求】

酒店需要不断提升服务品质。酒店从业人员应具有很好的质量意识，了解并把握前厅服务质量标准。

【岗位目标】

能够胜任酒店质检部门的酒店质量检查工作；作为前厅领班、主管或经理，学会如何对前厅服务质量进行控制与提升。

◆项目任务

由于行业竞争日益激烈，现代酒店已将服务质量的提升看成主要的工作追求。由此，酒店业也已成为服务行业中高品质服务的佼佼者或代名词。作为前厅部管理人员，首先要对服务品质有深刻的理解，并很好地把握前厅服务质量的标准是什么，在此基础上，对前厅服务质量进行有效控制，以不辜负"酒店门面"的美誉。

任务一　把握前厅服务质量标准

【任务导入】

种子的秘密

弗兰克大叔是一个老实巴交的农民，经营着一家农场，他对在地里种庄稼非常在行，经常在村镇里举办的各种农业比赛中获得大奖。

每年秋天的种子交易会上，他家的粮食和蔬菜种子卖的价格最贵，即使这样还经常供不应求。弗兰克大叔年纪大了，决定把农场交给儿子打理。交代好了农场大大小小的事情后，弗兰克对儿子严肃地说："还有一件非常重要的事，你一定要牢记在心。每年秋天，无论咱们家的种子多么紧缺，都要挑一批最好的种子送给邻居们。"

儿子听了很不理解，"爸爸，我们家种的粮食蔬菜远近闻名，每年秋天，我们家的种子也是最抢手的，卖的价钱也最贵。您为什么放着高价不卖，反而要免费送给邻居呢？"

"孩子啊，我们家的蔬菜和粮食能越

种越好,其中有一个秘密,就是因为我把好种子送给了邻居们,"弗兰克大叔说,"因为植物的花粉被风从一片地里吹到另一片地里。如果邻居用了劣质种子,种子开的花质量就不高,而劣质的花粉被风吹过来,就会影响到我们家的蔬菜和粮食。所以为了保障我们的粮食和蔬菜质量,邻居地里的种子和我们自己的种子一样重要。"(资料来源:《环球时报》,2011-07-25(13),洪涛编译)

阅读以上故事,它对你有何启发?你对前厅质量管理又有什么感想?

【任务执行】

什么是服务?服务的本质是一方向另一方提供益处的一种行为或表现。它是一种经济行为。Collier(1987)指出,服务是一种不直接生产出物理产品的行为,它可以是个点子、娱乐、资讯,改变顾客在健康、知识、安全或其他任何方面的表现。

一、理解"服务质量"

酒店服务是在一定经济发展阶段的一种综合性服务现象,是发生在酒店服务提供者和接受者之间的一种无形的互动作用。酒店服务的供需双方在交换中实现了各自的利益的满足,但互动过程不涉及所有权的转移。

国际标准化组织指出,"质量是能够满足阐明的或隐含的需求的产品或服务特性与特点的总和"。企业除了保证产品质量以外,还旨在增进顾客满意。

有观点认为,酒店服务质量是指酒店以其所拥有的设施设备为依托,为客人提供的服务在使用价值上适合和满足客人物质和精神需要的程度。适合,是指为客人提供服务的使用价值能为客人所接受和喜爱;满足,是指该使用价值能为客人带来身心愉悦和享受,使客人感觉到自己的愿望和企盼得到了实现。

酒店服务质量由硬件质量和软件质量构成。硬件质量指设施设备、实物产品、服务用品、环境等可用客观的指标度量的实物质量,软件质量是指酒店提供的各种劳务活动的质量,见图14-1。

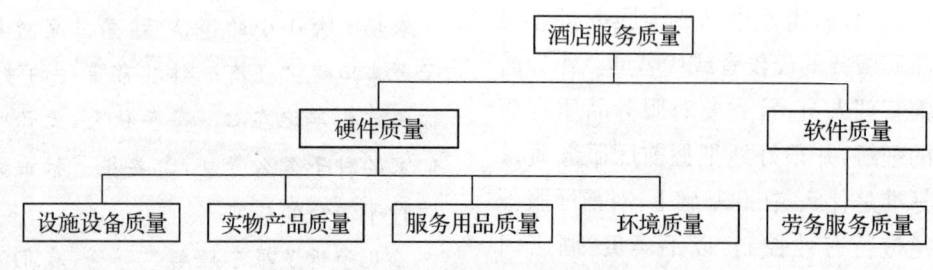

图14-1 酒店服务质量构成

对比图14-1中的服务质量构成,在《旅游饭店星级的划分与评定》的"服务质量总体要求"中,服务质量多被聚焦在员工的劳务质量上,体现在员工的仪容仪表、言行举止、服务态度、业务知识、服务技能和应变能力等各个方面,要求酒店所有的员工达到相应的标准。

美国学者帕拉苏拉曼认为,服务品质具备三个基础主题:对顾客来说,评价服务的品质比评价物品的品质更困难;品质服务的感知体现为顾客的期望与实际服务表现的吻合度;品质的评价不仅仅是在服务的结果上,而且包括了对整个服务传递过程的评价。

对酒店而言,服务能否满足客人或感动客人,既取决于服务活动的最终结果,也取决于服务活动的全部过程以及每一个细节。同时,服务质量既取决于客人对既有消费需求的满足程度,也取决于客人对隐含消费需求的满足程度。

二、星级酒店前厅服务要求

(一)前厅服务必备项目要求

在星级评定过程中,针对不同档级的酒店有不同的必备项目要求。《旅游饭店星级的划分与评定》中的"必备项目检查表"规定了各星级应具备的硬件设施和服务项目。对一星级、二星级、三星级酒店,"必备项目"体现在一般要求、设施、服务等三方面;而对于四星级、五星级酒店,要求更高一些,在酒店总体要求、前厅、客房、餐厅及吧室、厨房、公共区域、会议和康体设施等方面规定了具体标准。

评定检查时,酒店星级评定员对所申评酒店的必备项目逐项确认达标后,再进入后续的设施设备、运营质量方面的打分评审程序。表14-1是对四星级酒店前厅的必备项目的要求,也就是说,如果某酒店欲申评四星级,则该酒店在前厅方面必须满足表中所列的要求。

表 14-1 "四星级酒店必备项目"之前厅部分

序号	项 目	是否达标
1	饭店总体要求(略)	
2	前厅	
2.1	区位功能划分合理	
2.2	整体装修精致,有整体风格、色调协调、光线充足	
2.3	总服务台,位置合理,接待人员应24h提供接待、问询和结账服务。并能提供留言、总账单结账、国内和国际信用卡结算及外币兑换等服务	
2.4	应专设行李寄存处,配有饭店与宾客同时开启的贵重物品保险箱,保险箱位置安全、隐蔽,能够保护宾客的隐私	
2.5	应提供饭店基本情况、客房价目等信息,提供所在地旅游资源、当地旅游交通及全国旅游交通信息,并在总台能提供中英文所在地交通图、与住店宾客相适应的报刊	
2.6	在非经营区应设宾客休息场所	

续表

序号	项　目	是否达标
2.7	门厅及主要公共区域应有符合标准的残疾人出入坡道,配备轮椅,有残疾人专用卫生间或厕位,为残障人士提供必要的服务	
2.8	应24 h接受包括电话、传真或网络等渠道的客房预订	
2.9	应有门卫应接服务人员,18 h迎送宾客	
2.10	应有专职行李员,配有专用行李车,18 h提供行李服务,提供小件行李寄存服务	
2.11	应提供代客预订和安排出租汽车服务	
2.12	应有相关人员处理宾客关系	
2.13	应有管理人员24 h在岗值班	
3	客房(略)	
4	餐厅及吧室(略)	
5	厨房(略)	
6	会议和康体设施(略)	
7	公共区域(略)	
	总体是否达标检查表	

资料来源:《旅游饭店星级的划分与评定》(GB/T14308—2010)

有关设施设备方面的评分见本书表2-1,运营质量方面的评分见表14-2。

（二）前厅运营质量标准

《旅游饭店星级的划分与评定》对酒店运营质量的评价内容分为总体要求、前厅、客房、餐饮、其他、公共及后台区域等6个大项。评分时按"优"、"良"、"中"、"差"打分并计算得分率。表14-2是该标准的"饭店运营质量评价表"中总体要求以及有关"前厅"部分的要求。

表14-2 "饭店运营质量评价表"之总体要求和前厅要求

序号	标　准	评　价			
1 总体要求					
1.1	管理制度与规范	优	良	中	差
1.1.1	有完备的规章制度	6	4	2	1

续表

序号	标准	评价			
1.1.2	有完备的操作程序	6	4	2	1
1.1.3	有完备的服务规范	6	4	2	1
1.1.4	有完备的岗位安全责任制与各类突发事件应急预案,有培训、演练计划和实施记录	6	4	2	1
1.1.5	制订饭店人力资源规划,有明确的考核、激励机制。有系统的员工培训制度和实施记录。企业文化特色鲜明	6	4	2	1
1.1.6	建立能源管理与考核制度。有完备的设备设施运行、巡检与维护记录	6	4	2	1
1.1.7	建立宾客意见收集、反馈和持续改进机制	6	4	2	1
1.2	**员工素养**	优	良	中	差
1.2.1	仪容仪表得体,着装统一、体现岗位特色;工服整洁、熨烫平整,鞋袜整洁一致;佩戴名牌,着装效果好	6	4	2	1
1.2.2	训练有素、业务熟练,应变能力较强,及时满足宾客合理需求	6	4	2	1
1.2.3	各部门组织严密、沟通有效,富有团队精神	6	4	2	1
	小计	60			
	实际得分				
	得分率:(实际得分)/该项总分×100%=				
2 前厅					
2.1	**前厅服务质量**				
2.1.1	**总机**	优	良	中	差
2.1.1.1	在正常情况下,电话铃响 10 s 内应答	3	2	1	0
2.1.1.2	接电话时正确问候宾客,同时报出饭店名称,语音清晰,态度亲切	3	2	1	0
2.1.1.3	转接电话准确、及时、无差错(无人接听时,15 s 后转回总机)	3	2	1	0
2.1.1.4	熟练掌握岗位英语或岗位专业用语	3	2	1	0
2.1.2	**预订**	优	良	中	差
2.1.2.1	及时接听电话,确认宾客抵离时间,语音清晰,态度亲切	3	2	1	0
2.1.2.2	熟悉饭店各项产品,正确描述房型差异,说明房价及所含内容	3	2	1	0
2.1.2.3	提供预订号码或预订姓名,询问宾客联系方式	3	2	1	0
2.1.2.4	说明饭店入住的有关规定,通话结束前重复确认预订的所有细节,并向宾客致谢	3	2	1	0
2.1.2.5	实时网络预订,界面友好,及时确认	3	2	1	0

续表

序号	标 准	评价			
2.1.3	**入住登记**	优	良	中	差
2.1.3.1	主动、友好地问候宾客,热情接待	3	2	1	0
2.1.3.2	与宾客确认离店日期,对话中用姓氏称呼宾客	3	2	1	0
2.1.3.3	询问宾客是否需要贵重物品寄存服务,并解释相关规定	3	2	1	0
2.1.3.4	登记验证、信息上传效率高、准确无差错	3	2	1	0
2.1.3.5	指示客房或电梯方向,或招呼行李员为宾客服务,祝愿宾客入住愉快	3	2	1	0
2.1.4	**＊行李服务**	优	良	中	差
2.1.4.1	正常情况下,有行李服务人员在门口热情友好地问候宾客	3	2	1	0
2.1.4.2	为宾客拉开车门或指引宾客进入饭店	3	2	1	0
2.1.4.3	帮助宾客搬运行李,确认行李件数,轻拿轻放,勤快主动	3	2	1	0
2.1.4.4	及时将行李送入房间,礼貌友好地问候宾客,将行李放在行李架或行李柜上,并向宾客致意	3	2	1	0
2.1.4.5	离店时及时收取行李,协助宾客将行李放入车辆中,并与宾客确认行李件数	3	2	1	0
2.1.5	礼宾、问询服务	优	良	中	差
2.1.5.1	热情友好,乐于助人,及时响应宾客合理需求	3	2	1	0
2.1.5.2	熟悉饭店各项产品,包括客房、餐饮、娱乐等信息	3	2	1	0
2.1.5.3	熟悉饭店周边环境,包括当地特色商品、旅游景点、购物中心、文化设施、餐饮设施等信息;协助安排出租车	3	2	1	0
2.1.5.4	委托代办业务效率高,准确无差错	3	2	1	0
2.1.6	**＊叫醒服务**	优	良	中	差
2.1.6.1	重复宾客的要求,确保信息准确	3	2	1	0
2.1.6.2	有第二遍叫醒,准确、有效地叫醒宾客,人工叫醒电话正确问候宾客	3	2	1	0
2.1.7	结账	优	良	中	差
2.1.7.1	确认宾客的所有消费,提供总账单,条目清晰、正确完整	3	2	1	0
2.1.7.2	效率高,准确无差错	3	2	1	0
2.1.7.3	征求宾客意见,向宾客致谢并邀请宾客再次光临	3	2	1	0
2.2	**前厅维护保养与清洁卫生**	优	良	中	差
2.2.1	地面:完整、无破损、无变色、无变形、无污渍、无异味、清洁、光亮	3	2	1	0

续表

序号	标 准	评 价			
2.2.2	门窗：无破损、无变形、无划痕、无灰尘	3	2	1	0
2.2.3	天花(包括空调排风口)：无破损、无裂痕、无脱落、无灰尘、无水迹、无蛛网、无污渍	3	2	1	0
2.2.4	墙面(柱)：平整、无破损、无开裂、无脱落、无污渍、无蛛网	3	2	1	0
2.2.5	电梯：平稳、有效、无障碍、无划痕、无脱落、无灰尘、无污渍	3	2	1	0
2.2.6	家具：稳固、完好，与整体装饰风格相匹配。无变形、无破损、无烫痕、无脱漆、无灰尘、无污渍	3	2	1	0
2.2.7	灯具：完好、有效，与整体装饰风格相匹配。无灰尘、无污渍	3	2	1	0
2.2.8	盆景、花木、艺术品：无枯枝败叶、修剪效果好、无灰尘、无异味、无昆虫，与整体装饰风格相匹配	3	2	1	0
2.2.9	总台及各种设备(贵重物品保险箱、电话、宣传册及册架、垃圾桶、伞架、行李车、指示标志等)：有效、无破损；无污渍、无灰尘	3	2	1	0
小计		111			
实际得分					
得分率：(实际得分)/该项总分×100%=					
3 客房(略)					
4 餐饮(略)					
5 其他服务项目(略)					
6 公共、后台区域(略)					
总分		600			
实际总得分		分			
总得分率		%			

注：如饭店不具备表中带"*"的项目，统计得分率时应在分母中去掉该项分值。
资料来源：《旅游饭店星级的划分与评定》(GB/T14308—2010)

【任务拓展】

满足和超越宾客的期望是服务质量的核心内容，了解宾客需求是提供高质量服务的前提。你是如何理解"服务质量"的？宾客的期望值与满意度之间有什么关系？

【任务反馈】

优质服务是酒店的追求目标，而什么是优质服务，其最终的评判权归属于宾客。但《旅游饭店星级的划分与评定》为前厅服务质量的把握提供了参考。

你有以下学习疑惑吗：表14-1、表14-2中的18 h、10 s分别是什么意思？

解惑释疑：h 是指 hour(小时)，s 是指 second(秒)，即 18 小时、10 秒钟。另外，m 是 minute(分钟)的简写。

任务二　做好前厅服务质量控制

【任务导入】

为获得服务质量的真实信息，酒店有时会请店外人员充当酒店住店客人，对酒店的服务环节与服务水平等做出体验式评价。这种客人往往被称为"神秘客人"。以下是某酒店的"神秘客人"对前厅接待服务的质量检查报告。

山水酒店前厅接待服务质量检查报告

检查时间：某年 6 月 2 日 18：00—19：30

检查项目：前厅接待服务

检查人员：外请的"神秘客人"

检查发现：

18：00，"神秘客人"来到酒店门口。门童(工号 2022)拉车门动作规范，"您好，欢迎您光临！"音量适中、语音亲切，但面部表情欠显热情。

"神秘客人"来到前台办理住店手续。接待员(工号 2001)仪表仪容、接待语言均符合标准。但现场的 2 名接待员(工号 2001、2003)对酒店现行的房价说法不一。2001 号说标准间是 500 元，2003 号接待员却说是 550 元。最后确认打折后的房价 500 元。"神秘客人"在填写入住登记表时故意将年龄、长住地址两项信息写错，结果接待员(工号 2001)在核对证件时未能发现错误，为客人办理了入住登记手续。整个接待过程中，接待员带姓称呼客人 1 次。同时，接待员没有询问是否需要贵重物品寄存。

接待台内一盏节能灯忽明忽暗，接待员说已于两天前报修，但至今未修。

18：08，入住手续办理完毕，行李员(工号 2021)接过"神秘客人"的手提物品，引领客人上房间(818)。途中，行李员未与客人主动攀谈，且在行走时与客人拉开约 5 米的距离。入房时发现磁卡钥匙打不开 818 号房门，行李员请客人在楼层等候，其迅速返回前台更换钥匙，5 分钟后赶回楼层，并说明是因为原先那张磁卡钥匙因使用次数过多消磁了，从而打不开房门。入房后行李员按酒店规定的"房内介绍"等操作标准向客人介绍房内设施设备。

18：30，"神秘客人"通过大堂副理向酒店营业车队要出租车 1 辆。15 分钟后，车辆到达前厅门口。车辆内外整洁，司机(工号 2055)仪容仪表基本符合标准要求，但领带结扣明显低于衬衣领口，没有戴白手套。司机见到"神秘客人"后主动问候，但当客人上车后，司机没有使用规范语言，而是问道："去哪儿？"20 分钟后，车辆返回酒店。

阅读以上案例，你认为山水酒店的前厅部服务需做哪些改进？请你替这位检查人员写出建议内容。

【任务执行】

对于前厅服务质量的管理与控制，可有多种手段和途径，如前厅部管理人员检查、酒店的质量监督部门巡查、酒店其他管理人员监督、外请质检人员暗访等。无论采取何种方式，酒店首先要明确服务质量管理的要求并配套相应的制度,而对于前厅部来说,掌握一定的管理方法与技巧是不可或缺的。以下是前厅服务质量控制中应注意的几个要点:

一、坚持全面质量管理意识

全面质量管理(Total Quality Management,简称 TQM),起源于 20 世纪 60 年代美国的工业企业,后又推广应用到服务性行业。酒店全面质量管理是指酒店为保证和提高服务质量,组织酒店全体员工共同参与,综合运用现代管理科学,控制影响服务质量的全过程和各种因素,以全面满足宾客需求的系统管理活动。它是酒店以宾客需求为依据、以宾客满意为标准、以全过程管理为核心、以全员参与为保证、以科学方法为手段,对酒店服务质量进行管理的一种有效方式。其中的全过程管理是指对服务的事前、事中、事后各环节进行质量控制。

从全面质量管理这种系统观念出发,有效地控制前厅服务质量,主要包含以下四个方面的意识:对前厅部所有服务的质量进行控制,即全方位的控制,而不是只关注局部;对服务前的组织准备、服务中的对客服务、服务后的善后处理的这一服务全过程进行控制;前厅部全体员工都参与质量管理与控制工作;管理者能够针对具体情况,灵活运用各种现代管理与控制方法。

二、明确服务质量标准

酒店树立了明确的质量理念,还需要明确总台、总机、商务中心、预订、礼宾、大堂副理等岗位应完成的工作目标,为完成该目标所需经过的程序,以及各个程序的质量标准。服务的标准通常在酒店开业时已经拟写,供服务人员参照,但在实际过程中,酒店还将根据宾客需求、员工意见等信息,对服务标准进行调整,使其更科学、更适合。服务质量标准确定后,还要结合对员工进行职业道德、业务技能的教育培训,使前厅部全体员工充分了解并掌握这一标准,并严格按照标准中规定的劳力调配、服务程序、设施设备维护保养、服务态度、细节事项等,实现优质的对客服务。

将服务人员重复性操作行为予以规范,并进一步制度化,是前厅服务质量过程控制的关键。规范化和制度化能够从很大程度上消除服务人员因个人主观臆断而造成的操作随意性,有利于服务人员在今后的工作实践中不断地进行自我完善和提高,也使得管理者有了检查和监控前厅服务质量的依据。

三、加强现场巡视管理

酒店服务质量存在不稳定性和难以控制性。不同的前厅员工或同一员工在不同时间、不同场合的服务质量可能或多或少存在差异;同理,宾客的需求也会随时间、地点、心境等的不同而发生变化,因此宾客满意度也往往存在差异性。所以,强调现场的质量控制往往优于事后控制。

管理者要通过现场巡视检查工作,督促对客服务质量标准的执行,随时听取宾客和员工的意见、要求,并给予及时反馈。现场巡视还可以帮助管理者及时发现质量问题隐患并予以纠正,预防或减少质量问题的发生,使酒店服务质量趋于稳定。通常,不同的酒店管理者各有其不同的巡视管理范围。

四、注重个性化与制度化相结合

前厅服务通常不会生产出有形的产品,而是表现在一个过程、一项活动。前厅服务过程中每一次"客我双方活动",由于时间环境、服务对象、客我心理等多方面因素的影响,其服务的质量和结果不尽相同。所以,前厅服务人员可以尝试在"准备——开始——进行——结束"的固定服务模式之外,不断创造新的、更好的服务。

在服务质量控制时,前厅部也应考虑将个性化服务与制度化服务相结合,例如视具体情况适当减少服务中间环节、缩短过程时间,或更加耐心细致地为宾客提供诸如反复查询、疑难问题处理、委托代办、联系协调等超常服务,以满足客人多种合理的消费需求,达到既定的服务质量目标。

五、强调对时间与服务效率的控制

服务效率与服务质量息息相关,效率的高低是衡量服务质量的重要参数。前厅接待、电话转接、行李服务、投诉处理等,其效率高低均直接影响客人的满意度,而服务效率的高低主要取决于操作程序的合理性、员工操作技能的熟练程度、被激励程度、设施设备的运行情况等因素。为此,不少酒店都在积极采取措施,从多方面提高服务效率。

虽然前厅员工应该掌握在限定时间内完成相关工作的技能技巧,但并非所有的服务都是时间越短越好。对于必要的操作环节是不能省略的,有时员工为了加快服务速度却省略了应有的环节,如减少了热情、减少了给客人思考的时间等,这样反而会导致客人不满意,所以操作应控制在合理的时间范围之内。

六、获得科学的质量评价信息

```
┌─────────────────────────────────────────┐
│            某酒店宾客意见卡              │
├─────────────────────────────────────────┤
│ 尊敬的宾客:                              │
│ 请您就在敝酒店的感受体验留下宝贵意见,    │
│ 我们会进一步提高我们的服务品质,改善我们  │
│ 的设施。                                 │
│                                          │
│                 很好    一般    差       │
│ 我们的员工:                              │
│ - 接线员        ____    ____    ____    │
│ - 行李生/礼宾员 ____    ____    ____    │
│ - 总台接待      ____    ____    ____    │
│ - 客房服务员    ____    ____    ____    │
│ - 餐厅/酒吧服务员____   ____    ____    │
│ - 送房人员      ____    ____    ____    │
│ - 宴会人员      ____    ____    ____    │
│ - 健身服务人员  ____    ____    ____    │
│                                          │
│ 您的房间:                                │
│ - 卧室的清洁状况  ____  ____    ____    │
│ - 洗手间的清洁状况____  ____    ____    │
│ - 空调情况        ____  ____    ____    │
│ - 照明            ____  ____    ____    │
│ - 因特网服务      ____  ____    ____    │
│ - 总体状况        ____  ____    ____    │
│                                          │
│ 餐厅及酒吧:                              │
│ - 服务标准        ____  ____    ____    │
│ - 服务速度        ____  ____    ____    │
│ - 食品质量        ____  ____    ____    │
│ - 口味及室内温度  ____  ____    ____    │
│                                          │
│ 您还愿意再选择××××酒店吗?  是   否  │
│ 评述:                                    │
│ _____│
│ _____│
│                                          │
│ 姓名:_____ 房间号#:____ 日期:____  │
│ 电子邮件地址:_____[可选择] │
│                                          │
│ 感谢您的宝贵意见!                        │
│ ××××                                  │
│ 执行总经理                               │
└─────────────────────────────────────────┘
```

图 14-2 某酒店宾客意见卡

服务质量信息是酒店进行服务质量决策的基础和前提，是计划、组织服务质量活动的依据，更是质量控制的有效工具。评价服务质量的信息主要来自以下三个方面：客人评价、外部质量检查机构评价、内部质量检查机构评价。

客人评价是最具实际意义的评价信息，因为前厅服务质量控制就是紧紧地围绕使客人满意这一中心目标所进行的一系列有效活动，所以，前厅质量评定必须以客人对服务的满意度为主要标准。宾客意见表/卡是最常用的获得宾客评价的方式，图14-2为某酒店的宾客意见卡。

外部质量检查机构评价有各地区或国家旅游局的星级评定、认证机构的ISO9001质量管理体系认证审核等，这些作为第三方的外部质量检查机构评价可以比较客观有效地反映酒店的服务质量水平，其评定结果明示社会，也给公众的消费选择提供参考。当前，一些商务网站对酒店服务质量的评判以客人的住店经历为基础，它也成了一种非正式的酒店外部质检渠道。

内部质量检查机构评价主要有来自集团内部、酒店内部、酒店部门等的质量检查，例如某些国际酒店集团对所属酒店定期进行检查评分，并作为集团向客户推荐酒店时的依据。与外部质检一样，内部质检也应该从酒店服务的全方位来进行，并注重定期与不定期的检查相结合。

【任务拓展】

下图是携程旅行网上某酒店的住店会员对该酒店的评价指数显示：

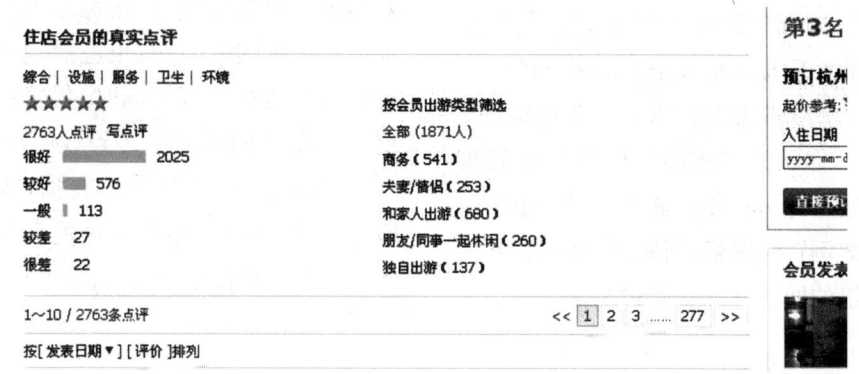

图14-3　携程旅行网中住店会员对该酒店的评价

请浏览网站：去哪儿网（http://hotel.qunar.com）、携程旅行网（http://www.ctrip.com）、艺龙网（http://www.elong.com）等，看看网站对某酒店都有哪些评价信息，并回答以下问题：

1. 这些网站对酒店服务质量分别是如何评级的？

2. 你如何理解口碑的作用？

3. 网民的意见已经成了民意的重要组成内容，网络也成了公众表达思想、交流思想的重要途径。谈谈你如何理解"网意"对酒店经营的影响？

【任务反馈】

前厅服务质量的好坏直接关系到客人对酒店整体服务质量的评判。前厅全体人员都应树立很强的质量意识，明确管理要求和质量标准，掌握管理方法与要点，并注重质量控制的全程跟踪、全员参与。

你有以下学习疑惑吗：在酒店业中，高星级酒店的服务一定是好服务吗？

解惑释疑：这不绝对。产品或服务最重要的是如何能适合市场需求。Carvin认为，只要能符合顾客所期望的服务，就是高质量的服务。所以，对服务的评价因人而异。

◆项目评价

【知识/技能评价】

1. 国际标准化组织对质量是如何定义的？质量的构成是如何界定的？
2. 服务质量的高低应该怎样衡量？
3. 你认为酒店前厅服务质量管理的难点在哪里？如何解决？通过小组讨论和案例资料搜索，回答这一问题，并将各小组的回答进行交流和对比。

【实训演练】

体验一次服务消费，如去邮局、银行、商店等。假设你是受对方之邀的"神秘客人"，留意对方的服务方式与过程，关注其服务细节，撰写一份服务质量检查报告。

【项目链接】

掌握撰写前厅服务质量检查报告技巧

在前厅服务质量的每一次检查之后，将检查现场发生的实际情况记录下来并在必要时形成检查报告，这是前厅管理者需要掌握的技能。

服务质量检查报告需要以酒店管理模式和前厅服务操作规程为依据和前提条件，对前厅服务员在服务过程中的任何细小的违章言行、操作失误、态度问题等都做详细的记录，同时，记录员工服务的可圈可点之处。之后，摒弃个人主观好恶来组织报告内容，避免夸大或缩小地描写检查到的问题，也应避免对检查过的内容随意取舍。同时，报告撰写者要记录好检查的时间、地点、场合、人物、事情经过等，使报告有根有据，令人信服。另外，在报告中对发现的问题提出解决方案和建议也是必要的。

项目十五　前厅安全管理

◆项目目标

【行业要求】

安全是服务与管理的基础。前厅人员要明确了解酒店应承担的安全责任，树立很强的安全意识。

【岗位目标】

能够防患于未然，最大限度地防止安全事件的发生；能够妥善处理前厅经营过程中发生的安全事件。

◆项目任务

酒店作为公共消费场所，每天汇集了大量的人流、物流和信息流，风险时时存在。酒店在经营过程中要对服务对象承担合理的安全责任，也要保证酒店员工和酒店自身的安全。酒店安全涉及人、财、物、信息等多个方面。树立安全意识，掌握前厅安全管理的节点，知晓如何做好安全防范，掌握前厅服务过程中发生的安全事件的处理方法，是前厅部所有人员的一门必修课，也是提高酒店服务品质的关键。

任务一　承担合理的安全责任

【任务导入】

一对夫妇带着其4岁的女儿前来酒店住宿。这对夫妇在总台办理入住登记手续，而可爱的小女孩在大堂中奔跑玩耍。突然，小女孩一不小心摔了一跤，并放声大哭……

问题：假设你是大堂副理，这时你正当班。眼见这一幕，你将如何处理？为什么？

【任务执行】

随着社会化大生产的发展，人们几乎每天都生活在各种各样经营者提供的服务中。社会赋予了经营者安全保障的义务。

一、人的安全至高无上

自古以来，中国人讲究"平安是福"。《现代汉语词典》中对"安全"的解释是"没有危险，不受威胁，不出事故"。马斯洛需要层次理论提出生理需要和安全需要是人的初级需要。从人本主义角度出发，安全是一切的基础。英国著名的法学家霍布斯曾说过一句不朽的法律格言："人的安全乃是至高无上的法律"。与法律永相伴随的主要是人的价值。

有的酒店提出了"没有安全，就没有一切"的口号。抛开酒店安全问题的具体形式，从本质上讲，酒店的安全管理工作主要涉及客人的安全、员工的安全、酒店自身的安全。同理，前厅安全控制并不仅仅限于对客人安全的管理，还包括对员工安全的管理和前厅运营安全的管理。

二、酒店经营者的安全保障义务

经营者安全保障义务，是指经营者对购买、使用其产品，接受其服务，以及进入其经营场所的消费者、潜在的消费者人身、财产安全依法承担的保障义务，包括产品安全保障义务、服务安全保障义务和经营场所安全保障义务。

酒店经营者的安全保障义务具有理论及法律依据。我国法律、行政法规大量规定了各种具体情况下经营者或其他社会活动者对他人承担的安全保障义务，如《消费者权益保护法》第18条规定：经营者应当保证其提供的商品或者服务符合保障人身安全、财产安全的要求。再如《物业管理条例》第36条规定：物业管理企业未能履行物业服务合同的约定，导致业主人身、财产安全受到损害的，应当依法承担相应的法律责任。当行为人依法律规定有作为义务而不作为时，就应承担法定的侵权责任。《消费者权益保护法》第7条、第18条第1款、《旅馆业治安管理办法》第3条、《公共娱乐场所消防安全管理规定》等法律法规都对经营者的安全保障义务做了直接或者间接的规定。另外，有关消费者的个人信息安全也愈来愈被提到议事日程，我国的《个人信息保护法》正在审议之中。

酒店经营者对宾客安全保障义务的具体内容主要包括以下几个方面：

（一）提供安全的产品、服务和设施

酒店在营业场所提供的产品、服务和设施要符合安全要求，防止造成宾客的人身和财产的损失。安全保障义务人对于其所能控制场所的建筑物、运输工具、配套设施设备等的安全运行负有安全保障义务，否则应当对受害人的人身损害承担赔偿责任。例如，电梯的运行必须是良好的；餐厅提供的菜肴必须是卫生安全的；客房内供客人使用的剃须刀刀片质量必须是上乘的；前厅贵重物品寄存室的空间应为相对私密独立的。

（二）采取安全的保障措施

处于特殊法律关系之下的当事人一方应当采取必要的措施防止损害的发生，这些措施在不同的法律关系之下有不同的要求。一般来讲，为预防来自第三人对消费者的侵害，经营者应当保证其提供服务的场所的建筑设施的安全性，配备特定的防止危险的设备，如防盗设施、防火设施以及提供安全保证人员等措施。例如，酒店的建筑物均应配备一定的消防设施并通过消防部门验收；酒店前厅部及其他营业区域安装的监控设备对安全事件的防范起到了很好的帮助。

（三）消除危险的义务

当危险发生后或可能发生时，酒店应该积极采取适当措施及时消除危险。这些危险可能是因为酒店的设施设备问题，也可能来自于第三者。这个义务要求前厅部定期检查服务设施和设备，并且及时地采取有效措施消除危险，如大堂副理、礼宾员要时常检查大堂的感应门或旋转门处于良好的工作状态，发现不良情况时要及时报修。另外，如果前厅工作人员发现有危险的人物可能威胁客人的安全，也应该及时地采取措施，防范危险的发生。

（四）警告的义务

对于服务设施、设备、产品、服务可能存在的危险，酒店应做出合理的说明和警示，告知危险的防范方法，从而有效地防止危险的发生。如果对不安全因素没有尽到提示、说明、劝告、协助义务，则可能是酒店服务管理上存在问题。例如，有一位女士在大堂吧咖啡厅品完咖啡后，急匆匆地去洗手间补妆，结果地很滑，她一不小心摔倒了，胳膊摔成了骨折，后法院判决酒店给予赔偿。所以，客房部PA（公共区域）员工在清扫大堂的洗手间时，要在门口处立放类似"小心地滑"、"当心滑倒"的告示牌。

（五）提供救助的义务

英国的拉里·埃里奥特曾说过："自由市场本来就是不安全的，人类的境况本来就是不安全的。"诚然，当今的社会环境可谓是错综复杂。在这样的社会环境下，即使酒店经营者足够谨慎，在营业场所内发生各种各样的伤害或事故也难以完全避免。虽然并不是每一个发生在酒店内的伤害事件都要由酒店承担责任，但是，酒店对于其营业场所内的人却负有救助的义务。救助义务指的是，特殊法律关系的一方当事人因为危险状况的存在已经遭受了人身损害，另一方当事人要采取一切必要的措施，对其加以救助。譬如，当客人在酒店内物品遭窃、受到恐吓、生病受伤时，酒店应当进行报警或将其送往医院救助等。

总之，酒店人员要有超乎常人的危险防范意识，对客人的人身、财产要给予足够的关注即尽到合理的注意义务（Reasonable care），同时，在安全事件发生过程中要积极处理并做好善后工作。

【任务拓展】

请搜寻前厅服务与管理中的安全案例，大家进行交流。

【任务反馈】

安全第一。作为经营者，酒店有义务保障宾客的安全，这主要表现在酒店要提供安全的产品、服务和设施，要采取安全的保障措施，要消除危险，必要时要提出警告和提供救助等方面。

你有以下学习疑惑吗：是不是客人在酒店发生的一切安全事故，酒店都要负责？

解惑释疑：不是的。如果酒店已尽到了应尽的安全义务，而安全事件是由客人过失造成的，酒店不一定负全责，也有些安全事件是属于刑事案件，则应交由公安部门处理。

任务二　营造安全的前厅环境

【任务导入】

某日晚10点，两位外国男客人前来酒店办理了入住手续，并合开了一个标准房。刚进房不久，他俩来到总台要求兑换外币200美元。入职不久的小骆接待了他们，按规定程序提供了兑换服务，并获得了客人的夸奖，对他的服务表示称赞。可是一小时后，这两位客人又来到总台，说明天要办大事、花大钱，要求兑换3 000美元，还与小骆有说有笑地聊天。小骆看了看柜台中有足够的备用金，也就没多虑，照例按当天的牌价进行了兑换。

第二天早晨，小骆的师傅张领班来上早班。在与小骆办理交接班手续时，张领班忽然发现竟然有3 200美元的假钞……

阅读以上案例，请分析一下这3 200美元假钞是怎么回事？

【任务执行】

从服务角度出发，安全是让宾客满意的基础。酒店在实现安全目标的过程中，要使宾客感知到的酒店消费环境是温馨、安全的。

一、完善安全制度

酒店安全应以预防为主。酒店安全保障只有在无形因素和有形因素共同支撑以达到统一的情况下，才能让宾客在生理上和心理上的安全感达到最大化。其中，无形因素表现为科学的管理体系。制度是行为的基础，安全制度可以为酒店员工提供行为预期，激励和约束员工的工作行为。因此，前厅部要制定全面的安全制度，该制度应该牵涉到各个岗位、各个层级乃至各个服务环节。值得一提的是，光有制度是远远不够的，对员工技术技能的培训是减少服务失误、确保服务安全的条件之一。所以，科学的服务规程和操作程序也应被列入安全制度文件的范畴。

另外，制定前厅安全预案也十分必要。预案，是指根据评估分析或经验，对潜在的或可能发生的突发事件的类别和影响程度而事先制定的应急处置方案。制定预案的目的：一是预防意外事件的发生；二是当意外事件一旦发生时，酒店能够按照有关部门制定的预案，及时、迅速、高效地控制事态的发展，保证酒店和客人的生命财产安全。所以，一份较完整的预案一般包括两大部分，即如何预防出事、出了事如何处理。预案制定后，要定期组织有关人员进行演练，强化操作技能。对演练中暴露出来的问题可及时在预案中充实。前厅部应积极制定突然停电、电脑故障、计算机系统故障、总机交换机故障、接到客人报警、发生抢劫等紧急或突发事件的安全预案，力求将安全事故发生后的损失减少到最低程度。

二、前厅安全管理节点

安全管理节点是指安全管理中重点关注或控制的环节、部位。明确安全管理节点所在，加强安全控制，是做好安全工作的关键。

(一) 关注前厅出入安全

1. 出入口安全控制。从安全防范角度来看,酒店的出入口不宜过多,尤其在夜间,除员工通道外,最好只设一个供客人使用的主要出入口,这样便于进行重点控制和客流控制。

门童是前厅服务也是前厅安全维护的重要岗位。门童在出入口为客人提供服务的同时,又充当安全员的角色。门童应该在工作中与酒店安全保卫人员密切合作,增强识别、防范和控制安全事故的能力。有条件的酒店还可以安装同步电视摄像头或探头,使中控室监控画面随时切换至出入口。

2. 大堂安全控制。酒店大堂是客人出入酒店的必经之地。其情况复杂,做好安全防范十分重要。例如,下雨或下雪时,要在大堂内外放置防滑垫;保安人员、大堂副理、礼宾员、总台员工均应密切注意客人的动向,细心观察,同时注意维持大堂秩序;要防止失窃,特别注意在总台办理入住手续和离店手续的客人随身物品的安全;夜深人静时仍要注意警戒;要利用好监控设备,任何时候发现可疑情况都应及时上报。

3. 电梯安全控制。电梯是通往客房区域的主要运载工具。为了保障客人的人身和财产安全,有些酒店对客用电梯的乘坐权限进行了设置,即通常只有住店客人才可凭房卡钥匙刷卡乘电梯至客房区域。另外,酒店采取设标牌提示和安装监控设备等措施维持宾客出入安全。酒店一般在电梯厅处设电梯服务员或保安巡逻,既可以为客人提供迎宾、叫电梯和问询等服务,又可抑制或防止闲杂人员或可疑人员随意进入客房楼层。

4. 消防通道安全控制。前厅人员首先应熟悉前厅消防疏散口位置,另外要保持前厅出入口畅通、无堆放物,且要有足够的光线或照明。在前厅消防疏散出入口安装紧急疏散装置和逃生方向标志,消防通道中的出入门平日应呈关闭状态但不锁死,以便发生火灾或紧急情况时,店内人员可疏散逃生。

前厅员工要接受如何报警、使用灭火器材、协助疏散客人以及逃生自救等专门培训,掌握救助防范技能。

(二) 关注客人住宿安全

1. 住宿登记安全控制。总台接待人员要掌握相关法律法规知识,严格遵照法律法规办理客人的住宿登记。住宿登记表的填写要翔实,对客人的证件要进行登记、查验、扫描,要注意对证件有效期的识别,还特别要留意外宾的签证有效期限,防止逾期非法居留。对于公安部门要求查控的对象或犯罪嫌疑人,前台要积极做好协查工作。

按照我国有关法律规定,客人在抵达酒店后 24 小时内,酒店要将住店客人信息报送当地公安机关。凡是已采用计算机与公安主管部门联网的酒店,要在每天上午 12:00 前把前一天的临时住宿登记信息输送到公安部门的计算机系统;没有入网的酒店(包括入网后因停电、机器故障等原因不能传输的单位)要每天上午派人把前一天的"临时住宿登记表"报送公安部门。

2. 钥匙安全控制。目前,多数高星

级酒店均安装了客房电子门锁,大大提高了宾客的出入安全。由于磁卡钥匙是通过电脑输入设定的信息才可使用,超过设定的时间就无法开启房门,故可做到"专卡专用"。同时,磁卡钥匙上不印有房号,这样既可避免客人因丢失钥匙造成的财物损失,又可使酒店对钥匙重复使用。酒店在客人退房时一般会向客人收回钥匙。

酒店还备有应急钥匙,也称万能钥匙。有些酒店备有两套应急钥匙,一套由总经理保管;另一套存放在前厅收银处的保险箱内或大堂副理处。在紧急事件中,只能限于酒店指定人员使用,并需在记录簿上清楚地注明每次应急时用钥匙的情况。

3. 收银安全控制。收银安全控制贯穿于客人入店、住店、离店全过程。收银员在客人进店时要核实付款方式,为客人建立账户;在客人住店期间,做到走账迅速,记账及时,准确,处理外币兑换时注意假币的鉴别;客人离店时,准确迅速地为客人办理结账手续。前台不保留大量现金,营业中收到的现金款应定时上交至财务部,其间的现金押送应由保安部负责。

4. 行李安全控制。前厅行李员在行李服务时,要按照酒店规定的操作规范进行,避免因自己的操作和管理不当而引起客人行李的失少、损坏、被盗等意外的发生。所有行李服务,均应在行李服务工作本上进行相应的记录,以便追溯。

行李房是存放客人行李物品、存放礼宾部服务设备及工具的地方,要保持行李房环境安全卫生、物品摆放有序,同时,无关人员不得随意进入行李房。

5. 访客接待安全控制。酒店一般规定在23:00以后婉拒来访会客者。前台或客房楼层服务台会对来访会客者进行询问并予以登记。必须在征得住店客人同意后,方可将客人房号告诉会客者,或按客人的要求答复来访会客者。

6. VIP接待安全控制。酒店对于VIP的入住通常会有特别的安保准备。如VIP抵店前,要对VIP可能所到之处进行严格检查,确定无危险品和不安全因素,要清理酒店大门前一定范围内的无关人员,疏通行车通道;VIP到达时,加强对VIP行走路线的警戒。同时要注意内紧外松,尽可能减少对营业场所的影响。在实施特别安保时,酒店一般会制订好接待安全计划,有时会有公安、交管部门人员在场,酒店保安人员积极主动与其配合。

7. 商务楼层安全控制。入住商务楼层的客人尤其是商务客人比较倾向保持私密性,有时会要求为电话、传真加装保密装置,以防止泄漏商业秘密。有些商务客人尤其是公务客人对商务楼层酒廊、楼层接待处等公共区域、会议室等也会提出安全和保密的要求。所以,商务楼层应尽量选择能单独分割开来的楼层,通常设在酒店较高的楼层,有些酒店也会提供专门的、个性化的"私人管家"式的保安服务,或采用先进的科技手段来确保商务楼层客人的安全和私密。

（三）关注客人信息安全

信息技术好比一把双刃剑，在为人们带来便利的同时，也带来了负面影响。例如，个人信息被泄露使不少公民利益受侵犯。2009年，中国社科院出炉的《个人信息保护现状调研报告》指出，现在公民个人信息被滥用的情况日趋严重，除刑法中列举的几个适用单位，如金融、电信、教育、医疗等外，许多商店、汽车4S店、物业、美发店等，都要求顾客填写个人信息。而有些单位未能尽到妥善保管的义务，导致所掌握的客户个人信息被泄露。于是，社会上也出现了大量兜售诸如房主信息、车主信息的现象，并形成了一个产业。该调研还显示，在接受调查的公众中，大约有10%的人经常接到知悉其详细信息的陌生电话的推销，大约有50%的人偶尔收到来自陌生电话的推销，大约有81%的人对个人信息遭滥用感到有压力或心情不快。于是，越来越多的公民呼吁出台个人信息保护的相关法律。

前厅部由于住宿登记等的需要，掌握着大量翔实的宾客资料，对宾客资料进行保密而不外泄、不滥用，是前厅部义不容辞的责任。同时，前厅部有义务保护客人的隐私。多数酒店前厅部提供的免打扰服务或房号保密服务，受到客人的欢迎。然而有些时候，酒店保护客人隐私的意识还应再主动、再深化些。例如，某酒店的商务中心上网区域的设计就没有充分考虑到宾客的私密性（图15-1）。而日本一家酒店大堂的客人登记台也使用了隔断，以保护客人的信息资料不被旁人所看到，这一做法值得我们很多酒店借鉴（图15-2）。

图15-1　某酒店商务中心的上网区域

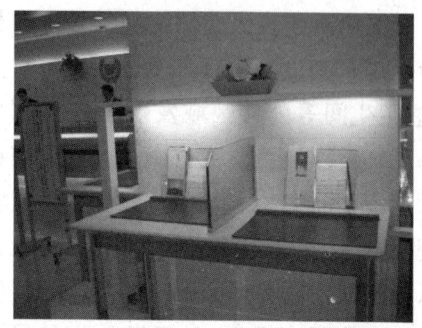

图15-2　日本某酒店的宾客入住登记台

三、前厅常见安全事件的处理

前厅的安全事件通常包括两大类：第一类是对客服务过程中的安全事件，如客人物品报失、客人遗留物品等；第二类是在前厅可能发生的意外事故，如火灾、停电、突发暴力事件、客人死亡等造成人员伤亡或物品损失的意外变故或灾害。除处理意外事故的技能技巧外，事故处理本身的安全控制也是一个值得关注的问题。

（一）客人物品报失处理

前厅服务员接到客人报失后，应首先问清失主姓名、房号、国籍等身份情况以及丢失财物的名称、数量、型号、规格等,立即向大堂副理或酒店安全部反映,并按酒店工作程序规定和客人的要求,积极予以查找或联系。

针对客人报失,除了按酒店自身规定的程序和标准处理外,还要参照国家有关法律法规慎重行事。如果是因为客人行为不当造成物品遗失,则酒店无赔偿责任。但若因酒店过错或因酒店未尽到"注意"义务,则酒店要承担相应的赔偿责任。

（二）客人遗留物品处理

酒店对于客人遗留物品的处理有相应的规章制度。大厅服务员在总台、大堂、卫生间等公共区域发现客人遗留物品后,应及时上交,并做好登记,详细记录遗留物品名称、数量、型号、规模及发现地点、捡拾人姓名等。对于暂时无人认领的遗留物品,可由酒店指定部门保管。有些酒店规定,对于贵重物品保管6个月至12个月,一般物品保管3个月,食品3天至1个月。超出该期限,酒店则按规定进行相应处理。

（三）停电事故处理

多数酒店采取双路供电,即当一路电路发生停电时,可启用另一条电路送电。如果在前厅发生突然停电,影响正常工作和服务秩序时,前厅服务员应首先保持镇静,稳定客人情绪,并向本部门和安全部、工程部报告,必要时协助大堂副理或安保人员安排或疏导客人。门童应劝阻无关人员进入酒店,以防发生更多混乱。电梯服务员应立即检查各台电梯,核实是否有客人被关在电梯内,并立即联系工程部人员采取积极措施。总台等处的重要电脑则应立即启动不间断电源,以防重要数据丢失。

（四）突发暴力事件处理

这类事件是指突然发生在酒店前厅的抢劫、行凶、斗殴、爆炸等治安甚至刑事案件。前厅突发暴力事件对客人、员工的人身和财产安全构成威胁,并会严重影响酒店声誉。因此,前厅工作人员要积极、慎重、妥善地处理这类事件。

前厅工作人员在突发事件发生时,应利用工作之便见机行事,及时、镇静向安全部报告,讲清案发现场情况。酒店安全部会视情况决定是否向当地派出所报案。事件处理过程中,前厅部有关人员要协助安保人员尽快制服凶犯,保护现场,或积极向安保人员提供破案的线索。若出现客人受伤情况,要安抚客人,积极联系医院救治受伤害的客人。

（五）发生火情时的处理

酒店消防预案中明确规定,报火警可分二级处理。"一级报警"是指酒店员工发现火情后,应尽早向酒店消控中心报火警；"二级报警"是指由酒店消防中心确认火源、火情、火势后向全酒店报火警。因此,前厅工作人员一旦发现火情,要立即以人工报警方式向酒店消控中心报火警,并听从消控中心的指挥。

当需要前厅人员坚守工作岗位时,要保持镇定,并按火灾预案采取相关行动。例如,有的酒店规定,发生火情时,前厅人员要随时答复客人询问,安抚客人；要及时控制电梯,靠近电梯的前厅工作人员应将自动电梯落下,并劝导客人不要乘用电梯,不要回房间取物品；收银处员工要妥善保管财物和资料,把现金、客账、账本等重要财物妥善安置,安排专人保管,随时准备疏散转移;接待处员工要迅速整理客人住宿登记资料,根据客人住宿登记资料尽快清点人数,将清点结果向安全部汇报;行李员要妥善地将客人寄存、转交的物品转移到安全地带,并派人严密看守;门童要迅速将所有通向外面的出口打开,协助安全部人员组织客人向外疏散,阻止无关人员进入大厅;总机按消控中心指令传达信息。

【任务拓展】

1. 前厅部的各个岗位,在对宾客的个人信息管理方面能做哪些工作?请填写下表。

前厅部服务岗位	如何做好对宾客的个人信息安全管理
总台	
大堂副理	
礼宾部	
总机	
商务中心	
预订处	

2. 科学技术的发展为酒店安全控制提供了极大的帮助。请你说说现代酒店前厅部运用了哪些科技手段来为安全保驾护航。

【任务反馈】

要营造安全的前厅环境,前厅部要明确安全管理过程中需重点关注或控制的环节、部位。同时,各级管理人员要掌握前厅可能发生安全事件的处理方法。

你有以下学习疑惑吗:如果发现工作岗位有起火迹象,是不是要马上拨打119电话?

解惑释疑:若发现有火警,首先应该打电话给酒店的消控中心,由他们来判定是否需拨打119电话。

◆项目评价

【知识/技能评价】

1. 什么是经营者的安全保障义务?其具体内容包括哪些方面?

2. 酒店是否对宾客安全负有百分之百的责任?为什么?

3. 前厅安全控制的节点主要有哪些?

4. 如何处理前厅运营过程中可能发生的安全事件?

【实训演练】

假设中国足球队与日本足球队将在H市踢一场友谊赛。两支球队都将下榻W酒店。请你拟写一份酒店前厅部针对此次接待的安全保障计划书。

【项目链接】

酒店为宾客买保险

2006年8月,浙江省义乌市公安局和当地保险公司联合推出了"住宿旅客平安保险",即义乌的旅馆业主每年平均交纳2 000元左右的保费,如旅客在住宿期间发生意外,就可以享受保险公司提供的最高意外事故金20 000元、意外医疗费用4 000元的赔偿保障。"住宿旅客平安保险"对于住宿旅客是免费的,但无论宾客是在酒店内还是酒店外发生了意外人身伤害,都有可能获得赔偿。义乌这种酒店为客人买保险的做法属全国首创。

据保险公司统计,酒店业平均意外伤害发生率是1/1 000。这项保险推行两个月就有二十多位客人获得了意外伤害的赔付。对酒店方来说,投保"住宿旅客平安保险"等于为自己请了"保险顾问",而"住宿旅客平安保险"的推出,让不少到义乌出差的旅客倍感温馨。例如,秘鲁客商雅安先生入住义乌市某宾馆,在房间休息时左脚不慎被床边的钉子划伤,血流不止。酒店方马上把他送到附近的医院治疗,并向保险公司报了案。当雅安先生从医院包扎后回到酒店房间时,保险公司员工一面递上水果,一面在问候中了解情况。保险公司很快就做出理赔决定。当雅安先生接过赔偿款时十分激动。(根据《浙江法制报》2008年1月4日文章《义乌首创住宿旅客平安保险》改编)

项目十六　前厅人员管理

◆ **项目目标**

【行业要求】

酒店业是人对人提供服务的行业，因此，酒店竞争归根到底是人才的竞争。科学地进行人员管理是减少人员流失、提高酒店运营效率的有效途径。

【岗位目标】

能够编制岗位职责说明书；会进行岗位排班；知晓员工招聘的基本程序；掌握培训的方法；了解员工评估、激励的方法；理解人才梯队建设的重要性。

◆ **项目任务**

作为前厅部的管理人员，应有很强的人力资源管理意识和人才意识；要明确前厅部各岗位的人员素质要求、岗位职责要求及人员工作安排要求；了解在人员缺位时如何招聘新员工并进行相应培训；同时要学会科学评估、有效激励员工，进行人才梯队建设，这是激发员工工作潜能、提高员工工作积极性及保证前厅部服务质量的重要手段。

任务一　确定岗位人员要求

【任务导入】

与客房部员工、餐饮部员工相比较，你认为前厅部员工应具备什么特质？

【任务执行】

一、前厅人员素质要求

1. 仪表仪容。良好的仪表、风度、亲切真诚的微笑以及开朗的性格是前厅部员工必须具备的基本条件。前厅部员工应衣着得体，在个人卫生方面有高标准的要求。整洁的仪容、恰到好处的修饰显示出前厅部员工的修养及对本人、对工作的信心。

2. 礼节礼貌。在言谈举止方面要注重礼节，待人彬彬有礼。多使用敬语和服从性语言，注重语言艺术，注意肢体语言的礼貌性。

3. 人际关系与修养。前厅部员工要与人为善，热情好客，善于交际，乐于助人。同时，员工应受过良好的教育及专业训练，谈吐优雅，举止文明，殷勤有礼，能控制自己的情绪。

4. 责任心与团队精神。学会尊重他人,学会守时,对待他人、对待工作有高度的责任感。在对客服务中,在与管理人员、同事的相处过程中,都能以诚相待,具有良好的团结协作精神。

5. 品德意识。具有良好的品德素质、服务意识、服从意识和宾客至上意识。

6. 职业能力。前厅员工因与客人直接接触,所以要有良好的职业能力,主要表现在以下方面:沟通能力、理解力、应变能力、推销能力、计算机操作能力、文字处理能力等。

二、编制岗位说明书

岗位说明书也称工作说明书或职务说明书(Job Description),它是表明酒店期望员工做些什么、员工应该做些什么、应该怎么做和在什么样的情况下履行职责的总汇。

岗位工作说明书的外在形式,是根据一项工作编制一份书面材料,可用表格显示,也可用文字叙述。其目的是为企业的招聘录用、工作分派、签订劳动合同以及职业指导等提供原始资料和科学依据。

岗位说明书应该包括以下主要内容:

1. 岗位基本信息。岗位基本信息也称为工作标识。包括岗位名称、岗位编号、姓名、所属部门、直接上级、职等职级、定员等。

2. 工作内容描述。这是最主要的内容,此栏具体描述该职位所从事的具体工作。应全面、详尽地写出所要做的工作,包括每项工作的综述、活动过程、工作联系和工作权限。同时,在这一项中还可以同时描述每项工作的环境和条件,以及在不同阶段所用到的工具和设备。

3. 任职资格。从事该项岗位工作所必须具备的基本资格条件,主要有学历、工作经历、个性特点、体力、技能等方面的要求。

酒店可根据具体情况编制岗位说明书,但在编制时,表述应简单明了。岗位说明书的格式可以是多种多样的,内容也可相异,但是在组织内部要使用统一的格式。表 16-1 是某酒店关于"宾客关系主任"的岗位说明书。

表 16-1 某酒店"宾客关系主任"岗位说明书

岗位名称:宾客关系主任
直属上级:大堂经理
职责概述:协助大堂经理完成日常工作。负责宾客的迎来送往,关注并了解宾客的需求,采集宾客意见。向宾客提供细致贴心的服务
岗位职责: (一)根据酒店的服务标准向客人提供及时而有效的服务 1. 在大堂区域以良好仪态向进入酒店的宾客表示欢迎 2. 主动询问,帮助引导客人到达酒店各区域 　(1)引领住店客人至前台并协助办理登记入住手续

续表

(2) 向餐厅、宴会、会议客人指明电梯方向。口齿清楚,表达准确
3. 收集并整理宾客的意见建议,对于客人的支持表示感谢
4. 关注大堂及各个公共区域的情况,如有需要及时向客人提供帮助
5. 遵循酒店管理当局制定的政策和实施要求,对客人的提问即时做出回应。如问题超出自身职权范围无法解决,立即通知大堂经理协调处理
6. 带领宾客参观酒店
7. 根据各区域经营情况向客人做针对性促销
8. VIP 客人的伴随与护送
9. 在前台繁忙的情况下,能帮助前台接待处理 C/I、C/O(入住与离店手续)
(二) 协助大堂经理
1. 在大堂经理缺席时履行他们的职责
2. 就每天发生的不寻常之事或事故向大堂经理汇报
3. 对影响客人、员工和财产的不安全因素要保持警觉,并立即向大堂经理汇报
4. 对于贵宾、常住客和特殊服务的客人的到来,做好接待工作
  (1) 完成基本的准备工作
  (2) 检查客房
  (3) 接受大堂经理的复核。各项工作落实到位,没有遗漏
5. 掌握并能够执行处理投诉的基本方法
6. 遇到自然灾害或火灾、死亡、爆炸等紧急事故时,遵循管理当局制订的紧急事故处理程序进行操作
7. 完成大堂经理、前厅经理或酒店管理当局交予的其他工作任务

任职资格:
(一) 大专以上学历
(二) 有至少三年以上前厅工作经验
(三) 能处理 Opera 系统并熟悉它的使用方法
(四) 有良好的英语沟通能力

三、排班

领班或主管要对本岗位的员工进行工作排班。由于前厅部大多工作是需要二班制或三班制运作的,所以,排班并不是一件轻而易举的事。排班时,既要遵从国家法律法规,又要考虑到每个班次的工作量并保证人手精简、够用,同时还要考虑到让每位员工都能劳逸结合。我国的《国务院关于职工工作时间的规定》中指出:劳动者每日工作时间不超过 8 小时,平均每周工作时间不超过 40 小时。

表 16-2 是某酒店总机两周的排班表。该酒店总机房 24 小时服务,包括总机领班在内共有员工 12 名。除了安排早、中、夜班外,还安排了白班即常日班,那是考虑到白天工作较繁忙些的缘故。

表 16-2 某酒店总机排班表

日期	1	2	3	4	5	6	7	8	9	10	11	12	13	14
星期	六	日	一	二	三	四	五	六	日	一	二	三	四	五
员工1	休	休	中	中	早	早	夜	休	休	中	中	早	早	夜
员工2	中	早	夜	夜	休	休	中	中	早	夜	夜	休	休	中
员工3	夜	夜	休	休	中	中	早	夜	夜	休	休	中	中	早
员工4	休	中	中	早	夜	夜	休	休	中	中	早	夜	夜	休
员工5	中	早	早	夜	夜	休	休	中	早	早	夜	夜	休	休
员工6	夜	休	中	中	早	早	夜	夜	休	中	中	早	早	早
员工7	休	休	夜	中	早	中	中	早	夜	夜	休	休	中	中
员工8	早	夜	休	休	中	中	夜	早	夜	休	中	中	夜	夜
员工9	早	早	早	早	早	早	早	早	早	早	早	早	早	早
员工10	休	中	白	早	早	休	休	早	早	早	早	早	早	早
员工11	早	休	休	白	白	早	早	白	白	白	白	白	白	早
员工12	休	休	休	白	白	白	白	白	白	白	白	白	白	白

【任务拓展】

请选择前厅部的某个岗位,编制一份岗位说明书。

【任务反馈】

前厅管理人员要明确对员工的素质要求,要学会编制岗位说明书。排班是基层管理人员的日常工作,要考虑各种综合因素,科学合理地排好员工工作班次。

你有以下学习疑惑吗:如果一周工作时间超过 40 小时怎么办?

解惑释疑:酒店会安排补休,或作为加班并支付给员工加班津贴。

任务二 招聘与培训

【任务导入】

酒店的礼宾部主管提出了离职申请。前厅部要找人顶替这一职位空缺,可以从酒店外招聘,也可以从酒店内部选拔。你认为哪种方式更好?为什么?

【任务执行】

一、员工招聘

(一)确定岗位和员工数

1. 前厅部首先要根据酒店规模大小、星级高低、经营特点及管理方式等确定前厅各个岗位,如预订、礼宾、总台接待、总机、商务中心、大堂经理等岗位。

2. 要对服务流程进行分析,审视各个岗位在既能保证正常运转、服务质量,又能充分发挥员工潜能及提高工作效率的前提下,做到尽量精简。例如,有些酒店将总台接待、问询和收银三个岗位合并,一位总台员工既是一名接待员,同时又是一名收银员和问询员。

3. 确定每一岗位所需要的员工数。

其中主要需考虑四方面因素：

第一，考虑服务设施设备的数量、先进性及利用率，如在手工操作与管理的酒店，其前厅部员工数肯定多于已普及计算机操作与管理的酒店。

第二，要预测各岗位工作量。这取决于法定工作时间长短、实际工作时间的计算方法、员工工作效率和工作标准等。

第三，考虑客流量的大小，即平均出租率的高低和客人在酒店的平均逗留时间。平均出租率越高，客流量越大，工作量就越大；平均出租率越低，客人平均逗留时间越长，客流量越小，工作量也就相对较少。

第四，考虑其他综合因素的影响。如季节，当地商业投资的环境，各类大型文化、体育、商务活动等等。这些变动因素对酒店的出租率和客流量都会有很大的影响，也会直接影响前厅部各个岗位的工作量。

（二）与酒店人力资源部的协作

前厅部在确定岗位、员工数及对人员的标准要求后，招聘工作由酒店人力资源部负责。同时，包括前厅部在内的酒店各部门在运行过程中可能会持续性地提出用人需求。酒店行业存在着人员流动率高的特点，因此，酒店可能会经常出现人员缺口的问题。各部门会将人手不够的情况告知人力资源部，并提出所需人员的种类、数量及要求，由人力资源部负责解决。

总的来说，人员招聘可以有两种途径，即从酒店外部招聘和从酒店内部选拔调配。一般而言，在进行外部招聘之前，人力资源部可以做如下工作：根据员工的素质、数量、工作岗位和临时性，进一步确定人力需求；考察在岗具备一定知识、技能的员工，以升迁的方式安排在最合适的岗位；按照酒店内各职级的水平和要求，发掘和训练所需人才并设计恰当的培训程序。

当需要进行外部招聘时，人力资源部首先要制订招聘计划。招聘渠道一般有：去人力或劳动力市场招聘、在报纸等媒体上发布招聘广告、去学校招聘、从其他酒店"挖"人才等。

招聘工作虽然是人力资源部负责，但对于人员的甄选却需要人力资源部与前厅部共同配合，因为前厅部是最终用人部门。所以，有些酒店采取人力资源部先初选、前厅部再面试的方式，以保证所招人员符合标准。而至于聘用手续的办理等，则大多是人力资源部的职责。

二、对新员工的培训

培训的意义在于传播企业文化，提高员工个人素质和技能操作水平，提升服务质量，强化职业安全感，促进员工个人发展等。酒店对于新进员工的入职培训主要是为了让员工上岗前对工作环境和要求有比较全面的了解。

（一）新员工入职培训的内容

1. 由人力资源部进行的普识类培训。主要包括如下项目：

（1）酒店从业人员职业道德、服务意识。

（2）酒店的各类规章制度，包括《员工手册》。

（3）旅游和酒店业的基本知识。

（4）本酒店介绍，如酒店历史、酒店

部门划分、酒店管理人员、酒店服务项目等。

(5) 仪表仪容和接待礼仪。

(6) 安全消防知识。

2. 由前厅部进行的工作培训。针对前厅部的特点，一般的培训内容有：

(1) 部门内工作网络与衔接。

(2) 岗位职责。

(3) 工作程序与操作标准。

(4) 岗位计算机操作系统。

(5) 外语。

(二) 培训注意事项

1. 培训要考虑受训者的利益。由于员工是成人，成人教育的最主要特点在于学员对培训的需求讲求实用性，即这一项培训要能为受训者带来个人利益和个人发展。只有这样，受训者才会专心学习，否则将会视培训为一种负担或强迫。

2. 培训要讲求针对性。培训的内容要紧密结合酒店实际情况，以前厅部各岗位的实际工作需要为依据，岗位不同，职能不同，培训的需求及内容也应不同。

3. 培训要有系统性。人力资源部、前厅部要紧密配合，酒店层面培训与部门层面培训要有机结合，形成互相促进、协调合作的培训体系。

4. 培训要确立培训计划和目标。通过对培训需求的调查分析，确立酒店和部门培训的总体目标和具体目标，这样才可以使培训更有序、更有章可依。

5. 培训要进行考核与跟踪。培训没有考核等于没有培训。培训评估通常可以让新员工填写"员工培训评估表"或开座谈会，了解培训效果。另外，对于受训者在培训后的表现进行跟踪，以确定培训是否有效，是否需要改进，是否有新的需求等。

6. 培训要有持续性。酒店除了对新员工入职培训外，还要对在职员工进行持续性的培训，即对员工进行与其工作密切相关的文化知识学习、技能技巧训练。另外，对主管、领班的基层管理人员培训，对部门经理的培训等，都可以很好地促进他们职业的发展，促进酒店服务水平的提高。

三、怎样写培训/授课方案

作为前厅部的基层管理人员或部门经理，在从事服务、管理的同时，还肩负着培养新员工的责任。当有新入职的员工时，岗位培训不可或缺，这种培训有时可请老员工以师傅带徒弟的方式进行，但管理人员的有效参与和指导是十分重要的。

如何给新员工上一堂培训课？令人满意的结果来自于良好的方案。上课前先要进行备课，即针对授课对象和实际情况准备上课的内容、方式等。制订了完整的授课方案，可以使上课不失条理、重点突出、从容应对。

一堂课或一次课的培训/授课方案形式可以多样，如表格式、文字描述式，但通常包括以下内容：

1. 授课主题：即要培训的内容是什么。

2. 教学目标：通过授课，希望学员学到什么知识、掌握什么技能，或有什么收获等。

3. 授课者：即培训教师。

4. 授课对象：包括对象特征和人数，如"前厅部新入职员工5人"。

5. 授课时间及课时数：即本部分内容需多少时间授课，以及上课的具体时间。在酒店中的培训，一般以1小时为1个授课课时。具体时间要确定至"分"，如2011年8月5日上午9:00～11:30。

6. 教学重点及难点：列出教学重点与难点，可以帮助学员更好地理解与掌握这些学习内容。

7. 授课地点：说明在哪里进行培训，例如"酒店培训教室"。

8. 教具要求：说明授课时需要的辅助设备及物品，如投影仪、电脑、白板等。

9. 教学方法：建议培训授课时采取多种教学方法相结合，以增加学员的兴趣，提高学习效果。通常的教学方法有：讲授、讨论、案例分析、操作示范、角色扮演、游戏、多媒体视听等。

10. 教学过程及内容：这部分是授课计划的核心。具体说明准备如何上课，先讲什么后讲什么，何时该提问及问什么问题，何时请学员讨论或游戏，何时做总结及如何总结等。

11. 思考或评估：对学员提出思考要求，可以问题的形式来表现，或以测试的方式来评估学习效果。

以上只是培训方案的参考，培训者可以创新地安排授课，最终目标是使培训达到良好的期望与目的。学会并掌握培训新员工的方法，也是"前厅高级服务员"国家职业资格考试的考核内容之一。

【任务拓展】

请你制订一份前厅部总机的新员工业务培训计划。

【任务反馈】

由于酒店业员工流动率较高，在实际工作中，前厅管理人员会参与对新员工的招聘与培训。因此，管理人员除了掌握招聘流程并积极参与外，还应掌握培训方法。

你有以下学习疑惑吗：对新员工的入职培训一般是多长时间？

解惑释疑：酒店对新员工的培训时间并不一样，大多酒店安排新员工的入职培训时间是1至2周，而后需新员工上岗后不断学习。

任务三　评估、激励与梯队

【任务导入】

你知道足球比赛中的黄牌、红牌吗？有些酒店在人事管理中有黄单、红单。请说说它们被使用的场合。

【任务执行】

一、如何评估员工

员工评估是酒店和部门按照一定的程序和方法，依照管理者预先确定的内容和标准，对员工德、能、勤、绩进行的考察和评价。定期或不定期地对前厅部员工的工作表现进行考评，旨在衡量员工优点、特点和工作能力，是了解员工的重要依据，是推动员工努力工作的重要动力。

对员工的考评是依据各岗位的"岗位职责"或"工作说明书"，是对员工履行岗位职责的情况进行评估。工作评估的方法很多，一般有：

1. 员工自我考评。员工本人对在

考评期内,按照"岗位职责"、工作程序和标准进行总结和鉴定。

2. 管理人员评价。由两名以上熟悉被考评员工工作的管理人员,组成评价小组对员工的工作进行考评;或者,由员工所在组织的组员对其在考评期内的工作表现、实绩进行考评。

3. 比较式考评。这主要是按照考评内容和标准,对员工进行相互比较、相互对照而得出比较性的考评结果,适用于对相同职务员工进行比较考核。

4. 目标考评。根据被考评人员完成工作的目标情况来进行,管理人员应事先与被考评人员对需要完成的工作内容、时间期限、考核的标准进行沟通并达成一致,在期限结束时,依照原先制定的考核标准进行考评。

5. 综合考评。一方面是指对员工在考评期限内各方面表现作全面的综合评价;另一方面是将各类考评方法进行综合应用,以提高考评结果的客观性和可信度。

二、如何激励员工

员工激励是管理者激发员工的工作积极性、能动性和创造性的过程。有些前厅员工具有较高的素质和较好的服务技能,但在工作中却缺乏积极性、能动性,以致影响服务质量,这可以说是组织缺乏激励的表现。如果管理人员能运用好激励方法,可以很好地激发员工的工作潜能。激励的方法总体可分为正面激励和负面激励两大类:

(一)正面激励

1. 认可激励。客人、管理人员及同事的表扬都是强大的推动力。当客人对前厅部员工的工作给予表扬时,前厅部管理人员应及时地转告员工,作为对其工作的认可。前厅部还可以对受到客人表扬的员工给予物质上或精神上的奖励,如评选"服务之星"并予以表彰,给被表扬的前厅员工发一定数额的奖金等。有的酒店会给表现优秀的员工发放酒店餐厅用餐券等消费券作为激励。

2. 沟通激励。沟通激励是指管理人员通过传递各种信息,使员工随时了解酒店或部门有关管理或运转的情况,这能使员工感受到酒店对其的尊重,从而有更大的归宿感和成就感。前厅部可通过设立告示栏、班前会等方式保持与员工的良好沟通。告示栏可以张贴前厅部的工作安排或工作提示、备忘录、通告等,也可以将酒店的特殊活动、培训通知以及员工的生日等有关信息通过图文并茂的形式进行展示。

3. 培训激励。对员工实际工作和个人发展有益处的各类培训也是一种激励。培训能告诉员工管理人员非常注重为他们提供必要的指令和指导,以保证他们的成功。酒店部门间的交叉培训对前厅部管理层和员工双方都有裨益。对管理者来说,交叉培训能增加工作安排的灵活性;对员工来说,交叉培训也是掌握其他工作技能的机会。由于能执行数种工作职能,这也为员工的职业成长创造了良好的条件,因此,交叉培训也被视为宝贵的激励工具。

4. 情感激励。情感激励具有强大的凝聚力,有助于形成团队精神。情感激励是指管理人员通过与员工建立真挚的感情,获得员工的信任,使员工产生归宿感,从而达到推动工作的目的。情感激励包含着管理者对员工的关怀、对员工的尊重以及自身的榜样示范，这对前厅部经理和基层管理人员来说是一个挑战。

（二）负面激励

负面激励也是酒店前厅部中常用的激励方法。如对于犯有错误、过失、违反酒店规章制度给酒店造成经济损失和败坏声誉的员工，分别视严重性给予警告、经济处罚、降职、降级、留用察看甚至开除等处罚。这些手段虽然带有强制性、威胁性，但为酒店树立正气起着有效作用。要注意的是，滥用惩罚不仅不能起到激励作用，反而会带来消极影响，所以惩罚要合理、恰当，还要把握公平的尺度。

将正面激励和负面激励相结合，可以较好地起到扶正祛邪的效果，对形成良好的工作氛围、推动员工努力工作有积极的作用。但是，在前厅管理中，应坚持以正面激励为主、负面激励为辅的原则。

三、重视梯队建设

一般来讲，一个酒店的人才库架构应该分为三个层次，即高层管理人才、中层管理人才、基层管理人才。所谓人才梯队建设，也称接班人计划，就是当现在的人才正在发挥作用时，未雨绸缪地培养其接班人，即做好人才储备，当这批人才变动后能及时补充顶替上去，而再后备的接班人也在进行培训或锻炼，这样就形成了水平不同的人才，仿佛站在梯子上有高有低一样，形象地称为梯队。

进行人才梯队建设，一方面可以避免人才断层，即当酒店中的某个职位由于人员变动如前任提升或辞职等种种原因出现空缺时，保证有两到三名的合适人选接替这个位置，同时可以顺利交接。另一方面人才梯队建设可以形成人才磁场，大力宣扬酒店招贤纳才的形象，有利于招到一流的人才，有利于内部人才的稳定。

前厅部也应重视和进行人才梯队建设。如果前厅部希望建立一支合格的人才梯队，在需要人才的时候，永远有合适的人选，就必须明确本部门现阶段及未来所需的人才种类，合理地从社会和企业内部予以引进、培养和储备人才，并定期对已聘人员进行评估和管理，调整、安排好人才的职务，提拔有实力的员工，确保他们是工作在最适合自己的职位上，从而发挥其最大潜力。

【任务拓展】

总台的老员工张凡在同事中流露出离职的意向。作为前厅部经理，你一方面不知道她为何想离职，另一方面也很想挽留这位优秀员工。你决定与她谈一谈。请就这次即将进行的谈话写一个沟通方案，并与同学做模拟谈话练习。

【任务反馈】

对员工的工作考评可以有员工自我考评、管理人员评价、比较式考评、目标考评、综合考评等多种方法。而激励的方法也有多种，如正面激励、负面激励，要学会科学运用，才能有效激励员工。另外，越来越多的酒店将人才梯队建设列为人力资源管理的重要内容之一。

你有以下学习疑惑吗：员工在劳动合同期未满的情况下离职，需要向酒店支付违约金吗？

解惑释疑：按照《中华人民共和国劳动合同法》，如果员工在辞职前 30 日以书面形式向用人单位提出离职申请，就可以解除劳动合同，一般情况下无需支付给单位违约金。

◆项目评价

【知识/技能评价】

1. 岗位职责说明书包括哪些主要内容？
2. 针对新员工的入职培训有哪些主要课程或内容？
3. 怎样写授课方案？
4. 人员评估、人员激励的方法分别有哪些？
5. 什么是人才梯队建设？

【实训演练】

假设你是前厅主管，要对新员工进行入职培训。请选择一个前厅工种及一项培训主题，编写一份 2 课时的培训方案（可以通过填写下表完成）。

培训/授课方案

授课主题	
教学目标	
授课者	
授课对象	
授课时间及课时数	
教学重点及难点	
授课地点	
教具要求	
教学方法	
教学过程及内容	
思考或评估	
备注	

【项目链接】

领班、主管的工作职责

酒店根据接待规模、服务档次、人员素质等情况,设置前厅部管理人员的职位数及岗位职责。如有的酒店前厅部会设有前厅经理、经理助理、大堂副理、总台主管、礼宾部主管、总台领班、礼宾部领班、商务中心领班、总机领班等,他们在工作中担当各自的职责与工作任务。以下是某酒店总台领班、总台主管的岗位职责,供认知与参考。

总台领班岗位职责
岗位名称:总台领班
直属上级:总台主管
职责概述:规范及督促总台员工的操作,协同财务部共同解决账务问题。关注客人并在力所能及的范围内帮助解决客人的问题
岗位职责:
1　本岗位工作管理
1.1　规范总台的操作规程并随时予以督促
1.2　检查当天所有入住登记表和电脑输入的正确性
1.3　确保所有财务及其他报表按时上交
1.4　确保与财务部门紧密协作解决任何账务问题
1.5　定期到银行进行外币兑换并更新外币牌价表
1.6　确保备用金准确无误与充足
1.7　熟练操作总台电脑系统
1.8　指导并培训新员工了解总台工作在酒店中的作用
1.9　履行酒店管理当局制定的经营规范和操作程序
2　对客服务
2.1　运用较好的销售技巧最大限度提高入住率和房价
2.2　确保客人的入住和退房手续正确快速地完成
2.3　关注客人的需要并帮助解决
2.4　对于客人提出的投诉要耐心倾听,尽力解决
2.5　无法处理的投诉要及时上报,确保客人受到关注
2.6　建立和维护客人账目并确保准确无误
2.7　在各种情况下,始终将客人摆在首位,提供最热情,最有效的服务

总台主管岗位职责
岗位名称:总台主管
直属上级:前厅经理/前厅经理助理
职责概述:负责总台的日常管理和运行,促成部门间的沟通协作。督促员工按照酒店管理当局制定的经营规范和操作程序,向客人提供优质的服务

管理在前厅

续表

岗位职责:

1 区域日常经营管理
1.1 有策略地组织和管理总台
1.2 负责总台的日常运行,根据酒店的经营预测合理安排人员及物资的调配
1.3 定期召开总台例会,确保信息沟通
1.4 确保总台设备设施的正常运作,并根据实际情况购置新设备
1.5 确保总台工作用品有足够的库存
1.6 做好总台保险箱的安全管理工作
1.7 做好内宾与外宾入住登记表的传输和管理工作
1.8 履行前厅部经理或前厅部经理助理或管理当局交给的其他任务
1.9 履行酒店的经营规范和操作程序
1.10 确保总台与其他部门的紧密合作

2 对待员工
2.1 对总台的所有员工的表现进行实绩评估
2.2 指导、培训总台员工进行总台电脑系统的操作
2.3 负责总台员工的业务培训,定期做好培训计划
2.4 合理安排总台员工的班次,确保员工的正常工作和休息
2.5 按照酒店的仪容仪表规范督导总台员工,并对员工进行检查
2.6 领导总台领班的工作并适当给予委派
2.7 根据酒店的标准、经营规范和操作程序,严格督促员工履行其任务和职责

3 对客服务
3.1 运用良好的销售技巧,以最高的房价获取最高的客房出租率
3.2 及时处理客人投诉,关注客人的需要
3.3 在各种情况下,始终将客人摆在首位,提供最热情,最有效的服务

附 录

前厅英语专业术语及解释

A

Amendment 修改,预订变更
Adjoining room 相邻房
Approval code 授权号码
Assistant manager 大堂副理
Accommodation 住宿设施
Automatic wake-up system 自动叫醒系统
Airlines 航空公司
Airport representative 机场代表,酒店代表
Arrival and departure list 抵离店宾客名单
Average room rate 平均房价
Advance payment 预付房租
Arrival 到达
Advance deposit 订房定金
Available room 可售房
Amount 金额

B

Baggage 行李
Bellboy 礼宾员,行李员
Bell captain 行李房领班
Butler service 贴身管家服务
Bell desk 行李员服务台
Back-of-house (酒店)后台线
Blocked room 保留房
Blacklist 黑名单
Business center 商务中心
Brochure 宣传小册子
Bad account 坏账
Bill 账单
Busy signal 电话占线
Bermuda plan 百慕大式计价

C

Commercial hotel 商务饭店
Conventional hotel 会议型饭店
Complimentary room 免费房
Cancellation 取消订房
Cashier 收银,账台
Clerk 记账员,收银员,办事员
Charge 记账
Charge voucher 对账单
Cut-off time 订房预留截止时间
Check-in 登记入住
Check-out 结账离店
Concierge 礼宾部,委托代办,金钥匙
Commission 佣金
Confirmation 确认
Contract 合同
Corporate rate 公司价,商务合同价
Credit card 信用卡
Complain 投诉

Conference room　会议室
Coupon　赠券,优惠券
Clip　回形针
Calculation　计算器
Collect call　对方付费电话
Credit　（财务记账的）贷方
Continental plan　欧陆式计价

Expected departure　预期离店
Extend of stay　延长住宿
Exchange rate　外币兑换汇率
Escort　团队领队,陪护侍从
Extra bed　加床
Express　快递
European plan　欧式计价

D

Doorman　门童
Discount rate　折扣价
Departure　离店,离开
Daily report　日报表
DND(Do not disturb)　请勿打扰
Day rate　白天租用价
Deluxe suite　豪华套房
Duplex suite　复式套房
Double locked room　双锁房,反锁房
Double booking　重复订房
Duty-free shop　免税店
DDD(Domestic direct dial)　国内直拨长途电话
Duty manager　值班经理
Debit　（财务记账的）借方

E

Executive floor　行政楼层,商务楼层
Executive room　行政房
Emergency exit　紧急出口
Emergency master key　紧急钥匙
Emergency situation　紧急情况
Elevator　电梯
Extension　电话分机
Economy class　（飞机的）经济舱
Early arrival　提前到达
Early departure　提前结账离店
Express check out　快速结账

F

Front office　前厅部
Front-of-house　（酒店）前台线
FIT (Free independent traveler)　散客
Folio　账单
Front desk　总台
Full-service　全方位服务
Floor master key　楼层主钥匙
Full house　客满
Flat rate　净价
Foreign currency exchange　外币兑换
Flight delay　飞机延误
Fill out　填写
Fax　传真

G

GRP (Group)　团队,团体
Guaranteed booking　保证性订房
Group rooming list　团队房号名单
Group rate　团队房价
Guest history　客史档案
Guest title　宾客身份
Guest ledger　宾客账
General master key　总万能钥匙
CRS (Central reservation system)　中央预订系统
Gym　健身房
Gratuity　赏钱,小费

H

Hotel chain　饭店连锁
Hospitality industry　招待业,餐旅业
Housekeeping department　客房部
Human resources department　人力资源部
Hotel service directory　酒店服务指南
Hold account　保留账
Holding time　订房保留时间
Handicapped room　残障房
High season　旺季
House credit limit　赊账限额,信用限额
Hang up　(电话)挂断

I

Individual　个人
ID (Identification card)　身份证
IDD(International direct dial)　国际直拨长途电话
Invoice　发票
Information　信息
Incidental charge　私人杂费
Inspected　稽查
Inside room　无窗户面向中庭的房间

J

Junior suite　普通套房

K

Key　钥匙
Key tag　钥匙牌
King size bed　加大型双人床

L

Location　地点
Logbook　工作日志本,交班本
Luggage tag　行李牌
Lounge　休息厅
Late check out　延迟退房
Lock-out　锁在门外
Lobby　饭店大堂
Loft　顶层房间
Lost and found　失物招领
Low season　淡季
Luggage storage　行李保管间,行李房

M

Message　留言,口信
Morning call　叫早服务电话
Motel　汽车旅馆
Management contract　管理合同,委托经营合同
Massage　按摩
Modified American plan　修正美式计价

N

Nationality　国籍
No-show　预订未到
Night manager　夜间经理
Night audit　夜审,夜间稽核
No call　不接电话
Net income　净收入
Non-smoking floor　无烟楼层
Non-guaranteed booking　非保证性订房

O

OOO(Out of order)　维修房
OCC (Occupied room)　住客房
Open　营业中
Operator　总机
Open bed　开夜床
On the way　在路上

Overbooking　超额预订
Oversea call　越洋电话
On the line　（电话）接通

P

Promotion　促销
Passport　护照
Parcel notice　包裹通知单
Pending mail　待领邮件
Porter　行李员
Postpone　延期
Pick-up service　接机/车服务
Peak season rate　旺季
Posting　登账，入账
PAX　人数
Pieces（PCS）　（物品）件数，（纸张）张数
Profile　档案
Prepayment　预付金
Personal effects　随身物品
Presidential suite　总统套房
Pre-registration　预先办理入住登记
Print　打印
Posting　记账，过账

Q

Queen size bed　双人床

R

Reservation　预订
Reconfirm　（预订等的）再确认
Revise　修改，变更
Residential hotel　长住型饭店
Rating　分级
Room change　换房
Room rate　房价
Room assignment　分房，排房
Room status report　房态表，房间状况报告表
Room to rent　可售房
Room service　客房送餐服务
Room-to-room call　内线电话
Return guest　回头客
Register　登记
Registration card　入住登记卡
Rack rate　标准房价，门市价
Reception　接待
Receptionist　接待员
Reservation confirm　预订确认
Room occupancy percentage　住房率，客房出租率
Routing　旅游线路安排
Rental car　租车
Receipt　收据
Remark　备注

S

Shift　班次
Signature　签名
SOP(Standard operation procedure)　标准操作程序
Standard room　标准间
Secretarial service　秘书服务
Simultaneous translation　同声翻译
Switch board　总机
Service center　服务中心
Stairs　楼梯
Shuttle bus　往返班车/往返专用车
Safe deposit box　保险箱
Single room　单人房
Skipper　逃账者
Sex　性别
Sleep out　外宿房

Souvenir 纪念品
Stay-over 延期续住宾客
Scan 扫描
Stapler 订书机
Scotch tape 胶带
Scissors 剪刀
Slack season rate 淡季价
Supervisor 主管,督导

T

Tariff 房价表
Twin room 双人房
Tip 小费
Trolley 行李车
Traveler's cheque 旅行支票
Ticketing 票务
Tag 标签,标牌
Toilet 卫生间
Tax exemption 免税
Tour package 包价旅游
Time difference 时差
Telephone toll 电话费
Toll free call 免费服务电话
Travel agency 旅行社
Turn-down service 夜床服务
Tour guide 导游
Type 打字
Total 合计

U

Underbooking 预订未满
Unload luggage 卸运行李
Up selling 客房升档销售(以增加销售收入)
Upgrade 房间升档,房间升等
Update reservations 更新预订资料

Umbrella 雨伞

V

Villa 别墅
VAC(Vacant room) 空房
Vehicle 车辆
Valet parking 泊车服务
Voucher 收据,记账凭证,凭单
Valuables 贵重物品
Very important person (VIP) 重要宾客,贵宾
VIP set-up 贵宾接待安排
Visa 签证

W

Welcome card 欢迎卡
Waitinglist 订房候补名单
Wake up call 叫醒服务电话
Walk-in 无预订散客
Welcome card 欢迎卡
Weekly forecast report 一周情况预报表
Wheelchair accessible restroom 无障碍洗手间

X

Xerox machine 复印机
X-max 圣诞节
X-ray X射线

Y

Youth hostel 青年旅社
Yard 庭院
Yellow pages (商业用)电话号码簿

Z

Zero balance 零结余
Z-bed 折叠床

参考文献

[1] 段瑞群.论旅店等经营者的安全保障义务[J].财经政法资讯,2009(3).

[2] 国家旅游局监督管理司,全国旅游标准化技术委员会.旅游饭店星级的划分与评定(GB/T 14308—2010)[Z].2010-12.

[3] 高巍主编.饭店前厅客房服务与管理[M].重庆:西南师范大学出版社,2009.

[4] 杭州市公安局出入境管理局.境外人员临时住宿登记管理资料[Z].2010.

[5] 江浩.前厅运行与管理[M].杭州:浙江大学出版社,2009.

[6] 劳动和社会保障部职业技能鉴定中心组编.前厅服务员操作技能考试手册[M].北京:中国财政经济出版社,2005.

[7] 毛江海主编.前厅服务与管理[M].南京:东南大学出版社,2007.

[8] 孟庆杰,刘颖编著.前厅与客房管理[M].武汉:武汉大学出版社,2009.

[9] 潘雪梅,王立职主编.前厅服务与管理[M].北京:中国铁道出版社,2009.

[10] 宋健强主编.前厅服务与管理[M].北京:经济科学出版社,2008.

[11] 滕玮峰.饭店服务品质管理研究[M].北京:团结出版社,2011.

[12] 沈忠红主编.现代饭店前厅客房服务与管理[M].北京:人民邮电出版社,2006.

[13] 孙茜主编.饭店前厅客房服务与管理[M].北京:旅游教育出版社,2008.

[14] 万雯,郭志敏主编.饭店前厅客房服务与管理[M].武汉:武汉大学出版社,2009.

[15] 王大悟,司马志.酒店管理实践案例精粹[M].北京:中国旅游出版社,2009.

[16] 王赫男,郭亚军主编.前厅部运营管理[M].北京:电子工业出版社,2009.

[17] 王华主编.前厅客房服务与管理[M].北京:北京大学出版社,2009.

[18] 吴玲,贺湘辉主编.酒店前厅管理实务[M].广东:广东经济出版社,2008.

[19] 张青主编.前厅客房服务与管理实训教程[M].济南:山东科学技术出版社,2008.

[20] 赵洪声主编.前厅服务[M].上海:格致出版社,2008.

[21] 浙江省教育厅职成教教研室组编.饭店服务与管理[M].北京:高等教育出版社,2009.

[22] 浙江省教育厅职成教教研室组编.前厅服务[M].北京:高等教育出版社,2010.

[23] 周丽主编.旅游饭店前厅服务与管理[M].北京:对外经济贸易大学出版社,2008.

[24] Carvin D. A.. What Does Product Really Mean? [J]. *Sloan Management Review*, 1984, Vol. 26, pp. 25 – 43.

[25] Parasuraman A., Zeithaml V. A. and Berry L. L. A conceptual model of service quality and its implication[J]. *Journal of Marketing*, 1985, Vol. 49, pp. 41 – 50.

[26] Robert H. Woods, Judy Z. King. 饭店业质量管理[M]. 李昕主译. 北京：中国旅游出版社，2003.

[27]携程旅行网，http://.www.ctrip.com

[28]去哪儿?，http://www.hotel.qunar.com